글감수집 노하우

칼럼니스트로 먹고살기

텍스트 라디오 지음

프롤로그   제가 좋아하는 분야의 글을 쓰며 살고 싶어요

1부. 나도 칼럼니스트가 될 수 있을까

1장   칼럼니스트, 그들은 누구인가   13

- / 칼럼니스트의 매력
- / 물음표를 던지면 새로운 판이 생긴다
- / 나는 칼럼니스트에 적합한 성향일까
- / 나의 전공과 경력으로 칼럼니스트가 될 수 있을까
- / 오늘 아침 글을 쓴 사람이 작가다

2장   칼럼니스트로 입문하고 활동하는 이야기   43

- / 청탁을 받거나 기회를 노리거나
- / 글감을 찾기 위한 당연한 방법들
- / 아이디어를 얻기 위한 자유로운 발상법
- / 구성력을 기르자, 구조도를 그리자
- / 글에 생명력과 음악성을 불어넣는 문체

/ 초고는 뜨겁게, 퇴고는 차갑게
/ 매체별 칼럼쓰기 노하우1: 일간지
/ 매체별 칼럼쓰기 노하우2: 월간지, 주간지,
  계간지, 기업사보, 기관지 등

/ 완성도를 높이는 나만의 안테나
/ 콘텐츠의 차별화를 위한 실질적 조언들

3장   칼럼니스트로 생활하고 성장하는 이야기   123

/ 원고료, 터놓고 이야기해 보자
/ 칼럼니스트는 진화, 확장, 상승이 가능한 직업이다
/ 내 시간의 주인은 '나'
/ 현직 칼럼니스트들의 유형별 시간 관리법
/ 브랜드로 사람들을 매혹시키자
/ 선배와 동료에게 묻고 또 물어라
/ 초심과 열정 말고 필요한 것

2부. 칼럼니스트 인터뷰

대중음악 칼럼니스트 차 우 진
이것이 비평가의 각오다 ——————————————— 186

TV 칼럼니스트 정 석 희
살아보니, 악바리가 아니어도 되더라고요 ——————— 197

푸드 칼럼니스트 이 재 건 (미 상 유)
매일 매일 블로그를 하면 칼럼니스트가 될 수 있을까? ——— 204

북 칼럼니스트 금 정 연
활자와 활자 사이를 유랑하는 인생이 꿈이었네 ————— 212

여행 칼럼니스트 채 지 형
인생의 답은 길 위에 있다, 여행에서 얻은 것을 공유하는 게 여행자의 의무다 ——— 219

야구 칼럼니스트 민 훈 기
1년에 60번 비행기 타는 남자 ———————————— 226

건축 칼럼니스트 서 윤 영
캐드 대신 워드word에 설계하는 여자 ————————— 233

영화 칼럼니스트 이 경 기
뻔한 영화만 보면 그 인생도 뻔해져요 ————————— 241

클래식음악 칼럼니스트 유 정 우
쓸 필요 없는 말들을 가려내기 위하여 —————————————— 250

심리학 칼럼니스트 강 현 식 (누다심)
흔들릴 때마다 묻는다, "당신은 왜 칼럼을 쓰고 싶습니까?" —————— 257

나무 칼럼니스트 고 규 홍
나무에 미친 이 즐겁고 풍요로운 인생 ————————————— 264

패션 칼럼니스트 홍 석 우
파티장에 불 붙은 구두를 던져라, 고요한 세상에 화두를 던져라 ———— 271

미술 칼럼니스트 김 영 숙
기왕에 깔린 멍석 잘 놀기나 해보자는 마음으로 시작했어요 ————— 281

뷰티 칼럼니스트 이 나 경
화장품, 그 판타스틱한 거짓말과 명백한 진실 사이 ————————— 288

만화 칼럼니스트 김 낙 호
나는 언제라도 틀릴 수 있어요 ——————————————— 296

프롤로그

"제가 좋아하는 분야의
글을 쓰며 살고 싶어요"

"칼럼니스트들의 삶이 부럽습니다. 저도 제가 좋아하는 분야에 관해 글을 쓰며 살아가고 싶어요."
"잡지와 인터뷰 매체에서 재미있는 칼럼을 보면 놀랍습니다. 재치 있는 글솜씨에다 논리적으로 핵심도 잘 짚어주거든요. 어떻게 하면 그런 글을 쓸 수 있을까요?"
"저는 연애 칼럼을 쓰고 싶은데요, 연애를 더 많이 해 보고 시작해야 할까요?"

글쓰기에 관심이 있는 주변 사람들로부터 종종 듣게 되는 질문들입니다. 이런 분들의 이야기를 들으면서 저희는 하나의 공통점을 발견합니다. 글쓰기에 관심은 많지만 혼자 수백 페이지에 달하는 책을 쓰기엔 부담스럽고, 오히려 자신의 전문 분야에 관한 몇 페이지 분량의 짧은 글쓰기에 더욱 매력을 느낀다는 것입니다.

자유기고가로 활동하고 있는 저희들도 일부 매체에 정기적으로 혹은 간헐적으로 칼럼을 기고하고 있기에 대부분의 질문에 어느 정도까지는 답을 해줄 수 있었지만, 섣불리 대답하기 어려운 질문들도 꽤 많았습니다.

"우리나라에서 칼럼만 써서 먹고 살 수 있을까요?".
"칼럼니스트가 되려면 어떻게 준비해야 할까요?"
"전공하지 않은 분야의 칼럼을 써도 될까요?"
"저는 어떤 칼럼을 쓸 수 있을까요?"

저희도 궁금했습니다. 전문적으로 칼럼을 기고하는 칼럼니스트들은 어떻게 생각하는지 말이죠. 그래서 그들을 직접 만나 이야기를 들어보기로 했습니다. 어떤 분야든 선배들에게 직접 들은 경험담만큼 훌륭한 가르침은 없을 테니까요. 우리는 각 분야의 칼럼니스트들을 조사하고, 그 중 인터뷰이로 적합한 분들의 연락처를 찾고, 수십 장에 달하는 질문지 목록을 작성했습니다. 그리고 15개 분야의 현역 칼럼니스트들께 인터뷰 요청을 드렸습니다. 용기를 내어 어렵게 부탁했음을 아셨는지, 감사하게도 각 분야의 칼럼니스트들께서는 흔쾌히 만남을 허락해 주셨습니다.

인터뷰 내내 귀를 쫑긋 세우고, 메모하며 칼럼니스트들의 이야기를 들었습니다. 그들의 이야기는 우리들의 마음을 흔들어 놓기에 충분했습니다. 인터뷰를 진행할수록 칼럼니스트의 길이 보이는 것 같아 신이 났습니다. 그리곤 알게 되었습니다. 한편의 칼럼을 쓰는 것은 결코 만만한 일이 아니라는 것을, 그러나 막연히 두렵고 어려운 일만도 아니라는 것을 말이죠. 그렇게 우리는 이들의 인터뷰를 묶어 한 권의 책으로 탄생시켰습니다.

저희들 역시 글쓰기를 업으로 삼고 있기에 지망생들의 날카로운 질문에 핑크빛 대답으로만 품위를 지킬 생각은 없습니다. 누구든 노력하면 훌륭한 글을 쓸 수 있다는 거짓말은 안 하렵니다. 대신 내가 가진 재능 중 가장 쓸모 있는 재능을 찾아 효과적으로 노력하면 대중에게 사랑받는 글을 쓸 수 있다고 고쳐 말하렵니다. 글로 먹고살기가 쉽고 행복하다는 거짓말도 안 하렵니다. 때로는 지치고 버겁지만, 그래도 그만두지 않고 계속 나아가게 하는, 나아지고 싶게 하는 '뭔지 모를' 매력은 분명히 있다고 말하고 싶습니다. 또 이 필드는 드물게 인맥, 지연, 학연 등이 먹히지 않는 곳이고, 그래서 나의 매력과 재능과 끈기로 먹고살 수 있는 곳이라는 점도 꼭 말씀드리고 싶습니다. 배운 것, 가진 것이 많지 않더라도 우리는 사람들의 눈을 뜨게 하고 마음을 열리는 글을 쓸 수 있습니다. 그 글로 진짜 소통을 할 수 있다는 점은 매일 아침 설레며 잠을 깨게 하는 에너지가 됩니다.

저희가 인터뷰한 칼럼니스트 분들도 섣불리 그대들의 '멘토'가 되려

하지 않습니다. "희망이 있다"고 단언하지도 않습니다. 다만 "성실하게 오래 버티면, 희망이 보일 수도 있다"고 나지막하게 말합니다. 필드에는 불공정한 면도 있다는 것을 인정합니다. 글만 잘 쓰면 모든 게 보장된다고도 말하지 않겠습니다. 칼럼니스트는 24시간이 부족할 정도로 수금, 홍보, 영업, 자기관리, 마케팅 등 챙겨야 할 일들이 산더미라는 사실도 고백합니다. 그러나 당신은 이 현실적인 이야기들 속에서 당신의 꿈을 지지하는 든든한 선배들의 응원을 들으실 수 있을 겁니다.

칼럼니스트 한 사람, 한 사람을 인터뷰할 때마다 우리는 반짝거리는 에너지를 듬뿍 받아 돌아오곤 했습니다. 볼이 상기됐습니다. 누굴 만나던 그들이 글 쓰며 사는 이야기를 전해주고 싶어 안달이 났습니다. 무엇이 전염된 것일까요? 창조성과 자유로움, 재미, 용기, 호기심, 열정, 모험심, 명분. 청년용 자기계발서 속에 박제된 줄 알았던 그런 가치들이 그들에게는 있었습니다. 따라오지 말라 해도, 자꾸만 따라가고 싶은 그런 마음, 아세요?

텍스트 라디오 Text Radio

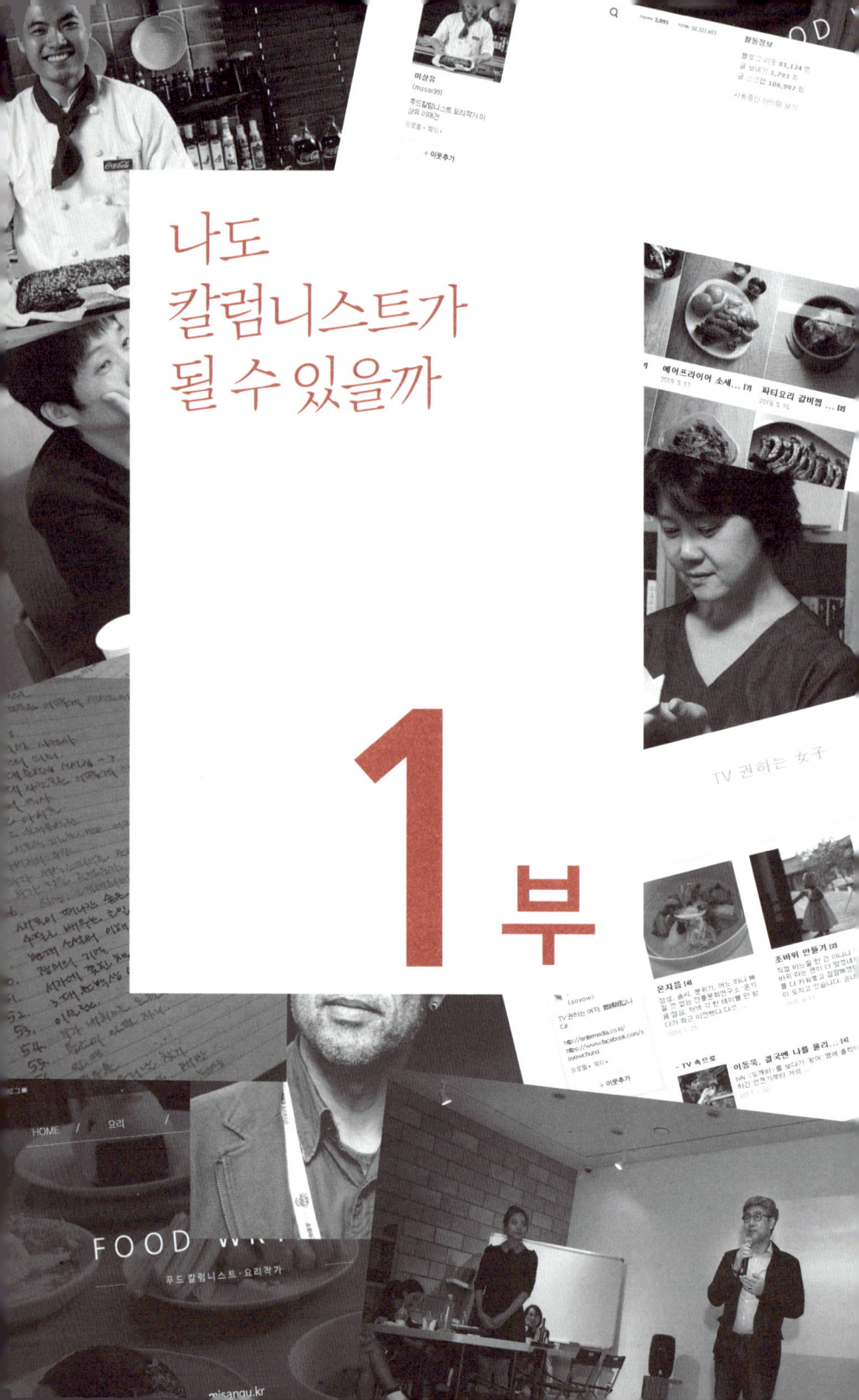

나도 칼럼니스트가 될 수 있을까

1부

1장

칼럼니스트,
그들은 누구인가

인터넷이 활짝 열어젖힌 활자 민주주의 시대에도 칼럼니스트들은 여전히 건재할 뿐 아니라, 많은 독자들의 인기를 얻으며 자신만의 영역을 구축해 가고 있다. 자기만의 색깔로 전문화된 글을 쓰며 살아가는 칼럼니스트. 그들은 과연 누구이며, 그들의 글은 뭐가 다를까?

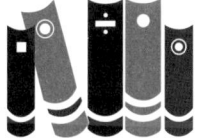

1
칼럼니스트의 매력

    누구나 쉽게 글을 발표할 수 있는 시대가 되었다. 하루 수만 명의 방문객을 자랑하는 파워 블로거도 많고, 수십만 명의 회원을 보유한 인터넷 카페지기도 있다. 평범한 학생과 가정주부도 SNS를 통해 애독자를 확보하고, 평범한 시민도 기사를 제보할 수 있는 시대이다. 그야말로 활자를 통해 누구든 독자들과 만날 수 있는 채널이 활짝 열린 셈이다.

    하지만 그렇다고 누구나 칼럼니스트가 될 수 있는 것은 아니다. 감각적이고 재기발랄한 단문을 잘 써서 많은 사람들에게 자주 리트윗 되기만 하면 누가 칼럼을 의뢰하는 것도 아니다. 신문, 잡지, 인터넷 매체 등에서 보수를 지불해가며 칼럼을 의뢰하는 칼럼니스트들은 뭔가 다르다. 인터넷이 활짝 열어젖힌 활자 민주주의 시대에도 그들은 여전히 건재할 뿐 아니라, 많은 독자들의 인기를 얻으며 자신만의 영역을 구축해 가고 있다. 자기만의 색깔로 전문화된 글을 쓰며 살아가는 칼럼니스트. 그들은 과연 누구이며, 그들의 글은 뭐가 다를까?

자기 분야의 핵심을 꿰뚫어 보는 사람들

우리는 살아가며 늘 보다 나은 선택을 하고자 한다. 자신에게 100% 어울리는 옷이 무엇일까 궁금하다. 그 옷을 입으면 어제와 다른 나로 변할 것 같다. 건강하면서 맛도 있는 요리를 만들어 먹고 싶다. 고작 1박 2일 동안 다녀오는 여행이라도, 직장 생활 내내 떠올릴 추억을 잔뜩 만들고 왔으면 싶다. 하루에도 수십 권씩 쏟아져 나오는 신간 속에서, 자아를 성장시킬 단 한 권을 찾아내고 싶다.

매번 옆에서 가이드를 해주는 사람이 있다면 좋으련만 현실은 그렇지가 못하다. 다양한 미디어의 발달로 차마 감당하기 어려울 정도의 정보들이 넘쳐흘러 정보를 정리해주는 '정리 플래너'라는 직업까지 생겨난 시대이지만, 정작 꼭 필요한 정보를 찾기란 더 어려워졌다. 웹을 검색해 봤자 바이럴 마케팅 업체에서 고용한 블로거들이 거짓정보를 그럴싸하게 포장해 뿌려대고 있다. 화려하다. 많아도 너무 많다. 그럴듯하다. 그런데 정신이 혼미하다. 뭐가 진실이고 진심인지 모르겠다. 수많은 글들을 읽고 걸러내, 진짜 정보와 진짜 생각을 짚어 줄 집사를 두고 싶은 심정이다.

이제 누군가를 불러 볼 시간이다. 그렇다, 칼럼니스트는 21세기 정보화 시대에 현명한 가이드다. 앞서 언급한 고민들에 대해 패션, 푸드, 여행, 북 칼럼니스트 등 각 분야의 칼럼니스트들이 안내를 해 준다. 세상의 어지러운 맥락 속에서, 그들이 집중해야 할 포인트에 형광펜으로 동그라미를 쳐 준다. 대중에게 생각거리를 던진다.

또한 칼럼은 단순 기사와는 다르게, 표면에 드러나지 않은 세계 이면의 이야기를 전한다. 2군 야구 선수들의 생활을 묘사한 야구칼럼을 읽는다면, 화려한 메이저리그 야구선수들만이 아니라, 또 다른 선수들의 땀으로 야구라는 스포츠가 굴러간다는 사실을 깨닫게 된다. 누군가는 '나는 이 세계의 2군이 아닌지, 그렇다면 어떻게 살아야 하는지' 고민할 것이다. 안락사에 대한 칼럼을 읽고 죽음의 다양한 면에 대해 고민해 볼 수도 있다. 자신의 죽음을 선택하는 것이 인간의 존엄을 지키는 일인지, 아니면 생명을 인간이 좌지우지하지 않는 게 더 존엄적인지 내 곁의 사람과 논의해 보면, 도리어 그 사람에 대해 진지하게 이해할 수 있는 기회가 생기기도 한다.

칼럼니스트는 세상을 질료로 삼아 집필 작업을 하는 사람들이다. 맥락을 짚어내는 혜안을 가지고, 세상을 관통하는 '무엇'을 기필코 찾아내어 세상 읽기를 한다. 대상에 혼을 불어넣는다. 단순히 사실 나열만을 하는 게 아니라 우연과 사건들을 하나로 꿰어 보여준다. 여러 층위와 차원의 세상을 손바닥만 한 지면에 공존하도록 한다. 그렇게 칼럼니스트들은 칼럼을 쓰면서 세계의 일부를 만들어간다.

2

물음표를 던지면
새로운 판이 생긴다

　이쯤 되면 당장 칼럼니스트가 되어 머릿속에서 흘러넘치는 생각과 가슴에서 솟구치는 열정을 글로 표현하고픈 욕구가 생기는 사람이 있을 것이다. 그들은 당장 선배 칼럼니스트들에게 질문을 쏟아내고 싶을 것이다. "칼럼니스트로 입문하려면 어떻게 해야 해요?", "칼럼니스트가 되면 어떤 기회들이 생기나요?", "인기 있는 칼럼을 쓰는 노하우는요?" 등등. 그런데 잠깐. 선배들에게 질문을 쏟아내기 전에 선배의 질문에 먼저 답해보자.

　"당신은 칼럼을 대체 왜 쓰고 싶은가요?"

　'왜 사느냐'는 질문만큼 어렵고 모호한 질문이다. 그럼에도, 처음부터 당신에게 묻는 이유는 우리가 인터뷰를 위해 만난 칼럼니스트들이

이 질문만은 절대로 놓지 않으며 살고 있었기 때문이다. 인터뷰 말미마다 그들은 후배들에게 '내가 왜 글을 쓰고 싶은지 끊임없이 고민하라'고 조언하고 싶다고 했다. 힘든 일을 견딜 때마다 칼럼니스트로서의 삶의 방향을 올바르게 잡아 줄 수 있는 것은, '그럼에도 불구하고 왜 이 일을 해야 하는가'라는 질문이었다고. 왜 사는지를 고민 않고 사는 사람들의 삶은 그 모양이 초라하든 비뚤어졌든 그런대로 유지되지만, 왜 쓰는지를 묻지 않는 글쟁이는 한 줄도 쓸 수가 없다고.

질문의 가치는 더 있다. 질문은 매 칼럼의 궁극적인 집필 목적이 되므로 가치롭다. 사실, 모든 글은 기승전결의 '전'에서 시작한다. 그리고 주제에 대한 구체적인 질문들은 나아가 글의 중심을 이루는 '전'이 된다. 그러니까 일단 묻고 답하고 싶은 게 생기면 절반은 쓴 것이라 보아도 된다. 도입이나 결론은 차차 궁리해 나가면 된다. 그리하여, 10년 차 칼럼니스트도 오늘도 하루 종일 스스로에게 묻고 답한다.

"너는 왜 그 노래에 대해 쓰고 싶은 거야? 완성도가 대단한 것도, 원래 내 취향인 장르도 아닌데. 어떤 점이 그렇게 매력 있는 거지?"

"왜 사람들에게 이 영화에 대해 알리고 싶은 거지? 영화를 통해 내가 궁극적으로 던지고 싶은 질문이 뭘까?"

칼럼니스트의 질문은 세상을 향한 질문이 되기에 더욱 의미 있다. "대중 엔터테인먼트는 즐기고 소비해 버리는 것만으로 의미가 있을까? 진지한 접근은 어려울까?" 이것은 강명석 편집장이 이끌었던 엔터테인먼트 웹매거진 〈텐아시아〉의 질문이었다. 질문은 기자들의 고민과 모색, 행동을 이끌었고 그 결과 대중문화 리뷰와 비평의 새로운 판이 열렸다. 웹툰, 드라마, 대중음악 등을 즐기며 "이건 그냥 오락거리일 뿐이야."라고 생각했던 대중들이 열띤 논의를 시작했다. '섹시 코드'로 소비되는 걸그룹들의 고민을 담은 칼럼에 많은 여성들이 '직장의 꽃'으로 자신이 소비되는 현상에 대한 고민을 답장으로 보내왔다. 비정규직을 다룬 드라마 《직장의 신》에 대한 칼럼 속 "가족 같은 회사일 필요 없다. 계약서대로만 하자. 그것이 지금 직장인의 '사용법'이다."라는 문장을 보고 수많은 알바와 비정규직 청춘들이 공감했다.

잘 던진 질문 속에는 이미 대답이 들어있다. 또한 칼럼니스트로서의 관점은 질문과 대답 속에서 길러진다. 미흡한 질문이거나 어설픈 고민이라도 없는 것보다는 낫다. 우문에 대한 거친 대답이라도 좋다. 나는 왜 칼럼을 쓰고 싶은지에 대해 고찰해 보고 빈칸표에 써 보자. 이제 내가 세상에 질문을 던질 차례다. 새로운 판을 만들 시점이다.

이런 칼럼니스트도 있었어? 틈새를 찾아라!

가만히 주변을 돌아보자. 자신이 좋아하는 장르의 영화만 골라서 찾아보고 평을 하는 사람도 있고, 전문가 못지않게 경험에서 우러난 재테크 노하우를 공개하는 사람도 있다.

그뿐일까? 단순히 블로그 등에 글을 올리는 것을 넘어, 대학생 때부터 4개의 통장을 만들고 알뜰살뜰 돈을 모은 경험을 바탕으로 재테크 책을 낸 사람도 있다. 어떤 이는 좋아하는 영화와 미술 작품을 한데 묶어 소개하는 글을 쓰다가 팟캐스트로 방송을 하며 유명한 일반인이 되기도 했다. 그냥 '글을 쓴다'는 생각을 하면 막막하지만, 좋아하는 것은 잘 알게 마련이어서 그것에 대해 짧은 글을 쓴다고 생각하면 부담감은 반으로 줄어든다. 시인이나 소설가처럼 순수문학에 도전할 엄두는 나지 않더라도 자신이 좋아하고 잘 아는 분야의 글은 잘 쓸 수 있지 않겠는가?

칼럼의 분야는 영화, 음악, 여행, 정치, 경제, 시사, 심리, 과학, 의학, TV, 책, 만화, 음식, 주류문화, 연애, 섹스 등 점점 세분화되며 다양해지고 있다. 한 가지에 집중해서 파고드는 분야가 있다면, 연애와 심리, 섹스 등이 한데 어우러지는 분야도 있다. 《섹스 앤 더 시티》의 캐리는 섹스 칼럼니스트로 성을 주제로 칼럼을 쓰지만, 남녀의 연애와 심리에 대해서도 깊게 파고들며 이야기를 이끌어 나간다.

영화 관련 칼럼의 경우, 영화 자체에 대해 칼럼을 쓰는 사람도 있지만, 영화와 과학이라는 주제로 칼럼을 쓸 수도 있다. 자연과학〉생물학〉식물학, 이렇게 세분화된 상태에서 '나무'만을 꼭 집어 다루는 칼럼니스트도 있으며, '기생충'을 칼럼의 주제로 택하는 칼럼니스트도 있다. 식물이 있으니, 동물 칼럼도 있다. 칼럼의 분야는 무궁무진하다. 쓸 수 있는 분야는 계속 생겨난다.

많이 접하는 음악 역시 그 범위가 넓어 대중음악, 클래식, 팝, 재즈, 뮤지컬 등으로 나뉘지만 공연이나 작곡만을 주로 다루는 칼럼도 있을 만큼 세분화 전문화 되어있다. 세분화될수록 그만큼 소수의 인원이 칼럼을 쓰는 경우가 많다.

건축이라면 전통 건축, 한국 건축, 세계 건축, 주거문화, 인테리어, 더 나아가 조경 칼럼까지 범위를 확대하고 있다. 서윤영 건축칼럼니스트는 좀 더 정확하게 말해 자칭 주거문화 칼럼니스트라고 한다.

예전에는 TV 칼럼이라기보다 대중문화 칼럼이란 말로 좀 더 격식을 차렸다. 요즘은 블로그에 어제 본 TV 프로그램을 정성 들여 리뷰하는 사람들이 많다. 누구나 쉽게 접근하는 분야이긴 하지만, 10년 전엔 없던 직업명이다. 고규홍 나무 칼럼니스트는 기자 출신 칼럼니스트이다. 어느 날 출근길에 나무가 그의 마음속으로 들어왔고, 나무에 대해 아는 것이 없는 채로 출발한 지 10년째, 꾸준히 나무 칼럼을 쓰고 있다. '나무'라는 소재의 칼럼은 최초이며, 자신만의 분야가 됐다. 기계 비평을 통해 인문학을 풀어내는 칼럼니스트도 있다. 시계만을 주제로 쓰는 이도 있으며, 그 밖에도 안전 보건이나 자기 계발 분야의 코칭 칼럼을 쓰는 이도 있다.

이렇듯 남들과 다른 생각과 시선, 관심을 갖고 틈새를 찾아내는 것이 중요하다. 또한 더불어 어떤 분야이든지 전문성을 갖추고, 꾸준하게 활동한다면 자신만의 특화된 영역을 만들 수 있다. 또 대중 매체가 아니어도 블로그를 이용해 칼럼을 '정기적으로' 올리는 사람들이 많아졌고, 이런 사람들에게 기회가 온다. 책을 내자고 하거나 또는 우리와 컨셉이 맞으니 우리 매체에 기고해달라는 요청을 받게 되는 것이다.

이 책에 소개된 칼럼니스트도 자기만의 분야를 최초로 개척한 사람들이 많다. 앞으로 자기만의 분야에서 대표 칼럼니스트가 되고 싶다면, 남들이 하지 않은 틈새 분야를 개척한다거나 좀 더 세분화해서 접근하는 것이 어떨까.

3

나는 칼럼니스트에 적합한 성향일까

"자율성이 좀 떨어지는 편인데 혼자 일하는 칼럼니스트로 살아갈 수 있을까요?"
"관심사가 여러 분야로 뻗쳐 있는데, 그게 문제가 될까요?"
"감수성이 부족한 편이라 딱딱한 글만 쓸까 걱정됩니다."

많은 이들이 칼럼니스트에 적합한 성향이 무엇일지 궁금해 한다. 물론 정답은 없다. 예컨대 시사 칼럼니스트와 연애 칼럼니스트의 성향은 다를 것이다. 또 모든 연애 칼럼니스트들이 같은 자질을 갖고 있는 것도 아니다.

다음은 우리가 만난 여러 칼럼니스트들의 성향을 몇 가지 추린 것이다. 나의 성향 중 일치하는 것이 있다면 체크해 보자.

걸어다니는 백과사전 타입 VS. 한우물만 파는 타입

많은 이들이 칼럼니스트를 오직 한 분야에만 정통한 사람들로 오해하곤 한다. 그러나 두 분야 이상의 칼럼을 쓰는 필자도 많다. 또한 한 편의 칼럼 안에 여러 분야의 전문지식이 조화롭게 녹아있어야 하는 경우도 있다.

김태훈 씨는 팝 칼럼니스트로 널리 알려져 있지만, 연애 칼럼도 꽤 기고하는 편이다. 또한 칼럼 분야의 확장을 넘은 전방위적 활동을 통해 팝, 연애, 공연 칼럼니스트이자 MC, 방송인으로도 불리고 있다. 그는 한 인터뷰에서 "명확한 정체나 하나의 틀이 있어야 한다고 생각하지 않는다. 따라서 나의 정체성이 팝 칼럼니스트 하나로 고정될 이유도 없다고 생각한다. 액션, 코미디, SF, 멜로 등 다양한 장르의 영화를 즐기듯, 칼럼도 여러 분야를 기고할 수 있다"고 밝힌 적이 있다. 김낙호 만화 칼럼니스트도 마찬가지다. 만화, 시사, 과학에 이르기까지 넓은 스펙트럼을 가지고 다방면의 칼럼을 기고한다.

한 분야에 집중한 예로는 의사 출신 클래식 칼럼니스트 유정우 씨를 들 수 있겠다. 그의 오페라에 대한 깊은 애정과 지적인 깊이는 단순히 자료에만 근거한 것이 아니다. 유럽 여행을 하면서 오페라에 대한 정보를 수집하기도 할 만큼 칼럼니스트로서 열성적이다.

이나경 뷰티 칼럼니스트의 경우, 화장품 회사의 제품 기획자와 피부 미용 관련 교육자로 대학 강단에 섰으며 현재는 화장품에 관한 칼럼을 연재 중이다. 화장품을 화학이라고 생각한다는 이나경 뷰티 칼럼니스트는 해외 논문을 챙겨볼 정도로 전문성을 쌓는 데 많은 노력을 들이고 있다.

한편 의학, 건축, 역사 등의 경우에는 관련학과를 졸업한 후 교수로 재직 중이거나 전문기자로 활동한 경우가 대부분이며, 책, 영화, 음악 등의 경우는 비교적 다양한 관심사를 가진 칼럼니스트가 많다.

수줍음이 많고 낯을 가린다
VS. 누구와도 3분이면 친해지는 마당발이다

활동 영역에 따라 나뉘는 자질이다. 자신이 내성적이라면 기고나 저술 활동 위주의 활동에 집중하고, 외향적이라면 방송도 출연하고 강연을 하는 등 확장된 활동을 병행할 수 있다.

영화 칼럼니스트 이동진은 한 대학교 강연에서 "나는 내성적인 성격과 좁은 인간관계 때문에 고민이 많았지만, 시간이 흘러보니 장점으로 발휘되는 경우가 많았다."라는 말을 한 적이 있다. 지금의 이동진은 라디오게스트로도 많은 활동을 하고, 팟캐스트의 진행을 맡고 있기도 하다. 미술 칼럼니스트 김영숙은 집 밖을 잘 안 나간다고 스스로 밝힐 정도로 내성적이다. 하지만 역시 칼럼 집필 활동뿐만 아니라 미술사에 관한 강의도 하고 있으며 강의 반응도 굉장히 뜨겁다.

반대로 뛰어난 친화력이 장점이 되는 경우도 있다. TV 칼럼니스트

정석희는 직접 인터뷰를 하는 경우가 많다. 드라마PD를 만나는 경우도 있고, 배우를 만나는 경우도 있다. 이때 정석희의 활발한 성격이 인터뷰 내용을 더 풍성하게 한다. 현재 활발한 방송출연 중인 연애 칼럼니스트 곽정은 다른 방송인들과 비교해도 입담에서 뒤지지 않는다. 에디터로서의 경험 때문인지 사람과 친분을 쌓는 것, 대화를 즐겁게 이어나가는 것에 익숙하다.

칼럼니스트는 방송에 게스트로 참여하는 경우도 많고, 강연, 연설을 하는 경우도 있어서 외향적인 성격이 더 유리한 것은 맞다. 하지만 칼럼니스트는 본래 칼럼을 기고하는 역할을 하기 때문에 방송출연이나 강연을 꼭 해야 할 필요는 없으며, 칼럼니스트로 활동하면서 좀 더 적극적이고 외향적으로 변해가는 경우도 있다.

날카로운 시각과 논리적 치밀함으로 쓴다
VS. 독자의 마음을 흔드는 감성으로 쓴다

슬픈 음악만 듣고도 굵은 눈물방울을 뚝뚝 흘리는 사람도 있고, '찔러도 피 한 방울 안 나올 것 같다'는 말을 듣는 사람도 있다. 그리고 이런 이성과 감성의 정도는 글의 성격과 그대로 이어진다.

김용석 철학 칼럼니스트는 논리적인 글로 독자들이 철학적 사유를 할 수 있게끔 유도한다. 철학이라는 학문 특성상 한 가지를 오래 치밀하게 생각해야하기 때문이다. 그의 글은 일상생활에서 철학적 개념을 잡아내는 날카로운 시각을 보여준다. 김낙호 만화 칼럼니스트 역시 치밀한 논리를 바탕으로 칼럼을 쓴다. 어떤 만화가 대중들에게 인기 있는 이유를 파고들어 알려주는 경우도 있고, '내가 봤던 만화인데 이런 의미와 주제를 가지고 있었구나.' 하고 새롭게 느껴질 정도로 상세하게 분석한 경우도 있다.

반대로 손철주 미술 칼럼니스트는 따뜻하고 인간적인 글로 많은 독자들을 사로잡는다. '미술칼럼' 보다는 '미술에세이'를 지향한다. 그는 미술에 관련된 이야기를 우리에게 들려주고 그것을 통해 '미술은 배우는 것이 아니라 즐기는 것이다.'라고 느끼게 해준다.

정혜윤 북 칼럼니스트는 감성적이면서도 통찰이 있는 글을 쓴다. 그녀는 감성의 중요성을 느끼게 된 계기가 있었다. "방송국에 입사해서 처음으로 만든 프로그램이 광복절 특집 프로그램이에요. 내 딴에는 정말 성실하게 취재했다고 생각했는데, 방송을 보고 방에 들어가 한여름에 솜이불을 꺼내 뒤집어쓰고 많은 생각을 하게 됐어요. '나는 왜 광복이라는 것을 내 문제로 받아들이지 못한 것일까?' 결국 내 주변의 문제들을 나와 연결시키는 것이 중요하다는 것을 깨달을 수 있었어요." 이 깨달음 덕분인지 그녀는 (칼럼을 쓸 때), 책에 대해서만 쓰지 않는다. 책을 책 밖의 나와 연결시킬 수 있는 것을 중요하게 생각한다. 북 칼럼니스트이자 에세이스트로 불릴 만큼 감성이 가득 배어나는 글을 쓰고 있다.

소재에 따라 글의 성격이 달라지기도 한다. 시사, 부동산, 경제

등은 대부분 분석적으로, 책, 영화, 여행 같은 경우에는 감성적으로 쓴 글이 많다.

대부분의 칼럼니스트들이 공통적으로 가지고 있는 자질도 있다. 아마 우리가 예상하던 칼럼니스트의 자질과 다를 수도, 정확하게 맞아떨어질 수도 있을 것이다. 어떤 분야로 글을 쓰는지, 글의 성격이 얼마나 다른지를 떠나 공통적인 장점인 경우이다. 혹시 부족한 부분이 있다면 조금 더 자신을 갈고닦아야 할 것이고, 충분히 자질을 갖고 있다는 생각이 든다면 좀 더 자신감을 가져도 될 것이다.

읽기와 쓰기를 좋아한다

북 칼럼니스트에겐 당연한 일이라고 생각이 들 것이다. 하지만 다른 분야는 굳이 책을 좋아할 필요가 있나 싶은 생각이 들 수도 있다. 그러나 대부분의 칼럼니스트들은 자신의 분야와 크게 관련이 없는 책 또한 많이 읽는다. 대부분의 경우 책이 칼럼을 쓰는 데 도움이 돼서 읽기 시작했다기 보다는 책을 읽다 보니 칼럼니스트가 된 경우이다. 책은 감성을 키우기도 하고 이론적인 도움을 주기도 하며 직접적으로 모티브를 얻을 수 있는 보물 창고이다.

또한 당연한 이야기지만 글쓰기를 어떤 것보다도 더 좋아하지 않는다면 칼럼니스트가 될 수 없다. 글쓰기를 좋아하지만 글쓰기를 두려워하는 경우는 두려움을 버려야 한다. 내 글이 부족하다고 늘 생각하는 경우에는 더 나아갈 수 있는 추진력을 잃는 것과 같다.

홍석우 패션 칼럼니스트는 블로그에 글을 쓰기 시작하면서 점차 다른 매체에서 원고 요청이 들어오기 시작했다. 그때 부족했던 글쓰기에 대한 훈련을 할 수 있었다. 그 매체에서 수정 요구를 하면서 자신의 글을 고쳐갈 수 있었던 것이다.

북 칼럼니스트 금정연은 인터넷 동호회에 글을 쓰기 시작했고, 군대에서는 모 사이트에 서평을 썼다. 칼럼이라고 하기에는 가벼운 글이었지만 글쓰기에 대한 훈련을 할 수 있는 좋은 기회이자 글쓰기를 습관으로 만들어 주는 원동력이 되었다. 기본적으로 글을 통해 견해를 제시하고, 정보를 전달하는 것에 흥미가 있어야 한다. 우선 흥미가 있다면 실력은 후천적으로 키울 수 있다. 내가 알고 있는 것을 많은 사람들과 나누고 싶어 하는 욕심을 가지고 있다면 좋은 칼럼니스트가 될 수 있다.

열정과 호기심, 앎에 대한 끝없는 욕구

늘 한 분야에 대한 생각에 빠져 있다. 열정이 넘친다. 호기심이 많다. 앎에 기쁨을 느낀다. 다 같은 의미라고 볼 수 있다. 호기심이 많다는 것은 그만큼 관심을 갖고 열정을 쏟는다는 것이다. 오랜 집필 활동에도 이런 열정을 놓지 않는 것이 중요하다.

민훈기 스포츠 칼럼니스트는 외국경기를 보기 위해 새벽에 준비해야 하는 상황이 자주 일어난다. 출장도 잦고, 일찍 퇴근하는 날이 없다. 하지만 아직도 현장에 있는 것이 가장 행복하다고 말한다. 이경기 칼럼니스트는 68번째 책을 출간했다. 칼럼을 쓰기 시작하면 새벽까지 밤새워 쓰는 경우도 부지기수다. 그래도 영화를 보고 영화 관련 자료를 모으고 칼럼을 쓰면서 하루를 꽉 채워 살아야 만족감을 느낀다.

결국 자신이 얼마나 일을 사랑하는지에 따라 성공여부는 결정된다. 칼럼니스트들 중에는 일중독이라고 볼 수 있을 만큼 깨어있는 시간 내내 칼럼을 생각하는 사람들도 많다. 글을 잘 쓰기 위한 방법을 '다독, 다작, 다상량'이라고 말하는 사람들이 많다. 많이 읽으면 쓸 거리가 많이 생기고 쓰면서 많은 생각을 하게 된다. 그리고 이것은 칼럼니스트가 일이자 취미로 삼아 늘 해야 하는 일이다.

4

나의 전공과 경력으로 칼럼니스트가 될 수 있을까?

Q_IT 관련 기기들에 대한 칼럼을 쓰고 싶습니다. 하지만 학부 전공과목과 졸업 후 경력은 이 분야와 전혀 관련이 없어요. 그래서 많은 고민이 됩니다. 저도 칼럼니스트가 될 수 있을까요?

A_현재 활동하는 IT 칼럼니스트들의 전공과 경력은 의외로 다양합니다. IT 칼럼니스트 함영민 씨는 사진학과 졸업 후에 디지털카메라를 중심으로 서서히 칼럼 주제의 범위를 넓혀갔습니다. 현재는 다양한 디지털 기기들에 대한 칼럼을 쓰고 있고요. 정지훈 씨 또한 의공학을 전공한 의사 출신입니다. 학력의 경우, IT 관련 석박사 과정을 패스하지 않고도 칼럼니스트로 꾸준히 활동하시는 분들이 많아요.

물론 컴퓨터 공학이나 전산학, 정보통신, 전자공학 등의 관련 학과를 졸업했다면 전문성을 인정받기가 좀 더 수월하겠지요? 그러나 질문자님의 경우 굳이 칼럼니스트가 되기 위해 관련 학과의 석,박사에 도전하는 것보다는 여러 핸디캡을 뛰어넘을 만한 내공을 쌓는 것이 더 나을 것 같습니다.

트위터, 블로그, 페이스북 등의 SNS에 IT 관련 글을 꾸준하게 올려보세요. IT 분야는 기업 사보나 이벤트 등을 통한 활동 폭이 넓기 때문에 활동 반경을 온라인, 오프라인 양방향으로 확장하는 것도 도움이 될 것 같습니다.

드라마, 여행, 연애, 음악 등 문화 관련 칼럼도 필자의 전공에 대해 비교적 관대한 편이에요. 반면 건축과 의학, 심리, 시사, 부동산 등 보다 전문적인 분야는 전공, 경력과의 연관성이 큽니다.

Q_꼭 대학을 졸업해야 할까요? 소위 '학벌'은 높은 게 좋은가요?

A_우리나라의 경우 '학벌주의'가 유난하지요. 그러므로 칼럼니스트 세계에서도 필자의 학력이 전혀 관련이 없지는 않습니다. 이경기 칼럼니스트는 학벌, 전공에 관한 질문에 대해 "우리나라에서 학벌주의는 어쩔 수 없는 부분이다. 만약 매체에서 서울대 출신 칼럼니스트와 지방사립대 칼럼니스트의 글을 동시에 받았다면 필자 프로필 때문에 전자를 선호할 가능성도 있다"고 답했습니다.

한편 김낙호 만화 칼럼니스트는 "이전에는 매체 기용의 장벽이 훨씬 높았다. 그때는 학벌, 인맥 등이 데뷔를 위해 꽤 중요했었다. 그러나 요즘에는 블로그 등 1인 매체 덕에 자신의 글을 선보일 수 있는 기회가 많아졌고, 그 덕에 데뷔 장벽이 현저히 낮아졌다"고 답하기도 했습니다.

Q_칼럼니스트가 되고 싶은데, 정작 어떤 분야의 칼럼니스트가 되고 싶은지 모르겠어요.

A_의외로 많이 들어오는 질문 중 하나가 "칼럼을 쓰고 싶은데 어떤 주제에 대해 써야할 지 모르겠다"는 것입니다. 이러한 질문에 대해 특정 분야를 추천해 드릴 수는 없습니다. 글쓰기는 해당 주제가 전망이 좋다고 해서 잘할 수 있는 게 아니니까요. 나의 주된 관심사가 무엇인지, 가장 잘 쓸 수 있는 분야가 무엇인지 충분한 시간을 들여 탐색하셔야 해요.

우선 칼럼니스트에 대한 정의에 대해 다시 생각해 보시기를 권합니다. 칼럼니스트는 '글을 쓰고 싶다'는 욕구보다 '○○에 관해 쓰고 싶다'는 욕구가 우선되는 직업입니다. 즉 글쓰기에 있어 '소재'가 중심이 되어야 하는 것이죠. 따라서 소재를 무엇으로 정해야 할지는 아직 모르고 단지 글을 쓰는 행위를 즐거워한다면 글과 관련된 다른 직업을 탐색해 보는 것이 좋을 듯합니다. 소설가나 에세이스트, 자유기고가, 방송작가 등을 말이지요.

자유롭게 많은 글을 써보다가 정말 자신이 전문적으로 글을 쓰고 싶은 분야가 생겼을 때 다시 칼럼니스트라는 꿈을 꺼내 이루어보는 것은 어떨까요?

Q_저는 평범한 회사원입니다. 어렸을 때부터 글 쓰는 것도 좋아했고, 또 재능도 있는 것 같아요. 투잡으로 북 칼럼니스트로 활동하고 싶은데 회사를 다니는 것이 칼럼니스트로서의 활동에 큰 지장을 주지는 않을까 고민입니다. 아니면 반대로 칼럼니스트로서의 활동이 회사 일을 하는데 부담을 주지는 않을까 걱정되기도 하고요. 칼럼니스트를 투잡으로 할 수 있을까요?

A_현재 투잡으로 칼럼니스트 활동을 하시는 분들은 굉장히 많습니다. 하지만 두 활동을 조율하려면 철저한 노력과 균형 감각이 필요하지요. 유정우 씨의 경우 칼럼니스트로 더 활발히 활동하기 위해 병원을 옮겨 진료시간을 줄인 일이 있다고 답했습니다. 채지형 칼럼니스트는 직장 일과 칼럼 쓰기, 두 마리 토끼를 잡기 위해 자투리 시간 활용에 목숨을 겁니다. 만약 글쓰기 외의 직업적 수익원이 있다면, 데뷔 후 일정 기간, 혹은 그 후 계속이라도 그것을 유지하는 것은 권장할 만합니다. 스스로 만족할 만큼 작업 수주의 양과 질을 확보해 가는 과정은 생각보다 훨씬 더디기 때문입니다. 불안과 궁핍은 더 이상 창조의 원천이 아니에요. 생활이 안정되어야 마음이 안정되고, 마음이 안정되어야 글쓰기에 집중할 수 있으니까요.

5

오늘 아침 글을 쓴 사람이 작가다

칼럼니스트를 꿈꾼다면, 가장 먼저 무엇을 해야 할까? 관련 아카데미 등록? 선배 칼럼니스트의 조언 듣기? 칼럼니스트가 되면 할 일 목록 만들기? 정답은 "글을 쓴다."이다.

만약 당신이 지금 글을 쓰고 있지 않다면, 그 이유 10가지를 대 보겠다.

1. 우선 국문학과나 문예창작학과 학위를 따야 할 것 같아서.
2. 신문사, 잡지사, 출판사에서 거절당할 것이 두려워서.
3. 2의 이유로, 완벽한 글을 써냈을 때 세상에 멋지게 드러내고 싶어서.
4. '글 쓴다'고 하면 남들이 비웃을 것 같아서.
5. 지금은 직장 일로 너무 바빠서. (휴가 때를 기약해 달라.)

6. 훌륭한 칼럼니스트가 되기에 나는 너무 평범한 것만 같아서.
7. 내 글이 재미없다는 평가에 상처를 받았기 때문에.
8. 글을 쓰기 전에 자료를 모으느라 시간이 너무 오래 걸리는 바람에.
9. 새 노트북을 살 때까지는 글쓰기를 미뤄두느라고.
10. 사람들을 감동시키기 위해 더 많은 경험을 해야 할 것 같아서.
(내년에 봉사 활동과 세계여행 계획 중…)

글을 쓰지 않을 이유는 백만 가지도 더 댈 수 있다. 한 주부는 워드 프로그램만 켜면 남편이 "이게 글이야? 그건 나도 쓰겠다"고 말한 기억이 떠올라 괴로워진다고 말했다. 졸업반인데 아직 진로를 결정하지 못해 글쓰기 아카데미에 등록한 한 수강생은 과제를 할 때마다 학부 때 리포트 점수가 안 좋았던 기억이 떠오른단다. 현직 교사면서 칼럼니스트를 꿈꾸는 어떤 사람은 "글을 쓰다 보면 자신의 경험이 글에 녹여질 때가 있는데, 신변 보호를 위해 조심하게 된다"고 말했다. 그리고 나의 친구는 어릴 적에 일기나 독후감을 쓸 때마다 막막했던 경험 이후로 한 번도 긴 글을 써 본 일이 없다.

하지만 칼럼니스트를 꿈꾸는 당신이라면, 처음 꿈을 꾼 그 순간부터 글을 쓰기 시작했어야 한다. 하루하루 포트폴리오를 쌓아 나갔어야 한다. 그런데, 오늘 당신은 한 편의 칼럼을 썼는가. 아니, 완성된 칼럼이 아니더라도 최소한 완성본을 위한 초안 한 편, 일상 속에서 떠오른 아이디어를 적은 메모 몇 장이라도 지니고 있어야 한다.

일단 키보드에 손을 얹어라, 생각은 그때부터 하면 된다

〈뼛속까지 내려가서 써라〉의 나탈리 골드버그는 위와 같은 사람들에게 단호하게 일갈한다.

"일단, 무조건, 닥치고, 써라."
이 문장이 그 책의 핵심이다. 그리고 그는 이렇게 조언한다.
"쓰라. 거침없이 쓰라.
쓰라. 손을 쉬게 하지 말라.
쓰라. 너무 많이 생각하지 말라.
쓰라. 편집은 나중에 하라."

일찍이 소설가 무라카미 하루키는 에세이집 〈달리기를 말할 때 내가 하고 싶은 이야기〉 한 권을 통틀어 이야기한 바 있다. 글쓰기는 달리기와 닮았다고. 오래 달리기를 해 온 선수들도 매일 아침 발걸음이 무겁다. 지겨움에 진저리를 친다. 한 발 한 발이 자석에 붙은 듯 떼기가 어렵다. 그래도 달린다. 절대로 멈추지 않는다. 그들은 잘 알고 있기 때문이다. 달리기는 지겨운 반복을 먹고 발전한다는 것을.
러너들은 조언한다.

"가만히 앉아서 달리고 싶은 열망이 찾아올 때까지 기다리라고요?

열망은 절대 스스로 찾아오지 않아요."

 그러니 우리도 달리자. 근육통을 견디며 러닝화에 발을 집어넣는 러너의 자세로, 당장 컴퓨터 전원을 켜는 것이다. '누구나 글을 쓸 수 있다'는 마음가짐은 처음 시작하는 사람들에게는 가장 귀한 약이다. 그 약을 먹고, 죽이 되든 밥이 되든 써야 한다. 행여 엉터리 같은 글이더라도 오늘은 무조건 한 편 완성하겠다는 마음을 먹어보자.

 이 책을 완독하지 않아도 된다. 칼럼 쓰기 연습을 하는 틈틈이 펼쳐 보아도 괜찮다. 우선은 한글 프로그램 창을 열고 키보드에 두 손을 살포시 얹어라. 그게 첫발이다. 시작은 고요하지만, 곧 머릿속이 아이디어들로 시끌시끌 북적북적 댈 것이다. 몸을 움직이면 자연스럽게 뇌가 따라 움직인다.

 '첫 칼럼'이라는 제목의 문서 파일을 하나 만들어두는 것도 좋다. 문서 창에 말이 되든 안 되든 무엇인가를 끄적여 보라. 그러다 보면, 부족한 자료들이 무엇인지 떠오른다. 그때부터 주제선정과 자료수집 등에 돌입하면 될 일이다. 쓰고자 하는 주제에 대해 아직 공부가 덜 되었다는 깨달음도 찾아온다. 어쩌면, 내가 어떤 주제에 대해 쓰고 싶은지부터 정립해야겠다는 자각이 올지도 모른다. 생각은 그때 가서 하면 된다.

'백지 공포'는 점 하나를 찍는 순간 사라져 버린다

"백지 공포가 있다고? 점 하나를 찍어. 그럼 더 이상 백지가 아니게 되잖아."

시 쓰기 수업 때 과제를 제출하지 못하고 울먹거리는 국문학과 1학년생들에게 교수님이 해 주신 말씀이다. 두려움을 이기는 가장 좋은 방법은 그 일을 하고 있는 것이다. 현재 나의 글쓰기 실력이 부족하다고 해서, 비판을 받을 것 같다고 해서 시작하지 못한다면 너무 억울하다. 일단 여러 번 써 봐야 실력이 부족한지 아닌지를 알 수 있다.

글쓰기의 꿈만을 간직한 채 평생 머뭇거리지는 말자. 더구나 요즘에는 블로그, 트위터, 페이스북 등을 통해 글쓰기가 모든 사람의 일상이 되었다. 오늘 당장 핸드폰 문자메시지부터 정성 들여 써 보자. 간단한 메모도 오롯한 문장으로 다듬어 써 보자. 물론 세상에는 한 줄도 제대로 쓰지 않은 채 '소설을 쓰고 있다'거나 '글쓰기 공부 중이다'라고 말하는 사람들이 많다. '바빠서', '실연해서', '유치해서', '영감이 안 떠올라서', '몸이 안 좋아서'가 그들의 이유이다. 이 모든 이유 또한 내 글의 훌륭한 소재다. 고통, 실연, 유치함, 막연함, 아픈 몸 등을 문장으로 토해 내 보자. 쓰는 동안, 영감은 찾아올 것이다.

무조건 시작해야 할 이유 한 가지 더. 글은 쓰면 쓸수록 아이디어가 생겨난다는 것. 현재 쓰고 있는 글에 사용하지 않은 아이디어, 자료 중에서 다음 글에 사용할 수 있는 것이 한 가지 이상은 생긴다. 그러면 '

이 아이디어를 꼭 다시 써 봐야지'라는 생각이 에너지가 되고, 그 소재를 바탕으로 두 번째 글을 쓸 수 있다. 일단 한 편의 글을 쓰면, 그 글이 두 번째 글로 이어지고, 다시 세 번째 글로 이어지다 보면… 이렇게 테마가 순환되기 시작하면 차례차례 새 주제가 탄생하면서, 나의 주된 관심분야가 확실해진다. 그리고 쓸수록 아이디어를 떠올리는 것이 습관이 된다.

남는 아이디어들을 그때그때 모으는 폴더를 만들어 두는 것도 좋다. 이 아이디어 리스트를 인쇄해 책상에 붙여두면, 볼 때마다 자꾸만 새 글을 쓰고 싶어지지 않을까?

오늘도 망설이고 있는 사람들에게

1. 배워서 하기보다 하면서 배우자: 일단 시작하라. 글쓰기에 도움을 줄 것들이 주변에 굉장히 많았다는 사실을 깨달을 것이다.
2. 가장 잘 아는 것부터 쓰자: 필자조차 잘 모르는 주제에 대해 쓴 글을 대체 누가 읽겠는가. 어려운 것, 거창한 것에 대한 욕심을 버릴 때 글은 술술 나온다.
3. 만만한 도구로 시작하자: 손으로 종이에 쓰는 게 편하다면 그편을 택하라. 핸드폰 메모장을 사용해도 좋다. 자주, 많이, 편한 마음으로 대하게 되는 도구라면 장땡.
4. 글에 대한 반응을 즐겨라: 트위터, 블로그, 자주 방문하는 인터넷 커뮤니티. 글을 공개할 곳으로는 어디든 좋다. 독자가 있어야 쓸 맛이 난다. '악플도 무플보다는 낫다'는 말을 명심하고, 내 글을 자꾸 내돌려라!

2장

칼럼니스트로 입문하고
활동하는 이야기

"저는 늘 글을 쓰는 사람은 천재라고 생각해 왔어요. 그에 비해 제 실력은 형편없어 보이고요. 실력을 '시험' 형태로 테스트해 보면 도전이든 실패든 길이 정해질 것 같아요. 혹시 공인인증시험이 있나요?"

한 번의 시험으로 안정된 전망이 보일 수 있다면 얼마나 좋을까? 칼럼니스트를 꿈꾸는 이들의 소망은 십분 이해되지만, 선배들이 걸어간 길을 보면 그리 단순하지 않다.

6

청탁을 받거나
기회를 노리거나

 어떤 분야든 첫 시작이 제일 어렵다. 시작이 얼마나 어려우면 '시작이 반'이라는 속담까지 있겠는가? 누가 자신의 재능을 인정하고 처음부터 턱하니 칼럼을 의뢰한다면 얼마나 좋을까마는, 가만히 있는 당신의 재능을 알아봐 줄 사람은 부모님밖에 없다. 자신이 어떤 분야에 소질과 전문성이 있으며, 어떤 글을 쓸 수 있는지 세상에 드러내야 한다.
 물론 예기치 않는 기회에 칼럼을 의뢰받기 시작한 사람들도 있다. 출판번역가 김명철의 경우가 그러하다. "저는 전문 칼럼니스트가 아닙니다. 출판번역가죠. 평소에 남의 글을 옮기면서 제 글도 써서 발표하고 싶다는 생각은 늘 하고 있었지만, 그런 기회를 좀처럼 잡을 수 없었습니다. 그런데 제 번역서가 베스트셀러가 되면서 기회가 찾아왔습니다. 제가 번역한 책에 관해 글을 써달라는 대기업 사보, 신문, 잡지사의 요청이 들어오기 시작했거든요."

하지만 기회에 왔을 때 누구나 그 기회를 잘 잡을 수 있는 것은 아니다. "많은 번역가들이 이런 의뢰를 받으면 주저합니다. 하지만 저는 자신 있었습니다. 독자들이 책의 내용을 보다 잘 이해하고 자신의 상황에 잘 활용할 수 있도록, 다른 비슷한 책과 비교하고 우리나라 실정에 맞는 사례를 첨가하면서 책에 관한 칼럼을 써 주었습니다. 그랬더니 심심치 않게 이런 의뢰가 이어졌습니다. 방송출연과 강연 의뢰도 들어왔구요."

그는 칼럼을 의뢰받고 나서 그 기회를 다른 기회로 계속 살려 나갔다. "제가 번역한 책뿐만 아니라, 다른 책에 관해서도 칼럼을 쓰고 싶었습니다. 그래서 책을 빠르고 정확하게 읽을 수 있는 독서법에 관한 책을 써보기로 했죠. 몇몇 출판사에 기획서를 보냈지만 거절당했습니다. 다행히 출판비용을 투자하겠다는 분을 만나서 책까지 쓰게 되었습니다. 물론 그 책이 팔리면서 다시 칼럼과 강연을 의뢰받았구요. 예전에는 책과 관련된 신문, 잡지가 그렇게 많은 줄 몰랐습니다."

이처럼 비교적 수월하게 칼럼을 의뢰받기 시작한 사람들도 알고 보면 나름대로 준비를 꾸준히 해온 사람들이다. 따라서 각자 자기 방식대로 준비를 해두고 있어야 한다. 기회는 문득 찾아오기 마련이므로.

청탁을 받지 않았을 때: 포트폴리오를 만들어둘 절호의 기회다

기성 칼럼니스트의 경우, 청탁을 받지 않았지만 해당 이슈에 관심이 생겨 깊이 연구해 보고 싶을 때가 있을 것이다. 그럴 땐 아는 기자, 담당자에게 먼저 제안을 해도 된다. 매체 종사자들은 언제나 신선한 기획에 목말라하는 사람들이므로 매우 반가워할 것이고, 행여 당장 싣지 못하더라고 추후에 의뢰를 해 올 수 있다.

예비 칼럼니스트의 경우, 여차하면 들이댈 수 있도록 여러 종의 칼럼부터 써 두자. 청탁을 받지 않았더라도 관심 가는 주제가 생길 때마다, 산뜻한 발상이 떠오를 때마다 부지런히 원고를 쟁여 둬야 한다. 준비된 자에게 기회가 온다!

사실 말이 쉽지, 과제도 아니고 청탁도 받지 않았는데 지속적으로 칼럼을 쓰는 것이 쉬운 일은 아니다. 그러므로 언제 어디서든 글을 쓰겠다는 강렬한 의지를 지니자. 글을 쓰고 싶다는 욕구가 솟는다면 절대로 놓치지 말자. 늘 노트북을 들고 다니는 것도 좋은 방법이다. 머릿속에 담긴 글감이 자라기 위해서는 우선 글의 씨앗을 기록하고 이를 확장해 나가야 한다.

글은 썼지만 지면에 실을 기회가 빨리 찾아오지 않는다면 자신의 홈페이지, 블로그, 트위터, 페이스북 등에 게재하면 된다. 수많은 블로거, 트위터러들이 내 칼럼의 독자가 된다. 덧글 피드백을 통해 독자들이 이 글을 원하는지 아닌지, 수정할 부분은 무엇인지 알 수 있으니 더욱 좋다. 용기가 있다면, "매주 금요일 오후 6시마다 칼럼 1편씩을 연재하겠습니다!"라고 호언장담이라도 해 보라. 창피당하기 싫어서라도 어쩔 수 없이 쓰게 될 것이다.

블로그 등의 1인 미디어 운영은 에디터의 눈에 띄기 위한 가장 효과적인 수단이기도 하다. 예전에는 기자들이 주로 인맥을 통해 필자를 구했다. 하지만 최근에는 전화 대신 컴퓨터를 켜고 인터넷부터 샅샅이 뒤진다. 개성과 전문성을 지닌 신인 필자를 발굴하기 위해서다. 실제로 커피에 관해 다양한 정보를 블로그에 싣고 있던 블로거 '에스프레소 프릭'은 블로그 덕분에 〈에이빙닷넷〉의 기자로 활동하게 되었다. 최근에는 기업 사보에도 커피 칼럼을 기고했다. 블로거가 전문 필자가 된 경우는 정말 흔하다.

현장에서

예비 칼럼니스트를 위한 데뷔 팁 세 가지

1. 칼럼을 쓰고 있다는 사실을 널리 알리자: 귀인이 어디서 나타날지 모를 일이다.
2. 거절에 담담하자: 매체에 포트폴리오를 보냈다가 거절 메일을 받았다면? "아직 내 진가를 모르는군" 하고 씩 웃고 만다. 시인이나 소설가는 등단을 위해 신춘문예에 수십 번 도전한다. 하물며 거절 메일 정도야!
3. 나의 지면은 내가 만든다: 당분간 고료를 포기한다면, 기고할 곳은 많다. 많은 독립잡지에서 원고를 찾고 있다. 재능기부도 좋은 홍보 수단이 될 수 있다.

청탁을 받을 때: 해당 매체와 청탁 내용을 꼼꼼하게 분석하라

매체의 담당자가 칼럼 원고를 의뢰해 오면 기명 칼럼을 쓰게 된다. 보통은 "○○매체의 ○○기자입니다. ○○○○에 대해 칼럼을 써 주실 수 있으세요?" 정도의 전화나 이메일이 온다. 칼럼 기고가 가능한지, 아닌지 여부부터 묻는 게 순서다. 최근에는 트위터, 페이스북, 블로그 쪽지 등을 이용하기도 한다.

의뢰를 받을 때 전화로만 부탁하는 경우도 있다. 그럴 땐 이메일로 다시 한 번 받아야 할까? 답은 yes. 메일로 정리를 하면서 청탁 내용이 좀 더 명확해져서 혹시 발생할지 모르는 실수나 오해를 줄일 수 있어서다. 또한 작은 규모의 프로젝트일 경우 계약서 없이 진행하는 경우가 많은데, 혹여 문제가 생길 경우 이메일이 중요한 근거가 된다.

기고를 수락했다면 며칠 내로 '원고 청탁서'를 받게 된다. (요즘은 이메일 본문에 적거나, 전화통화 등으로 대신하는 경우도 많다.) 원고청탁서에는 매체 소개, 주독자층, 청탁의 의도와 집필방향, 원고 매수와 그에 따른 고료, 마감 일자, 담당자 연락처 등이 기재된다. 이때 청탁서 상에서 의문이 드는 것이 있으면 바로 질문을 해야 한다. 마감 당일에 청탁서를 꼼꼼히 보고 질문을 하거나, 청탁서를 무시하고 집필에 들어가서는 안 될 일이다.

간혹 청탁서를 보고 자신이 집필하기 어려운 주제와 소재라고 판단되면 되도록 빠르게 거절하자. 그래야 담당자가 재빨리 다른 필자를 찾을 수 있다. 가능하다면 "저 말고 ○○○ 칼럼니스트가 더 잘 쓸 수 있을 것 같네요."라면서 소개를 주선해도 좋다.

이때는 매체의 성격, 주독자층에 대한 분석이 특히 중요하다. 예컨대 한겨레신문과 조선일보에 실리는 칼럼은 그 정치성향이 다르다. 또한 IT 칼럼을 쓴다고 할 때 주독자층이 일반인인 것과 IT 업계 종사자인 것은 전혀 다르다. 정치성향, 전문성, 연령대, 성별 등을 세세히 분석한 후 글을 쓰기 시작해야 한다.

의뢰하는 담당자나 기자가 바빠서 빠트린 것이 있을지도 모르니, 전화나 이메일을 통해 추가 질문하는 것을 망설이지 말자. 청탁 원고는 스스로 쓰기 시작한 글과는 달라서, 의뢰하는 측의 요구 조건이 굉장히 중요하기 때문이다. 또한 의뢰하는 쪽에서는 요청사항을 충분히 적었다고 생각하지만, 받아들이는 칼럼니스트 입장에서는 부족했을 수도 있다.

이때 간단한 수정 정도야 담당자가 처리하지만, 칼럼의 방향성과 관련된 수정이라면 칼럼니스트에게 수정 요청이 들어오게 된다. 간혹 '청탁 방향과 현저하게 달라서, 게재가 보류됐다'는 답변이 오기도 한다. 이럴 때 글을 쓴 입장에서는 화를 내거나 자신의 부족함을 탓하며 좌절하기도 하는데, 그러지 말아야 한다. 우선 담당자와의 소통을 통해 최대한 합의를 봐서 수정해야 한다. 그리고 다음 기고부터는 충분한 의논과 협의를 통해 요청사항에 딱 맞는 칼럼을 쓰면 되는 것이다.

현명한 거절이 중요한 이유

칼럼니스트가 모든 의뢰를 다 수락한다면 어떻게 될까. 자신의 수준으로는 쓰기 힘든 칼럼이라서 집필 기간 내내 괴로울 수도 있다. 일정이 빡빡한데도 욕심 때문에 수락했다가 밤을 새울 수도 있다. 인간관계 때문에 거절하지 못한 칼럼이나, 그다지 쓰고 싶지 않은 주제로 쓴 칼럼에 높은 퀄리티를 기대하기란 하기란 힘들 것이다. 해당 매체의 정치적, 종교적 성격이 자신과 맞지 않는 경우에도 괴로울 것이다. '재능기부' 등의 명목으로 돈을 받지 않는 일에 뛰어들었다가 보람이 느껴지지 않아 원고 진도가 나가지 않는 경우도 있다.

때문에 칼럼니스트들은 한 해 한 해 경력이 쌓일수록 거절의 중요성을 깨닫게 된다. 쓰기 싫은 칼럼이라면 괜스레 질질 끌지 말고 정중하고 단호하게 거절하자. 그러기 위해서는 자신의 수준을 명확히 파악해 두어야 하고, 또한 청탁 수락에 대한 자신만의 원칙을 미리 세워 두어야 한다.

기본적으로 칼럼니스트는 직업적으로 돈을 받고 원고를 제공하는 집필 노동자다. 그러므로 적어도 실리와 명분, 둘 중 하나는 충족시키는 일이어야 할 가치가 있다. 3일을 꼬박 투자해 집필해야 하는데 그만큼의 원고료가 제공되지 않는다면? 우선은 협의를 해 보자. 그래도 안 되면 거절해야 한다.

그러나 고료가 적더라도, 혹은 전혀 받지 않더라도 자신의 경력에 도움이 되는 일이거나 의미가 있는 일이라면 반드시 해야 한다. (실제로 홈리스들의 재활을 위한 잡지 〈빅이슈〉에는 수많은 칼럼니스트, 사진작가, 일러스트레이터 등이 비용을 받지 않고 재능기부를 한다.) 예컨대 생계에 보탬이 되는 일을 70%로, 앞으로의 경력에 도움이 되거나 사회적으로 의미가 있는 일을 30%로 균형을 맞추는 것은 어떨까. 관심이 가는 주제이지만 일정이 여의치 않다면, 담당자와 논의해서 일정을 조절해 볼 수도 있을 것이다.

7

글감을 찾기 위한
당연한 방법들

"잘 안 써진다고요? 뭘 써야 할지 모르겠다고요? 단연코 '용량 부족'입니다."

건축 칼럼니스트 서윤영 씨의 말이다. 글을 쓰겠다고 모니터 앞에 앉았지만 금세 막막해진다면 아직 집필을 위한 준비를 덜 마쳤다는 거다. 자신이 쓰고 싶은 분야, 주제와 관련해 충분한 글감이 모이지 않았기 때문이라는 뜻이다. (많은 사람들이 이 단계에서 "나는 글을 못써."라며 포기를 논한다. 단지 글감이 부족했을 뿐인데!)

애초에 칼럼니스트는 '써야만 해서' 쓰는 사람들이 아니다. 그들은 애초에 해당 분야에 관해 쓰고 싶은 것이 너무 많아서 모니터 앞에 앉기 시작한 사람들이다. 당신이 예전엔 쓰고 싶은 것이 많았지만 지금은 늘 막막해하고만 있다면? 좀 더 읽고, 좀 더 맛보고, 좀 더 만나고,

좀 더 느끼면 막막함은 금세 사라진다. (간단하게는 몇 시간 정도 잡지들만 뒤적거려도 쓰고 싶은 것이 튀어나온다.)

대부분의 기성 칼럼니스트들은 실제로 굉장한 독서광이며 여행마니아다. 그들은 부정한 일에는 뜨겁게 분노하고, 옳고 선하고 아름다운 것에는 아낌없이 찬사를 날린다. 인간과 자연에 대한 깊은 애정은 기본이다. 그리고 평생 무엇인가에 미쳐 있다. 미쳐 있으면, 글의 소재는 팝콘처럼 저절로 튀어 오른다.

키보드 위에서 손가락이 자유자재로 춤을 추는 기쁨을 누려 보고 싶은가? 쓰고 싶은 것이 넘쳐나서 밤을 새워 보고 싶지 않은가? 현직 칼럼니스트들의 사례를 보며, 발상을 위한 태도와 글감 수집하는 법을 배워 보자.

첫째, 오늘 당신이 만난 모든 것이 글감이다

처음 칼럼을 쓰겠다는 사람들은 보다 거창한 주제, 보다 그럴듯한 주제를 찾아 헤매기 쉽다. 그러나 우선은 나의 취미, 이력, 전공 등을 돌아보는 게 낫다. 나에게 가장 쉬운 것, 가장 익숙한 것, 가장 만만한 것이 당신에게 가장 적합한 글감이다. 그러므로 우선 '나'를 돌아보자.

가장 쉬운 방법은 일기 쓰기다. 여행 칼럼니스트 채지형 씨나 건축 칼럼니스트 서윤영 씨는 학창 시절부터 꾸준히 일기를 써 왔다. 특별하지 않은 날이더라도 뭐든 적었다. 하루 동안의 감정, 고민, 일상을 적되, 결코 무엇도 여과하거나 숨기지 않았다. 숨 돌릴 겨를 없이 바쁜 날에도 몇 줄의 메모로 그날의 단상을 기록했다. 5분이면 되는 일이니까. 그리고 칼럼을 써야 할 때 일기와 메모를 뒤적였다. 빛나는 발상이 그 속에 가득했다. "내가 언제 이런 괜찮은 문장을 써 놨지?" 하는 순간도 많다. 오늘부터 당장 실행해 보길. 일주일쯤 후에 감탄하게 될 것이다.

일기에 대한 고정관념을 버려보면 어떨까. '일기'라는 말이 부담스럽다면 아예 그 말을 버리는 거다. 메모, 끄적임, 낙서 뭐든 좋다. 서윤영 씨나 채지형 씨의 '일기'도 매일 기록했기에 일기라 부르는 것이지, 메모에 가깝다.

접근하기 쉬운 도구라야 자주 사용할 수 있다. 무거운 노트는 집어 치우도록. 손바닥만 한 수첩이면 되고, 핸드폰 메모장이나 어플도 간편해서 좋다. 포스트잇을 방안 곳곳에 붙여두고 틈틈이 적는 필자들도 많다(침대 머리맡에 메모장을 두는 작가도 흔하다. 꿈에서 깨는 순간 바로 기록할 수 있도록). 글로 표현하기 어려우면 이미지로 그려두어도 요긴하다. 기억해두고 싶은 것은 핸드폰 카메라로 간단히 찍어 보관하자. 나에게 어떤 수단이 가장 효과적인지, 여러 번의 시도를 통해 알아보고 활용을 하자.

나무 칼럼니스트 고규홍 씨는 '세상의 모든 것이 콘텐츠가 된다'고 주장한다. 출근길에 무심코 그려놓은 나무 그림 한 장이 그를 글쓰기로 이끌었던 일생일대의 경험 때문이다.

"매사에 관심을 두고 관찰하는 사람은 일상의 모든 것을 글의 소재로 끌어올릴 줄 알지요."

콧가를 간질인 민들레 홀씨, 내 곁을 지나간 폐지팔이 할머니 등이 모두 귀한 소재가 된다. 글감은 저 멀리에 있지 않다. 오늘 당신이 만난 모든 것이 당신 글의 글감이다.

"관찰은 보이는 것을 표현하는 게 아니라 어떤 것을 보이게 하는 것이다."

(『생각의 탄생』 저자 루트번스타인 부부)

둘째, 책을 비롯한 문서자료는 칼럼니스트의 생명줄

'책은 마음의 양식'이라는 뻔하디뻔한 말로 책의 필요성을 강조하지는 않겠다. 칼럼니스트를 비롯한 작가들에게 책은 생명수이고 목숨줄이다. 읽으면 좋은 것이 아니라, 읽지 않으면 안 되는 것이다.

나무 칼럼니스트 고규홍 씨도 식물도감, 식물학 교과서를 되는대로 모아서 나무를 공부했다. 식물학 전공이 아니었기에, 관련 도서에 대한 목마름은 더욱 컸다. 또한 책을 통해 익힌 지식들을 기자 시절의 경험을 토대로 직접 숲에 가 눈으로 재확인했다.

최초의 스포츠 특파원이었던 칼럼니스트 민훈기 씨는 미국 체류시, 한국을 대표한다는 책임감으로 각종 스포츠 서적들을 섭렵하며 자료를 켜켜이 쌓았다. 그 결과 얻은 지식들은 그가 외신 기자들과 당당히 의견을 교환하고, 20년 넘는 기간 동안 미국에서 스포츠 기자로 활동하도록 했다.

건축 칼럼니스트 서윤영 씨도 어릴 때부터 '책벌레'로 유명했다. 학부 때 수학을 전공한 서 씨는 시야를 넓히고 세계관을 정립하기 위해 인문, 사회과학 도서 읽기를 게을리 하지 않았다. 애초에는 글을 쓸 생각이 없었다던 그는 "우연찮은 기회에 데뷔를 하고, 그 기회를 발판으로 자연스럽게 연착할 수 있었던 것은 바로 책의 힘"이라고 고백한다. 현재 그의 글은 '한국인의 욕망과 그를 반영한 건축을 분석한다', '깊은 사유로 풀어낸 그의 글은 차라리 하나의 건축 시에 가깝다'는 찬사를 받고 있다.

예비 칼럼니스트라면 독서는 좋아하는 분야부터 시작하되, 점점 전 분야로 넓혀 나가자. 뷰티 칼럼니스트에게도 인문학 지식은 필요하며, 시사 칼럼니스트도 시를 읽어야 한다. 작가에게 '활자 중독'은 고민이나 자랑이 아니라 당연함이다.

셋째, 웹 세계 항해

웹의 발달은 작가들을 묵직한 책가방으로부터 해방시켰다. 칼럼니스트들은 국내자료를 비롯하여 구하기 힘든 자료들까지 웹을 통해 찾아낸다. 인터넷은 접근이 용이할 뿐 아니라 트렌드를 한눈에 파악하는 데도 유용하다. 또한 관심 분야만 모아서 보기도 편하다. 단, 인터넷 자료 중에는 출처가 명확하지 않거나 정확도가 떨어지는 것들도 많으니 주의할 것. 웹 자료의 변별성을 확인하고서 글에 활용하는 자세가 필수적이다.

만화 칼럼니스트 김낙호 씨는 어떤 정보나 주장을 접했을 때, 그 출처가 되는 원재료를 찾아 참고한다. 도서관 데이터베이스를 뒤지며, 통계청, 구글, 위키백과 등을 활용해 자료를 모은다. 김낙호 씨는 "속보와 선명성 경쟁 속에 사실 확인 과정이 가장 먼저 폐기된다. 그러나 저널리즘이 여타 정보 생산 행위와 구별되는 최소한의 고유영역, 필수조건이 바로 사실 확인이다."라는 요지의 칼럼을 쓴 적도 있다.

넷째, 평생 호기심을 유지할 것, 오감을 활짝 열 것

인기리에 방영됐던 TV 프로그램 《꽃보다 할배》를 기억하는지. 유럽은 꽃할배들의 첫 해외 배낭여행지였다. 순재는 비행기를 타는 순간부터 설레었다. 비행기에서 내려다보는 구름도 신비롭고 센 강변에 여유롭게 앉아있는 젊은 커플들을 보며 마냥 부럽다. 베르사유 궁전의 장엄함. 그 안의 풀 한 포기에도 감동을 느낀다. 루브르 박물관에 전시된 아름다운 작품을 보고 설명을 열중해 듣는다. 그의 오감은 모든 것에 열려 있다. 하나도 놓치지 않으려 누구보다 빠르게 걷는다.

반면 일섭은 늘 뚱한 표정이다. 유럽에 도착하자마자 실망감이 몰려왔다. 파리의 공항도 그다지 친절하지 않았고, 끊임없이 걸어야 하는 게 점점 짜증스럽다. 센 강은 우리의 한강과 다를 바 없어 보이고, 너무나 넓은 베르사유 궁전과 루브르 박물관은 지루하다. 순재와 일섭은 같은 기간 동안, 같은 곳을 함께 여행했다. 그런 순재와 일섭이 한국에 돌아와서 파리 여행에 대해 글을 쓰라고 했을 때 누가 더 좋은 글을 쓸까. 답은 자명하다.

일상에서 오감 열기가 어렵다면 가까운 곳으로 여행을 떠나 보자. 1~2시간 정도 고속버스를 탄다는 사람도 있고, 공항에서 차 한 잔 하고 온다는 사람도 있다. 중요한 것은 자리를 털고 일어나 이동하는 것이다. 북유럽이든, 제주도든, 옆 동네든 상관없다. 광화문 한가운데, 세종대왕상 아래 눈을 감고 서 있어 보아도 좋다. 장소는 중요하지 않다. 내가 방금 전까지 머물던 곳이 아니라는 게 중요하다.

글 쓰는 이는 육체적으로든 정신적으로든 늘 길 위에 있어야 한다. 새로운 곳에서 내가 살던 곳과는 전혀 다른 문화, 사람을 만나다 보면 생각의 변화가 찾아온다. 생각의 변화는 결국 새 글감의 발견으로 이어진다. 칼럼니스트에게 떠남은 휴식이자, 글감 찾기 대여정이다.

다섯째, 사람을 만나 '진짜 소통'을 하라

골방, 은둔형 외톨이, 히스테릭. 글쟁이에 관한 사람들의 고정관념이다. 그러나 인간에 대한 애정과 세상에 대한 호기심이 없다면 글을 쓸 수 없다. 노인이 젊은이보다 더 젊은 글을 쓸 수 있다. 모든 것에 열려 있다면, 나이가 얼마든, 모든 작가는 청년이다. 또한 칼럼을 쓰기 위해 인터뷰를 하거나 담당 에디터와 의논을 할 때도 사회성과 커뮤니케이션 스킬이 필수다. 대화와 경청을 등한시한다면, 함량 높은 글을 쓰기 어렵다.

경험의 풍부함도 필요하다. 사람들은 자신의 일생을 통해 수천, 수만 가지의 경험을 하게 되지만 세상의 모든 경험을 할 수는 없다. 그래서 글을 쓰는 사람들은 각양각계의 사람을 만나고 그들과 경험, 추억, 생각을 공유한다. 실제 많은 칼럼니스트들이 혼자 끙끙 앓을 때보다, 타인의 이야기에 진심으로 귀 기울였을 때 좋은 글을 쓰게 됐다고 말했다. 무엇보다도 칼럼니스트는 대중과 글로 소통하는 사람이다. 그러려면 대중의 눈높이, 대중의 욕구를 정확히 간파해야만 한다. 진짜 소통이 필요한 이유다.

100%의 퀄리티를 보장하기 위한 150% 이상의 글감

당신이 신입 칼럼니스트라면 별다른 노력 없이도 늘 글감을 풍성하게 가지고 있거나, 주제만 잡으면 글이 술술 풀릴 수도 있다. 글감 창고는 여전히 꽉 차 있다. 왜? 아직 몇 편 쓰지 않았기 때문에! 그동안 살면서 쌓아왔지만 아직 글로 풀어내지 못한 글감들이 모두 당신의 소유인 것. 그러나 10년 이상 칼럼니스트로 장수하고 싶다면 발상을 위한 자신만의 노력을 끊임없이 해야한다.

건축 칼럼니스트 서윤영 씨는 한 편의 글을 쓸 때 활용되는 글감이 100%라고 할 때, 자신을 늘 150%를 준비한다고 했다. 글의 퀄리티는 이러한 철저함에서 나온다. 그는 말한다.

"행여나 운 좋게 적은 준비로 쓴 글이 좋은 평가를 받았다면 다음 글에서 더 큰 고통이 찾아올 거예요."

나무 칼럼니스트 고규홍 씨는 평생을 함께하고 싶은 주제인 '나무'를 어느 날 우연히 발견했지만, 그것이 행운이었음을 인정한다. 그는 '만약 집중하고 싶은 주제를 만나지 못했더라도, 딱 1,000일만 집중해 보라'고 권유한다. 시간이 답이라고 그는 확신한다.

예부터 관상을 보는 이는 있었다. 그러나 얼굴에 대한 칼럼은 최근에 등장했다. 모든 발견은 재발견이다. 세상 속에서 사람과 더불어 살아간다면, 그 어떤 것도 글감으로 끌어올릴 수 있다. 칼럼니스트는 콘텐츠의 전달자를 넘어, 자신만의 고유 콘텐츠를 개발해 나가는 사람이다. 오래오래 갈고 닦자.

8

아이디어를 얻기 위한 자유로운 발상법

자유로운 발상은 어린이들이 가장 잘한다. 예상치도 못한 말들을 툭툭 내뱉는다. 유아들을 보고 배우자. 그들은 가만히 못 있는다. 한곳에 꼼짝 말고 있으라고 하면 온몸을 오징어처럼 꼬고 비튼다. 또 그들은 색연필만 쥐여주면 온 집안 벽을 그림책으로 만들어 버린다. 글을 쓸 때만이라도 유아가 되어 보자.

1 몸을 움직여라, 떠오를 때까지!

부산의 한 찜질방에서 스마트폰을 붙들고 있다가 아줌마 부대의 걱정을 한 보따리 들은 일이 있다.

"아이고, 여기까지 와서 게임을 하면 우짜노!"

"눈 배린다!"

"이 더운 데서 폰 다 망가뜨리려 하나!"

억울했다. 그날 쓸 글의 제목이 문득 떠올라서 메모를 한 것뿐인데! 탕 안에 들어왔다 나갔다 할 때, 찜질방 바닥에서 이리 뒹굴 저리 뒹굴 구를 때에야 비로소 금쪽같은 아이디어가 떠오르니 낸들 어쩌나.

실제로 많은 글쟁이들이 자전거를 타다가, 요가를 하다가, 횡단보도를 건너다가, 요리를 하다가, 샤워를 하다가 메모를 한다. 책상 앞에서 끙끙 고민할 때보다, 몸을 움직일 때 훨씬 신선한 아이디어가 떠오르니 어쩔 수 없다. 피트니스 클럽에서 러닝머신을 달리다가 오늘 쓸 칼럼에 넣으면 좋을 에피소드가 떠올라 우뚝 서 버린다면 주위에서 당신을 좀 이상한 양반으로 볼지 모른다. 하지만 그게 대수랴, 글만 잘 쓰면 그만이다. 자신을 "유레카!"를 외치며 목욕탕에서 나체로 뛰쳐나간 아르키메데스의 후손이라고 생각하면 덜 민망할지도.

2 브레인스토밍으로 뇌를 유연하게

칼럼을 위한 주제는 정했다. 그러나 주제를 뒷받침할 근거들이 영 떠오르지 않는다. 그럴 땐 뇌 근육을 유연하고 말랑말랑하게 해 줄 필요가 있다. 발상의 가장 큰 적은 "틀리면 어떡하지?"라는 두려움과 망설임이다. 주제에 맞지 않는 생각을 할까 봐 주저하다 보면, 결국 아무엇도 떠올릴 수 없게 된다.

　자, 브레인스토밍을 위해 스케치북을 펴고 아무거나 낙서를 하자. 마인드맵을 그리는 법을 익혀두는 것도 좋다. 주제를 적고, 연상 작업을 통해 가지를 쳐 보자. 그래도 안 된다면 편한 친구를 만나 수다를 떨자. 머릿속 생각을 언어로 표현하기 위해 고심하다 보면, 뿌옇던 안개가 걷히고 아이디어의 윤곽이 보일 것이다.

　기억하자. 브레인스토밍의 핵심은 "지금 나온 아이디어를 다 버려도 좋다"는 자유롭고 편안한 마음가짐, 경직되지 않은 유연한 사고다. "지금 나온 아이디어가 주제에 맞지 않다면, 다음 칼럼을 쓸 때 활용하면 되지 뭐"라고 생각하는 긍정적인 마인드가 필요하다.

　만약 동료가 내게 엉뚱하고 비논리적인 아이디어를 쏟아낸다고 해도, 섣불리 비난하지 말고 잘 들어줘라. 다음에 내가 그에게 브레인스토밍을 위한 수다를 떨 때를 위하여.

필수 경험과 중요 경험

칼럼니스트에게 경험은 두 가지로 나뉜다. '필수 경험'과 '중요 경험'이 바로 그것이다. 필수 경험이란 칼럼니스트가 칼럼을 쓰는 데 있어 반드시 필요한 경험을 의미한다. 중요 경험은 그 외의 나머지 경험을 통틀어 일컫는다. 예를 들어 영화 칼럼니스트는 영화를 보는 행위가 필수 경험이다. 또 영화 이론을 공부하는 것도 필수 경험이다. 영화를 보고, 공부하지 않고는 이를 논할 수 없기 때문이다. 이는 다른 분야도 마찬가지다. 책 칼럼니스트는 반드시 책을 봐야 하고, 패션 칼럼니스트는 잡지, 패션쇼 등을 통해 최신 트렌드를 파악해야 한다.

그렇다면 중요 경험이란 무엇일까. 칼럼니스트가 겪은 인생 자체가 중요 경험이다. 영화 칼럼니스트의 칼럼에는 영화에 관한 내용만 들어있을까? 아니다. 잘 쓴 칼럼 한 편에는 그가 지금까지 살면서 느낀 감정, 쌓아온 지식, 체험한 모든 것들이 고스란히 녹아있다. 뿐만 아니라 중요 경험은 그가 영화를 바라보는 관점을 형성하는 데 도움을 주며, 그의 칼럼을 더욱 풍성하고 깊이 있게 만들어 준다. 이렇듯 필수 경험과 중요 경험은 몸과 마음처럼 떼려야 뗄 수 없는 불가분의 관계다.

9

구성력을 기르자, 구조도를 그리자

구성표 없이 소설을 쓰는 작가는 없다

바야흐로 책 홍수의 시대다. 매일 엄청난 수의 책이 쏟아져 나오는데, 그중에는 한 번도 채 완독하기 어려울 정도로 밀도가 떨어지는 책도 있다. 그런가 하면, 페이지가 줄어드는 것이 안타깝고, 읽을 때마다 새록새록 한 책도 있다.

빅토르 위고의 『레미제라블』을 몇 번이나 읽었는데, 그때마다 새삼 놀란다. 읽을 때마다 감동받는 부분이 달라서다. 전에 읽을 땐 몰랐는데, 강렬하게 다가오는 부분이 새롭게 생긴다. 각 인물들에 대해 전과 다른 판단을 내리게 된다. 이러한 감동은 우연이 아니다. 애초에 작가가 그렇게 구성했기 때문이다. 독자가 매번 다르게 느끼도록 철저하게 작전을 짜 놨기 때문이다. 즉흥적 글쓰기가 아니었던 것이다.

집필에는 우연이 드물다. 물론 무의식적으로 문장이 술술 쓰여지는 사람도 있다. '의식의 흐름'적 글쓰기도 존재한다. 어떤 시나 소설은 '툭'하고 나오는 경우도 있다. 그러나 칼럼은 다르다. 글로 쓸 대상을 면밀히 관찰하고 분석하고 평가하되, 자신의 내면과 솔직히 마주하지 않으면 값진 글이 나올 수 없다.

학교에서 리포트를 썼던 기억을 떠올려 보자. 컴퓨터를 켜자마자 무작정 쓰기 시작했다면? 틀림없이 쓰다가 막혔을 것이다. 한 줄을 쓰고, 그다음에 무엇을 쓸지 고심하면서 쓰면 문장과 문장 사이가 '뜬다'. 글이 막혀서 한참을 멈췄다가 쓰면, 처음의 모드로 돌아가기 어려울 수도 있다. 빨리 쓰려고 했다가, 결과적으로 시간도 더 걸리고 글의 질도 안 좋아지는 셈이다.

글의 길이가 길어질수록 구성은 더욱 중요해진다. 천하의 헤밍웨이라도, 도스토예프스키라도, 스탕달이라도 긴 소설을 쓰기 전에는 구성표를 세밀하게 작성했다. 몇 장에 걸쳐 이어지는 구성표와 구조도를 벽 전체에 붙여두고 썼다. 등장인물의 특성을 세세히 기록해 두고 수시로 확인해 가며 일관성을 유지했다. 천재 작가들도 글을 쓰기 전에 꼼꼼히 기록하는데, 초보 칼럼니스트가 아무런 계획 없이 글을 쓸 수야 있을 리가 있나. 귀찮더라도 구성 작업에 충분한 시간을 투자하자.

글의 구조 세우기 1: 키워드 적기

칼럼을 쓰기 전에는 무엇을, 어떻게 쓸지 구성이 되어 있어야 한다. 첫 문장을 쓰기 전에 우선 글의 키워드를 몇 개 적어보자. 키워드는 누구든 중요하게 여길 만한 핵심내용과 나만이 흥미로워하고 중요하다고 여기는 것들로 이뤄질 것이다. 이 키워드를 기초로 전체 글의 구조도를 그리며 독창성도 놓치지 않아야 한다.

간혹 "제가 아는 유명한 작가는 계획 없이 쓰기 시작하던데요? 영감이 죽죽 떠오른다면서요?"라고 묻는 이도 있다. 물론 프로들 중에는 글쓰기에 아주 익숙해서, 굳이 종이에 키워드를 써보지 않고도 머릿속에서 자신만의 익숙한 방식으로 구조를 세우는 이가 많다. 이것이 남들이 보기에는 '영감을 받은 것'처럼 보일 수가 있는 것!

또는 그 작가가 말로 설명하지는 못하지만, 언어화할 수 없는 구조를 뇌 속에 세운 것이라고 볼 수도 있다. 훌륭한 작가는 책상에 앉아있지 않은 동안에도 늘 머릿속으로 키워드를 추리고 구조를 세우며 문장을 뽑아내는 습관이 들어있다.

글의 구조 세우기 2: 키 컨셉 연결하기

칼럼을 쓰기 전에 머릿속에 있는 것을 모두 쏟아내어 볼 필요가 있다. 혼자 적는 것이 어렵고 막막하다면, 친한 사람에게 말로 풀어내 보는 것도 좋다. (키우는 개에게 설명을 하는 작가도 본 적이 있다.) 녹음을 해 보는 것도 물론 효과적이다. 세부사항을 하나도 빼놓지 않고 풀어내 보자. 적은 것을 색으로 표시하는 방법도 자주 쓰인다. 예컨대 가장 중요한 내용은 빨강, 그다음은 파랑, 주장이나 의견은 초록으로 표시하는 것이다. 그런 다음 우선순위를 재배열해서 키워드를 문장화하며 글을 건축해 나간다.

빨강, 녹색 등으로 줄 쳐진 메모를 보며 주제를 전개해 나갈 '키 컨셉'을 세운다. 예컨대 '채식'에 대해 글을 쓴다면, 이때 '채식'은 키 컨셉이 아니다. 동물권, 건강과의 관계, 환경 등은 키 컨셉으로 적합하다. 즉 필자가 궁극적으로 하고 싶은 말, 글의 방향성이 키 컨셉의 요체다. 그리고 이것은 참신할수록 좋다.

원고지 5장 정도의 아주 짧은 칼럼이라면, 키 컨셉은 하나여도 좋다. 그러나 긴 글이라면, 여러 개가 된다. 그리고 이를 연결하는 논리를 세워야 한다. 키 컨셉은 문장 사이를 연결하는 접착제와 같은데, 너무 비슷하거나 너무 멀어도 글의 안정성이 떨어진다. 만약 '우리나라에서 채식주의를 실천하는 것은 어렵다'는 키 컨셉과 '채식주의는 하나도 어려울 것이 없다'는 키 컨셉은 하나의 글 안에서 자연스럽게 어울리기 어렵다. 글의 방향성이 다르기 때문이다. 이렇게 완전히 분리된 키 컨셉들을 연결하는 데에서 필자의 역량이 고스란히 드러난다.

컨셉이 확실하다면 반은 성공한 것이다. 혹시 이야기가 삼천포로 빠져도 키 컨셉으로 되돌아오면 되기 때문이다.

글의 구조 세우기 3: 구조도 작성하기

키워드와 키 컨셉이 준비되면 구조도를 작성해 나가자. 각 항목마다 무엇을 다룰지 100자 안팎 정도로 쓰면 된다. 제목과 엔딩 등도 미리 구상해 놓는 것이 좋다. 물론 글의 흐름에 따라 약간씩 달라질 수 있지만, 글의 유기성과 안정성을 위해 가제목이라도 잡아 두는 게 좋다. 구조도 안에서 각 항목의 양을 보면 전체 글의 균형을 잘 잡을 수 있다는 점 또한 구조도 만들기의 장점이다.

귀찮은가? 어려운가? 어렵다면, 익숙해질 때까지 여러 번 해 보면 되니 별문제 없다. 구조도를 만드는 것은 단순한 밑작업이 아니다. 만약 구조도 만들기가 영 귀찮다면, 구조도 세우기를 집필 작업의 중심이라고 여겨 보자. 구조도는 글의 뼈대와 기본 근육이다. 여기에 여러 가지 자료로 근사하게 살을 붙이는 게 집필이다. 자료들은 구조도의 각 항목에 맞게 파악되므로, 보다 구조적이고 재미있는 칼럼이 완성될 것이다.

구조도를 탄탄하게 작성하면 애써 모은 자료를 버릴 일도 없다. 칼럼에는 들어가지 않았더라도, 그 자료가 어떤 주장을 뒷받침할지 명확해진 상태이므로 다음 글 작업에도 효율적으로 이용할 수 있다. 구조도 만들기 연습을 여러 번 하면, 자료를 적당히 잘라서 적합한 위치에 배열해 넣을 줄도 알게 된다.

'무조건 자료를 때려 박고, 그 후에 구조를 세우는 방식'이 익숙해진 사람도 있을 것이다. 그렇게 해서 괜찮은 칼럼을 써낸 경험이 있다면, 그런 습관을 고치기란 더 힘이 든다. 또 그러한 방식은 짤막한 칼럼 쓰기에는 괜찮을지 몰라도, 칼럼니스트의 주요 활동 중 하나인 단행본 집필에는 적합하지 않다. 자료의 양이 방대하고 구조가 복잡한 글도 잘 쓰려면 구조도 만들기는 필수적이다. 오늘부터라도 구조도 만드는 습관을 들여 보자.

명절날, 어머니가 잡채를 볶는 과정을 보다가 집필 과정을 연상한 적이 있다. 어머니는 고기, 버섯, 당면, 당근, 시금치 등을 따로따로 삶고 데치고 볶아서 준비한 후 움푹한 프라이팬에 모조리 넣고 간장, 설탕 등으로 간을 해서 다시 볶았다. 최종 완성과정인 '모조리 볶기'를 하기 전에 우선적으로 각각의 재료들이 잘 준비되어 있어야 비로소 맛깔 나는 잡채가 완성되는 것이었다. 아무리 바빠도 씻기만 한 채소들을 한꺼번에 볶지는 않았다. 먹을 수야 있지만, 영 엉성하고 감칠맛도 없는 맛의 잡채가 된다는 이유에서였다.

사전에 재료 준비를 얼마나 성실하게 했느냐에 따라 요리의 맛이 달라진다. 글도 마찬가지다. 그리고 무엇보다 좋은 점은, 그렇게 글을 쓰면 '쓰는 동안' 굉장히 행복하다는 사실이다. 퍼즐이 착, 착 맞춰지는 듯한 그 느낌은 세상에 더없는 쾌락이다.

스토리를 만드는 데 유용한 도구들

※ 산다이바나시: 일본의 만담 중 '산다이바나시'라는 것이 있다. 관객이 던지는 세 가지 제시어로 즉석에서 긴 만담을 만들어내는 것인데, 스토리를 만드는 데 굉장히 좋은 연습이 된다.

※ 픽사 코드: 픽사 애니메이션 스튜디오는 모든 픽사 영화가 동일한 심층 이야기 구조를 갖고 있다고 했다. 이를 이용해 자신이 생각하는 스토리를 정리하면 호소력 있고 명쾌한 스토리 구조를 만드는 데 도움이 된다.

옛날에 _____.
매일 _____ 어느 날_____.
_____ 그래서_____.
그래서 _____.
마침내 _____.

《니모를 찾아서》의 줄거리를 예로 들어보면 다음과 같다.

옛날에 외동아들 니모를 애지중지하는 말린이라는 열대어가 살았다. 매일 말린은 니모에게 바다는 위험하니 멀리까지 헤엄치지 말라고 당부했다. 어느 날, 니모는 반항심에 아빠의 당부를 무시하고 넓은 바다로 나갔다. 그래서 니모는 다이버에게 잡혀 결국 시드니에 있는 한 치과의사의 수족관 애완동물 신세가 되었다. 그래서 말린은 다른 바다동물의 도움을 받으며 니모를 찾기 위한 여행을 떠났다. 마침내 말린과 니모는 서로 만나고, 사랑에는 믿음에 중요하다는 사실을 배운다.

10
글에 생명력과 음악성을 불어넣는 문체

문체는 글의 몸이다. 우리가 눈을 가리고 누군가의 몸을 만질 때, 명확하게 수치로 표현할 수는 없지만 느낌을 말할 수는 있다. 문체도 비슷하다. 글쓰기를 따로 배운 사람이 아니더라도 문체의 차이는 느낀다. 더듬더듬, 글을 만지면서 느낌을 이야기한다. 아이들에게 여러 종류의 책을 읽힌 후, "글의 느낌이 어때?"라고 물어보자. 아직 다 읽지 않아서 주제에 대해 논할 수는 없더라도, 글의 맛에 대해서는 자유롭게 이야기할 것이다.

"길고 복잡해서 안 읽혀요. 졸려요."

"끌어당기는 느낌이 있어요."

"아빠가 야단치는 듯한 느낌이 들어요. 글쓴이가 나이 든 사람 같아요. 자꾸 혼내요."

글쓰기를 따로 배운 사람이 아니더라도 문체의 차이는 느낀다.

문체는 저자의 존재감을 좌우한다

한동안 글맛이 좋은 작품들만 읽은 적이 있었다. 밤늦게까지 일하는 틈틈이 마음을 쉬게 하기 위해 읽었으므로, 글의 주제나 저자의 세계관 등을 신경 쓸 마음의 여유는 없었다. 책을 덮고 오랜 시간이 지나면 글의 테마나 서사는 부분적으로 잊었지만, 여러 번 되풀이해 읊조렸던 문장의 분위기는 고이 남았다. 그리고 그 작가는 그 분위기로 기억되었다.

많은 독자들이 문체 자체의 매력만으로 어떤 작가를 애호한다. 때로 글의 구성력이 약하고 근거가 빈약할 때가 있더라도, 그들의 충성심은 쉬이 변하지 않는다. 글에서 재미와 매력, 개성을 느끼는 데에 문체가 절대적인 역할을 하기 때문이다.

마찬가지로 배우가 자신의 존재감만으로 극을 장악하는 경우가 있다. 연기는 자못 서툴지라도, 트레이닝이 충분하지 못한 경우라도, 경력이 짧을지라도 어떤 신인 배우는 그 반짝반짝 빛나는 존재감으로 스타가 된다. 신인이 아닌 경우에도 마찬가지다. 어떤 배우는 늘 비슷비슷한 역할을 맡지만, 여전히 압도적이다. 그 배우만의 독특한 개성 때문이다. 독특한 개성을 가진 스타는 가수 활동, 예능 활동 등에서도 빛을 발한다. 자신만의 스타일과 캐릭터가 확실하면, 어떤 곳에서도 빛을 발한다. 한편 연기는 잘하지만 존재감이 희박하면 스타가 되지 못한다. 자신만의 스타일이 없는 배우도 마찬가지다. 글의 존재감도 마찬가지다. 독자가 글을 다 읽은 후 바이라인을 확인하게 되는 필자가 되고 싶다면, 자신만의 문체를 고안해야 한다.

칼럼에 적합한 문체는 무엇인가

좋은 칼럼은 펄떡펄떡 뛰는 물고기 같은 생명력을 지닌다. 그 원천이 바로 문체다. 칼럼 구성을 하는 트레이닝을 마쳤다면 다음은 문체다. 아니, 처음부터 문체 만들기에 매료되어 칼럼 쓰기를 연습해도 상관없다. (그게 무엇이든, 본인이 집중할 수 있도록 매료된 포인트가 글쓰기의 시작이다.)

백서, 보고서, 리포트 등에서라면 문체는 그리 중요하지 않을 수도 있다. 내용만 야무지게 전달하면 그만일 테다. 그러나 칼럼은 내용의 충실함은 물론, 구석구석에서 필자의 숨결이 느껴져야 깊은 인상을 남길 수 있다. 같은 이슈를 다루고, 비슷한 논지를 펼치지만 독자에게 주는 호소력이 다른 것은 기본적으로 문체가 자아내는 매력과 생명력에 근거한다.

그림에 비유해 보면 이해가 더 쉽다. 해바라기를 열 명의 화가에게 그리라고 하면 10가지 전혀 다른 그림이 탄생한다. 같은 것을 보고 그린 게 맞나 싶을 정도다. 번역문에 비유해 봐도 좋겠다. 『위대한 개츠비』의 경우, 여러 개의 번역이 전혀 다른 맛을 낸다. 내용과 구성은 동일한데 문체가 달라서다.

문체에는 필자의 감수성이 드러난다. 습관적으로, 사무적으로 쓰고 있는지, 독자를 의식하며 서비스 정신을 가지고 쓰는지, 스스로를 깊이 탐구하며 쓰는지 독자는 다 안다. 특히 칼럼에 필자 자신을 성찰하는 느낌이 들면, 독자는 글이 자신에게 말을 건다는 느낌을 받게 된다.

칼럼의 두 가지 대표적 문체가 있다. 흔히 '~해라', '~하라'는 명령형 문체와 '~해야 한다', '~일 뿐이다' 등과 같은 단정적 어미가 쓰인다. 전문가의 칼럼이 주로 그렇다. 예비 칼럼니스트들도 강한 느낌을 주기 위해 자주 사용한다. 그러나 독자는 어설프게 사용된 단정적 문체를 훈계조라고 느낀다. 슬프게도 독자와 필자의 거리는 사정없이 멀어진다.

주장을 드러내는 글에서 단정적 어미를 하나도 쓰지 않을 수는 없다. 그렇다면 '~하자', '~하는 건 어떨까', '~는 어떻게 보는지 궁금하다' 등의 부드러운 어미와 적절히 섞어서 쓰자. 독자에게 강요하는 게 아니라, 독자의 생각을 묻고, 동의를 구하는 식이다. 그래도 필자의 주장은 자연스럽게 드러날 것이다.

문체는 포지션에서 나온다

무라카미 하루키는 '나'라는 일인칭으로 쓴 작품이 많다. 독자는 주인공 '나'와 작가 '하루키'를 혼동한다. 이는 이 작가가 선택한 독특한 포지션이며, 혼동은 작가가 의도한 것일 수 있다. 한편 하루키는 『신의 아이들은 모두 춤춘다』를 펴내며, 다양한 문체로 한 가지 주제를 다루기 위해 3인칭을 선택했다고 인터뷰 한 바 있다. 포지션이 바뀌면 문체가 바뀐다는 사실의 좋은 증거다. 『해변의 카프카』의 '나'의 문체와 『신의 아이들은 모두 춤춘다』의 나카타의 문체는 각기 다르다.

칼럼니스트의 경우도 마찬가지이다. 필자만의 독특한 문체가 있다면, 스스로의 포지션을 명확히 인지하고 있다는 뜻이다. 필자들은 가공의 독자들을 상정하고 그에게 이야기를 해 주듯 글을 쓰는 사람이 많다. 자신의 포지션을 정하지 않고는, 입장과 태도가 모호하거나 뒤죽박죽된 글이 되기 때문이다. 친구 A, 엄마, 선생님, 옆집 할머니 등 독자는 누구라도 좋다. 특정 매체에 기고할 때는 그 매체의 독자층을 미리 연구한 후, 철저히 그에 맞춰 써야 한다.

독자와 어떤 관계를 맺을 것인가. 거리는 어떻게 둘 것인가. 독자에게 호령하거나 독설을 퍼붓는 경우, 자신을 우스꽝스럽게 희화화하는 경우, 호소하는 경우 등 태도에 따라 독자와의 관계가 달라진다. 예컨대 글에 유머가 담겨 있다면, 독자는 필자를 굉장히 가깝게 느끼게 된다.

자신이 어떤 포지션을 취할지 정하려면, 어떻게 쓸 때 가장 편안한지 고찰해 보면 된다. 설교하듯 쓰기, 건조하게 쓰기, 가볍게 쓰기, 무겁게 쓰기, 수다 떨듯 쓰기 등 자신이 가장 쓰기 편하고 재밌는 쓰기 방법을 정하라. 칼럼을 일기나 에세이처럼 쓸 때 잘 써진다면, 그 방법을 이용하는 것도 좋다. 글에 사적 자아를 전혀 투영하지 않는 칼럼니스트도 있고, 글마다 자신을 드러내는 경우도 있다. 그 두 글은 당연히 차이가 난다. 무엇이 옳다고 볼 수는 없다.

문체 업그레이드를 위한 두 가지 팁

문체를 연습하는 가장 쉬운 방법은 부단한 필사다. 닮고 싶은 문체의 글들을 매일 아침 한 편씩 베껴 써라. 저자가 글을 구성하는 방식이나 에피소드를 쓰는 방식보다 더 쉽게 따라 할 수 있는 게 바로 문체다. 어린 시절 다른 사람의 말투를 따라 했듯이, 여러 번 치밀하게 따라 써 보자.

생명력과 음악성을 띠는 문체를 가지기 위해서는 소리 내어 읽어보는 것도 좋은 방법이다. 글이 막힘없이 자연스럽게 흘러가면서 음악처럼 리듬감을 가지는지, 객관적으로 보라. 내 귀에 지루하면, 독자 귀에는 더 지루하다. 내가 쓴 글이 아직 없다면 다른 필자들의 글을 소리 내어 읽어보는 연습을 해라. 눈으로 볼 때는 매력 있었는데, 음독을 해 보니 생명력이 덜한 작품도 있다. 글을 쓰는 것은 온 감각을 문장 하나하나에 응고시키는 작업이다. 생명력을 결집하는 작업이다. 남의 글, 내 글 할 것 없이 아주 많이, 여러 번 읽어야 겨우 감이 생긴다.

11

초고는 뜨겁게, 퇴고는 차갑게

위대한 소설가 헤밍웨이는 이렇게 외쳤다.

"모든 초고는 걸레다!"

다소 과격한 말처럼 들리는가. 헤밍웨이는 작가 일생을 통틀어 고쳐 쓰기의 중요성을 강조하고 또 강조했다. 결말만도 무려 44번을 고쳐 쓴 뒤에 완성된 소설 『무기여 잘 있거라』. 이 작품은 노벨상을 수상했다. 헤밍웨이처럼 위대한 소설가에게도 초고는 초라하고, 형편없고, 타인에게 공개하기 어려운 글이었다. 신문기자 출신인 헤밍웨이는 군더더기 없이 간결한 문장을 원했다. 그러므로 자신이 이상으로 삼는 글의 모양이 될 때까지 초고의 문장들을 깎고 또 깎았다.

모든 초고는 걸레다

버나드 쇼와 그의 아내의 에피소드도 재미있다. 쇼가 쓴 초고를 읽은 아내가 이렇게 말했다.

"이것은 완벽한 쓰레기예요."

쇼는 태연자약하게 대답했다.

"그렇지, 그건 쓰레기지. 그런데 7번째 수정본이 나올 때까진 기다려 달라구."

소설가 김영하는 신작 소설을 발표할 때마다 최소 100번 소리 내어 읽는다.

"소리 내어 읽으면서 입에 걸리는 부분을 고칩니다. 걸리면 고치고, 걸리면 또 고칩니다. 그렇게 100번 정도를 읽으며 다 고친 후 원고를 보냅니다."

글은 이렇게 여러 번의 고쳐쓰기를 통해 완성된다. 위대한 작가들에게도 결코 '쉽게 쓰여지는 글'이란 없다. 일필휘지로 쓴 글은 그저 환상일 뿐이다. 그러므로 "작가들은 대단한 재능이 있으니 행복하겠지" 등의 부러움을 버리고, 그들의 부단한 노력을 닮으려 하자.

단번에 완성하겠다는 환상을 버려라

많은 예비 필자들이 초고를 쓰는 데 많은 시간을 써 버리고, 퇴고할 여유를 가지지 못한 채 부리나케 글을 마무리하곤 한다. 왜 그럴까?

초고 집필 시에 문장을 썼다 지웠다 하고, 단어 하나하나를 심혈을 기울여 고르느라 시간을 쓰고 있지는 않은가. 발상이 떠오르지 않아 끙끙 앓고 있지는 않은가. 만약 그렇다면 한 번에 완성하겠다는 강박을 버려야 한다. 도움이 되는 마음가짐들은 다음과 같다.

"어차피 고칠 것, 대충 쓰자."

"떠오르는 대로 일단 쏟아 놓고 보자. 그 후에 뺄 건 빼고 더할 건 더하면 돼!"

"명확한 단어가 떠오르지 않으면 괄호로 남겨두지 뭐. 일단 초고를 다 쓴 후에, 사전에서 찾아 넣자."

이런 마음가짐으로 쓰다 보면, 글이 실타래처럼 술술 풀린다. 처음엔 잘 안될지라도, 굳게 마음먹고 몇 번 진행해 보면 금세 퇴고에 대한 믿음이 생기게 된다. 엉망이었던 초고가 여러 번의 고쳐쓰기를 통해 훨씬 유려해지는 과정을 경험했기 때문이다. 고치면 고칠수록 좋은 글로 거듭날 수 있다는 희망은, 초고를 대하는 마음을 한결 가뿐하게 만든다.

고쳐 쓸 때 잊지 말아야 할 점은 '한 김 빼기'다. "초고를 왼쪽 서랍에 넣어두라"는 말이 있다. 자주 쓰는 오른쪽 서랍이 아니라, 잘 열어보지 않는 왼쪽 서랍에 넣어두고 시간이 흐른 뒤에 다시 보라는 뜻이다. 아무리 마감이 급할 경우에도 최소 반나절 정도는 덮어뒀다 다시 보는 여유를 가지자. 초고를 완성하자마자 퇴고하면 이미 원고가 거의 외워진 상태이기 때문에 오자 수정에 머무는 경우가 많다. 내 원고이지만, 남의 원고처럼 낯설게 봐야 제대로 볼 수 있다.

고쳐쓰기의 장점은 여러 가지다. 우선 자기검열이 사라진다. 자기검열이 사라진 사람은 글을 자유자재로 쓸 수 있다. 무엇이든 쓰고 고치면 된다는 사실을 경험을 통해 체득했기 때문이다. 그러면 상상력이 살아나고 문장은 맛있어진다. 완벽한 글을 쓰지 않아도 된다는 자유로움은 역설적으로 더욱 완벽한 글을 향한다.

또 단어, 문장, 문법, 맥락, 띄어쓰기, 맞춤법 등을 고치다 보면 좋은 글과 그렇지 않은 글을 구별하는 눈도 생긴다. 내 글을 잘 고치는 사람이 남의 글도 잘 고쳐줄 수 있는 이유다.

그러니, 그대. 망설이지 말고 쓰라. 두려움 없이 쓰라. 자신에 대한 불신을 버리고 쓰라.

"나는 재능이 없어."

"문장력이 없어서 지루한 문장밖에 못 써."

이러한 자책을 당장 버려라. 고쳐 쓸 시간은 충분하다.

남의 글처럼 보기 위한 별별 시도들

세부적인 고쳐쓰기 방법을 논함에 앞서, 가장 기본이 되는 원칙을 이야기하고자 한다. 바로 "남의 글처럼 내 글을 대하라"는 것.

이 책을 읽는 독자라면 누구나 한번쯤은 글쓰기 수업을 들어본 적 있을 것이다. 서로 쓴 글을 합평해 본 기억이 나는가? 다들 "못해요.

어려워요. 민망해요." 하며 빼다가도, 일단 시작되면 어찌나 남의 글을 잘 분석, 비평하는지. 본인들도 당황하며 이야기한다. "제 글의 단점도 이렇게 잘 보이면 얼마나 좋을까요?"

어느 정도 연륜이 있는 필자들도 자신의 글을 다른 이의 글처럼 보기 위해 매일 애를 쓴다. 객관적인 시선을 가지려 별별 방법을 다 쓴다. 종이에 인쇄해서 보는 것은 가장 일반적인 방법이다. 어떤 작가는 1고, 2고, 3고의 서체와 PT가 다 다르다. 그러면 희한하게도 안 보이던 오류가 눈에 톡 들어온다. 때로는 '넓게 보기-다단'을 이용해 인쇄한다. 책의 꼴로 상상해 보기 위해서다.

초고를 쓴 뒤 하루 이상 묵힐 시간이 없어서 단박에 끝내기 위해 샤워, 낮잠, 산책, 체조, 막춤 등의 별별 방법을 다 쓰는 필자도 있다. 남이 보기엔 즐거워 보일지 몰라도, 본인은 괴로움, 막막함, 답답함 등과 싸우는 중일 것이다. 한번은 여러 대의 컴퓨터를 번갈아 오가며 작업하는 필자도 보았다. 글의 실마리가 안 풀리거나, '뭔가 찜찜하긴 한데 그게 뭔지 영 답답할 때' 다른 컴퓨터 화면에서 보면 보인다나!

지금 칼럼쓰기를 시작하는 사람들을 위한 고쳐쓰기 방법들

1. **돌려 읽어라**: 스터디를 조직해 각자 써온 글을 돌려 읽어라. 가차 없이 합평을 하라. 얼굴이 붉어질수록 글의 완성도는 높아질 것.

2. **초고-10%=수정본**: 대개의 초보들은 너무 장황하게 써서 문제가 된다. 하나마나한 소리, 나에게만 중요한 사실, 반복되는 주장 등을 일단 다 빼라.

3. **형용사를 멀리하고 동사를 가까이**: 동사의 역동성으로 칼럼을 살아 꿈틀거리게 하자.

4. **관념적인 한자어를 줄여라**: 꼭 필요할 때만 사용하자. 한자어를 남발하면 글이 늙고 낡아 보인다. 흔히 쓰는 한자어라고 해도 딱 맞는 우리말 단어로 교체해 보라. 독자가 사랑하는 글이 될 것이다.

5. **어미를 다양하게 쓰자**: '-다'의 나열은 그만. 다채로운 어미를 사용하면 쫄깃하고 착착 붙는 글맛이 생긴다. 노래 가사나 시를 자주 읽으면 어미 공부에 도움이 된다.

6. **제목은 한 줄의 카피처럼 날렵하게**: 글은 제목이 반이다. 글 내용을 대표하면서도 새롭고, 구체적인 제목을 달아보자. 기왕이면 리듬감도 있으면 좋다. 본문과 안 어울리거나 어감이 이상하면 고치고 또 고치자. 정 안 되면 아주 새롭게 뽑아보는 것도 방법.

7. **자기 언어로 쓴다**: 남들도 다 쓰는 단어는 나만 쓰는 단어로 고쳐

도 좋다. 무릎을 탁 치게 하는 나만의 비유를 찾자. 남을 흉내 내지 말고, 나만의 시각이 담겨있는지도 확인한다. 모두가 익히 알고 있는 것을 쓰기에는 남에게 미안하다.

8. **불필요한 문장 부호는 지워라**: 느낌표는 자칫 자기도취적인 느낌을 준다. 넣었다 뺐다 해 보며 '꼭 필요한지' 가늠해라. 물음표와 작은따옴표, 쉼표도 마찬가지다. 특히 독자에게 문장의 의미를 명확하게 전달하고 싶어서 쉼표를 남발하는 경우가 있다.

9. **-의, -을, -가 등을 줄여라**: 글의 리듬을 늘어뜨리는 주범!

10. **글이 길면 중간제목을 넣어라**: 단락들을 요약하는 중간제목은 독자의 독해를 돕는다. 특히 인터넷 매체, 웹진의 경우 중간제목의 효용이 크다.

12

매체별 칼럼쓰기 노하우 1: 일간지

《박하사탕》으로 데뷔하며 높은 평가를 받은 영화와 더불어 충무로의 대표 여배우로 자리 잡은 배우 문소리. 《오아시스》의 지체장애인, 《바람난 가족》의 '바람난 아줌마' 등 맡은 역할에 따라 100% 변신하는 모습을 선보였다. 혼신의 힘을 다한 연기는 언제나 높은 평가를 받았고, 대중들에게도 믿을 만한 배우로 인식됐다. 그런데 그런 그녀가 "드라마 《태왕사신기》에서는 혹평을 받았다. 정신적으로 힘들어서 108배를 시작했었다"고 고백한 바 있다. 실제로 문소리 씨는 2007년의 《태왕사신기》, 2008년의 《내 인생의 황금기》에서 처음으로 연기력 논란에 시달렸다.

"배우의 외모와 캐릭터가 어울리지 않는다"는 불평이나 시청률 문제도 있었지만, "문소리 씨가 영화판에서 드라마판으로 처음 건너와 찍은 작품이라 그런 것 아니냐"는 의견이 지배적이었다.

　연기력이 검증된 배우라고 해도 모든 장르의 연기를 다 잘하기는 어렵다. 영화 연기와 드라마 연기, 연극 연기 등은 각각 다르기 때문이다. 간혹 명성 있는 연극배우가 드라마에 출연할 경우, 극에 녹아들지 못하고 '붕 뜨는' 느낌을 주는 일도 있다. 연극에서는 관객들에게 정확하게 말을 전하려고 노력하지만 이를 영화에 적용한다면 '오바연기' 또는 '자연스럽지 않다'는 평을 들을 수 있다. '거리감'이 다르기 때문이다. 예컨대 연극은 객석이 있으니 직접적인 거리감을 느낄 수 있지만 영화는 스크린을 통해 관객들이 직접 상상하고, 또 멀리서 보기 때문에 '훔쳐보기 식'의 연기가 요구된다. 그러므로 배우들은 각각의 매체에 어울리는 연기 톤을 찾으려 노력한다.

　칼럼 쓰기도 마찬가지다. 배우의 연기처럼 칼럼 쓰기도 커뮤니케이션의 일종이며, 그러므로 칼럼니스트는 해당 매체가 원하는 방향과 목적에 맞는 칼럼을 기고해야 한다. 연극배우가 자신이 곧 출연할 드라마와 유사한 종류의 드라마들을 보며 연기 톤을 연구하듯, 칼럼니스트도 기고할 매체들을 조사, 분석하며 칼럼의 톤과 구성방식 등을 연구해야 하지 않을까.

　매체들은 각기 다른 특성을 지닌다. 이는 해당 매체의 구독자와 밀접한 관련이 있다. 예를 들어 전 국민이 독자인 신문(일간지)와 '30대 직장여성 대상' 등으로 주 독자층을 특정 연령대, 특정 성별로 정해 두는 패션 매거진의 성격은 확연히 다르다. 그러므로 칼럼니스트들은 자신이 기고할 매체를 읽는 독자가 누구인지를 파악하고 이에 적합한 칼럼을 기고한다.

칼럼니스트들은 같은 주제를 다루더라도 독자의 연령, 성별, 성향 등에 따라 다르게 접근한다. 한 예로, 뷰티 칼럼니스트가 일간지 〈조선일보〉의 주말 에디션과 잡지 〈코스모폴리탄〉에 같은 주제로 기고한다고 해 보자. 주제는 주름방지 앰플일 수도 있고 봄 시즌 립스틱 컬러일 수도 있다. 동일한 주제를 다루고는 있지만, 칼럼의 성격은 여러 가지 면에서 달라진다.

우선 의뢰받은 원고지 분량이 큰 차이가 날 것이다. 대개 신문에 비해 잡지의 원고량이 더 많다. 잡지의 독자는 보다 전문적이고 다양한 정보를 바라기 때문이다. 〈코스모폴리탄〉을 구독하는 독자들은 〈조선일보〉의 구독자보다 화장품에 대해 이미 알고 있는 배경지식이 풍부할 것이다. 또한 필자가 더 풍부하고 다채로운 전문정보를 풀어내 주기를 바랄 것이다. 독자의 흥미를 이끌어내는 방식을 비롯해 원고에 들어갈 자료의 취사선택, 문체, 제목 선정, 삽입하는 사진 이미지, 일러스트의 유무 등 여러 가지 요소들도 달라지게 된다.

만약 해당 매체에 처음으로 기고를 하는 것이라면? 여러 번 기고한 매체지만 코너 성격이 변경되었거나 칼럼 원고의 꼴을 새로 기획해야 한다면? 이때는 해당 칼럼을 담당하는 기자나 편집장 등에게 바로 문의를 하는 편이 좋다. 개별 칼럼은 해당 매체의 정체성과 긴밀한 관련성을 지니며, 그 정체성을 가장 잘 아는 것은 내가 아니라 그 매체의 담당자이기 때문이다. 또, 코너의 성격이나 원고의 방향에 대해 가장 처음 기획한 이도 그들이다. 간혹 "작가님이 알아서 해 주세요."라는 답을 받을 수도 있다. 그렇다 해도 진행 과정 중에 1회쯤은 담당 에디터와 의논과 합의를 거치는 편이 안전할 것이다.

다음에서는 칼럼니스트가 주로 활동하는 매체들의 특성과 그에 따른 칼럼 쓰기 노하우를 살펴본다. (편의상 영화리뷰, 도서 서평 등의 경우를 예로 들겠다.)

예비 칼럼니스트라면 시중에 판매되는 신문, 잡지, 인터넷 매체를 꼼꼼히 조사한 후, 각각의 성격을 분석해 보자. (칼럼니스트가 간행물을 읽는 것은 취미가 아니라, 어엿한 업무이고 학습이다!) 그런 다음 분량, 스타일 면에서 각각의 매체에 딱 들어맞는 칼럼을 여러 편 작성해 보자. 유익한 트레이닝이 될 것이다. 후일에 자신의 필력을 증명할 포트폴리오로 사용할 수도 있다.

신문(일간지)

일간지에서는 보도성 기사나 단신, 인터뷰 등은 기자가 작성하고 리뷰, 칼럼 등을 칼럼니스트에게 청탁한다. "기자는 객관적 정보를 제공하고 전문 칼럼니스트는 주관적 평가를 제공한다"는 이유에서다.

일간지에 게재되는 칼럼은 해당 코너의 성격, 분량 등이 각기 다르다. 영화, 도서의 경우 매체에 따라 20자 평, 100자 평 등이 있기도 하고 간단한 줄거리와 감상평을 쓰는 약식 리뷰(200자 원고지 4매 내외), 전문가의 분석, 평가가 포함된 전문 리뷰(8매 내외), 주요 이슈에 대한 주관적 견해를 밝히는 칼럼(8매 내외) 등이 있다. 서지 정보만 제공하는 출판 소식도 있다.

신문 칼럼은 어떤 지면에 게재되는가에 따라, 또는 담당 기자나 데스크의 성향에 따라 편집 방향에 차이점이 있다. 따라서 칼럼을 의뢰받으면, 해당 신문을 사거나 인터넷에서 검색해 신문 전체의 성향, 해당 지면의 성격과 편집방향, 분량 등을 상세히 검토하자. 담당 기자와 전화, 메일 등을 통해 매체에 대해 궁금한 점을 문의하는 것도 필요하다. 해당 매체에 실렸던 다른 칼럼들을 읽어보는 것도 좋다. 그러면 더욱 적합한 칼럼을 쓸 수 있다. 본격적으로 자신의 칼럼을 작성하기 전에는 칼럼의 성격에 대해 충분히 의논하자.

글의 구성도 중요하다. 신문의 지면은 말 그대로 '손바닥만 한' 공간일 때가 많기 때문에, 서론은 생략하고 바로 본론으로 들어갈 때도 많다. 보다 집중력 있는 글을 쓰기 위해서다. 때로는 서론과 결론을 앞부분에서 함께 짚어버리고 본론을 밀도 있게 다루는 경우도 있다.

칼럼의 구성은 매 주제에 맞게 달라지는 게 보통이다. 글의 주제를 보다 효과적으로 전달하기 위해서 자신만의 독특한 구성을 만들자. 때에 따라 편지나 일기, 소설, 시, 시나리오 등의 형식을 빌려 오는 것도 재미있는 시도가 될 것이다. 담당 기자는 물론, 독자들도 최선의 칼럼을 위한 신선하고 다양한 시도에 열렬한 환영을 표할 것이다.

마감 일정을 맞추는 것은 기본 중의 기본이다. 일간지는 말 그대로 매일 발행되는 매체다. 칼럼니스트들은 단발성 기고를 하거나, 1주 단위, 격주 단위로 기고하게 된다. 일간지는 타 매체에 비해 원고 마감도 빠른 편이다. 원고 청탁을 받고 사나흘 안에 마감을 마쳐야 할 때도 있다.

정기 연재일 경우에는 미리 원고를 저장해 둘 수도 있지만, 쉬운 일은 아니다. 칼럼의 주제를 정할 때 시의성을 고려해야 하기 때문이다. 당신이 스포츠 칼럼니스트라면 매 경기 시즌에 맞게 주제를 바꾸어야 한다. 영화 칼럼니스트는 상영 영화의 흥행에 따라 글의 주제를 급하게 바꿀 일도 생긴다. 예컨대 화장품 부작용으로 인한 사건이 터졌다면, 미리 써둔 칼럼은 보류하고 새로 원고를 작성할 수도 있다. 여행 칼럼니스트의 경우도 그렇다. 예컨대 '세월호 참사'가 발생한 2014년 4월에는 여러 편의 여행 칼럼이 폐기되고 새로 작성되어야 했다. '국내 바다 여행지 추천'과 같은 칼럼은 여지없이 보류되었고, 지나치게 밝은 톤의 칼럼은 다소 차분한 톤으로 변경 요청을 받았다.

이렇듯 여러 변동 요소가 있음에도 불구하고, 프로 칼럼니스트라면 신문, 잡지, 웹진 등 정기적으로 발행되는 모든 매체의 마감기한을 철저히 사수해야한다. 편집부, 제작부는 원고 입고일에 맞춰 후속 작업 일정을 계획해 놓았을 것이고, 그 일정은 늘 빠듯하고 빡빡하다는 점을 잘 알고 있기 때문이다. 부득이한 사정으로 마감 시간을 연장해야 할 경우에는 되도록 빨리 담당 기자에게 연락을 취하자. 어떠

한 경우에도 원고 펑크는 안 될 일이다. 단행본 등의 비정기 간행물도 예외는 아니다.

신문에 기고할 때 주의할 점

1. 담당 기자의 청탁 내용을 꼼꼼히 확인한다.
2. 매체, 지면, 독자층의 특성을 파악한다.
3. 쓰고 싶은 것만 쓸 수는 없다. 사회적 관심사와 독자가 알기를 원하는 것부터 고려해야 한다. 그러므로 주제 선정 시에는 사회성과 시의성을 고려할 것!
4. 신문 마감은 최소 1주일 단위로 돌아오므로 소재 선정을 미리 해두는 것이 좋다.
5. 신문 칼럼은 상대적으로 지면이 작은 편이다. 특히 작품 감상의 경우, 분석과 평가를 모두 서술할 수는 없다.
6. 전문 용어를 사용해야 한다면 독자가 쉽게 이해할 수 있게 풀어 쓴다.
7. 단어 사용은 정확하게, 문장은 간결하게.
8. 필자의 주장과 팩트를 혼동하지 말 것.
9. 서두와 결말을 다듬는 데 신경을 쓰자.
10. 독자에게 남길 '한 문장'을 만들자. 대중가요처럼 칼럼도 매력적인 '훅'이 중요한 시대다.

신문 칼럼의 구성 요소

예 1: 〈서울신문〉 고규홍의 '나무와 사람 이야기'

구성	설명
코너명	해당 지면의 성격을 규정한다. 예) 고규홍의 '나무와 사람 이야기'
타이틀(제목)	예) 경기 양평 용문사 은행나무
헤드라인(표제)	주목을 끌기 위한 표제어. 예) 망국·침략 이어진 '시련의 민족사'와 1000년 높이 42m '국대 나무'
이미지	칼럼의 내용과 어울리는 이미지 제공. 책이나 영화라면 대상 작품의 표지 및 내지 이미지, 포스터와 주요 장면 컷을 제공. 예) 필자가 직접 찍은 용문사 은행나무 사진
본문 (바디)	본문 구성 서론 (도입)–본론 (전개)–결론 (정리)의 기본틀을 가지고 주제에 맞게 다양한 구성을 취한다. 예) 마의태자가 심었다는 설–우리나라 최초로 벼슬을 한 나무–영원히 잃지 않을 강인한 생명력–(추가정보: 용문사 가는 길)
필자정보 (바이라인)	해당 칼럼을 작성한 사람의 이름과 직업, 메일 주소 등. 최근에는 홈페이지, 블로그, 페이스북, 트위터 주소 등을 적기도 한다. 예) 글과 사진 고규홍 나무 칼럼니스트 gohkh@solsup.co

예 2: 〈한겨레 신문〉 2030 잠금해제, 김낙호

구성	설명
코너명	2030 잠금해제
타이틀(제목)	국정원 보고 놀라자

본문 (바디)	본문 구성
	'자라 보고 놀란다'는 속담이 있지만, 현실에서는 자라를 보고 또 보면 둔감해진다. → 한국사회는 정권의 감시와 검열에 대해 매우 관대하다. → 국정원의 여론 조작 사건이 해결될 때까지 여론의 관심은 유지될 수 있을까? → 후속보도와 압력행사가 지속되어야만 한다.
필자정보 (바이라인)	김낙호 미디어 연구가

정기 연재, 주저말고 덤비자

1. 연재를 하게 되면 하나의 테마에 대해 깊이 고민하고 연구하게 되니 뇌가 살찐다. 1석 2조다.
2. 일정 기간 동안 연재물이 모이면 단행본 출간도 가능하다.
   예: – 건축 칼럼니스트 서윤영의 한겨레 연재 칼럼
「서윤영의 건축스케치」 –> 단행본 『세상에서 가장 아름다운 집』 출간
     – 북 칼럼니스트 금정연의 프레시안 등 각종 매체 연재 칼럼–>
단행본 『서서비행』 출간
3. 따라서 적은 고료를 받거나 재능기부의 형태로 연재를 하는 필자도 있다. 필자 홍보와 훗날의 수입원을 위하여.
4. 일간이든, 주간이든, 계간이든 좋다. 연재는 필자의 안정적 수입원.
5. 연재를 해 본 적이 없어 우려된다고? 막무가내로 도전하라. 닥치면 쓰게 된다!

13
—

매체별 칼럼쓰기 노하우2:
월간지, 주간지, 계간지, 기업사보, 기관지 등

    잡지는 특정 제호(題號) 아래 각종 원고를 수집해 일정한 간격을 두고 정기적으로 펴내는 정기간행물을 일컫는다. 주간, 월간, 계간 등으로 나뉘는데 간행 간격이 짧을수록 보다 대중적, 시사적이다. 반면 계간, 연간 등의 경우는 학술적, 자료적 성격을 띤다.

잡지

    잡지는 일간지와는 기능과 형식 면에서 매우 다르다. 우선 영리성에 따라 구분된다. 영리를 목적으로 한다면 상업 잡지로 분류된다. 반면 정부 기관을 비롯한 공공기관, 대학, 정당, 연구기관, 종교단체 등에서 간행하는 잡지는 비영리적 성격을 가진다. 이를 기관지, 홍보지, 소식지 등의 명칭으로도 부른다. 또한 잡지는 정기적으로 간행되긴 하지만, 일간지에 비해 발행 간격이 길어서 속보성은 떨어진다. 정보의 신속한 전달은 제외하는 대신에 재미와 의견 전달, 정보의 깊이를 강화한다.

이 중 한 달 단위로 나오는 월간지의 종류가 가장 많고 독자의 수도 많은 편이다. 우리나라에서는 시사 월간지를 비롯해 패션잡지, 문화잡지, 여행잡지, 문학잡지, 각종 전문지 등 여러 종의 잡지가 매월 발행된다. 도서관 정기간행물실과 서점 잡지 코너에 가 보자. '앗, 이런 잡지도 있었나!' 할 정도로 의외의 잡지를 만날 수도 있다. 월간 〈싱글생활연구소〉, 월간 〈이혼이야기〉처럼 세태의 변화에 따라 발행하게 된 잡지도 있고, 〈월간 잉여〉, 〈궁상도 가지가지〉, 〈화류계〉처럼 기상천외한 제호의 잡지도 있다. 세상 모든 것은 잡지의 제호가 될 수 있는 것이다.

사보도 칼럼니스트의 주된 지면이 된다. 기업에서 정기적으로 발행하는 잡지를 일컫는 사보는 크게 사외보와 사내보로 나뉜다. 최근에는 이 둘의 특성을 합친 사내외보 형태도 많이 발행된다. 사보는 기업이 자사 직원과의 커뮤니케이션을 원활히 하고 고객, 주주, 협력업체, 거래처 등에 기업의 활동을 홍보하기 위해 발행하는 간행물이다. 발행횟수에 따라 월간, 격월간, 계간 등으로 나뉘는데, 현재 대한민국에서 발행하는 크고 작은 사보의 수는 수천 종에 이른다.

잡지와 사보 등에 기고하는 칼럼의 성격은 어떠해야 할까. 신문 칼럼과 완전히 다르지는 않다. 신문 칼럼과 동일한 형식, 성격의 코너일 경우에는 똑같은 방식으로 글을 써도 된다. 한편 잡지는 신문보다 훨씬 다양한 형식의 지면이 있으므로, 각 지면을 미리 연구해 두면 좋다.

잡지 칼럼의 예
- 패션 칼럼니스트 홍석우, 라이프스타일 잡지 〈리빙센스〉, 고정연재 '명품열전'
- 대중음악 칼럼니스트 차우진, 영화 잡지 〈씨네21〉, 고정연재 '차우진의 귀를 기울이면'
- 미술 칼럼니스트 김영숙, 주간지 〈시티라이프〉, 고정연재 '그림이 전하는 말'

잡지 칼럼에서는 보다 자유롭고 다채로운 의견을 낼 수 있다는 점도 기억하자. 또한 신문 칼럼에 비해 분량이 많고 시의성이 덜 중요하므로 칼럼의 분석적 측면을 보다 부각시킬 수 있는 기회로 삼아도 좋겠다. 예컨대 영화 칼럼이라면, 한 편의 영화나 음악을 다루면서 해당 작품의 소개와 분석을 넘어 대중들의 소비 욕구와 경향, 영화 산업의 변화 등을 두루 짚고 넘어갈 수도 있다. 또한 논거와 예시를 더욱 풍성하게 들 수 있으므로, 필자 입장에서는 더욱 신 나는 글쓰기가 될 수 있다.

잡지 칼럼을 쓸 때 주의할 점

1. 칼럼을 쓰는 상황에 대한 고찰이 필요하다.
2. 게재 주기와 해당 시기의 관심사를 예측하자.
3. 심도 있는 분석과 평가가 이뤄져야 한다.
4. 분량과 형식이 비교적 자유로운 만큼, 자료 정리와 원고 구성에 체계성을 가지자.
5. 전문 용어, 새로운 용어를 피하지 말고 설명해야 한다.
6. 복문 사용, 현학적 글쓰기 등도 잘 사용하면 매력이 된다.
7. 인용문, 자료의 출처를 반드시 밝힐 것.
8. 두 가지 이상의 주제를 다뤄도 좋다. 단 주제들 사이에 연관성이 확실할 때에만.
9. 내지에 들어갈 다양한 사진 컷을 제시하는 것도 좋다.
10. 흥미로운 서사와 남다른 발상이 칼럼의 맛을 결정한다.

인터넷 매체

신문이나 잡지의 인터넷 판을 비롯해 포털 사이트에서 제공하는 매거진 형태의 포스팅(예: 네이버 캐스트, 다음 엔터미디어 등), 인터넷 신문, 웹진 등이 이에 해당한다. 규모가 큰 인터넷 커뮤니티, 게시판 등도 넓게 보아 인터넷 매체로 간주할 수 있다. 최근에는 카카오 스토리 등의 신개념 매체도 속속 등장하고 있다. 인터넷 매체는 인쇄 매체에 비해 그 종류와 형태가 워낙 다양해 그 속성에 대한 연구가 진행 중이다. 범위와 대상도 워낙 넓어서 하나로 수렴할 수는 없지만 일반적 특징은 짚어 볼 수 있겠다.

인터넷 매체의 본질은 멀티미디어. 인쇄 매체가 텍스트+이미지로 된 정적인 미디어라면, 멀티미디어 매체는 텍스트+이미지에 사운드와 무비까지 포함된 개념이다. 그러므로 웹진 등의 인터넷 매체에서는 텍스트로만 된 글보다는 사진, 일러스트, 동영상 등 다양한 시각적 효과를 도입한 글들이 시선을 끌기 쉽다. 독자가 화면으로만 읽기 때문에 텍스트의 양이 너무 많거나, 혹은 시선을 사로잡는 포인트가 없이 지루하면 곧바로 다른 창으로 넘어간다.

그러므로 인터넷 매체에 글을 쓸 때는 비주얼적 효과를 고려하면 좋다. 특히 글이 늘어지지 않게 몇 개의 주요 포인트를 설정해 두고 쓰는 게 관건이다. ('내가 독자라면 지루하지 않을까'를 늘 생각하며 쓰라.) 나아가 인터넷의 하이퍼텍스트적 특성을 적극 활용해 볼 수도 있다. 인쇄 매체의 선형적 읽기를 벗어날 수 있는 재미있는 기회다.

간단하게는, 글을 쓸 때에 더 필요한 정보, 참고사항에 하이퍼링크를 적용해 볼 수 있다. 예컨대 만화, 책 리뷰의 경우 작품 표지와 내용 중 일부를 수록하고 책을 살 수 있는 사이트, 작가의 홈페이지 정보를 게재한다. 원작이 영화화된 경우 짧은 동영상, 주제가 등을 링크할 수도 있겠다. 블로그 칼럼에서는 '태그' 기능을 적극 활용한다.

기본적으로 인터넷 칼럼의 구성과 집필 요령도 신문, 잡지의 경우와 대동소이하다. 단 헤드라인의 중요성이 아주 크다는 점을 기억하자. 인터넷 노출도가 높은 제목 설정, 주제에 대한 보다 쉽고 흥미로운 서술 등이 핵심이다. 필자가 송고한 원래 제목과 인터넷 게재시의 제목이 달라지는 일도 흔하다. 인터넷 노출도 때문에 편집기자가 수정한 경우다.

또한 지면의 제약이 없어 글이 길어질 경우 도입과 결말에 글의 요점을 한 번 더 명확히 짚어줄 필요가 있다. 이는 인터넷 매체의 읽기 방식상 오독의 가능성이 높기 때문이기도 하다.

인터넷 매체도 해당 매체나 필자의 성향에 따라 독자층이 정해진다. 그러나 고정 독자층을 가진 신문, 잡지와 달리 불특정 다수에 열려 있다는 점이 다르다. 예컨대 블로그 형태로 발행하는 웹진이 있다고 하자. 네이버 등 거대 포털 사이트 메인 화면에 칼럼이 노출되는 경우와 그렇지 않은 경우 구독자 수는 아주 크게 차이가 날 것이다. 즉 검색 사이트에 노출될 때 색다른 독자가 유입되고 독자 범위가 크게 확대된다. 따라서 검색 엔진에 최적화된 글쓰기는 칼럼니스트들에게도 중요해졌다. 본격 SNS시대를 맞아 페이스북, 트위터 등과의 연관성도 주요 이슈가 됐다

그러나 검색과 유입에만 주목해 텍스트 자체의 완성도가 떨어지는 게시물이 범람한다는 지적도 존재한다. 특히 드라마, 영화 리뷰의 경우 글쓰기의 기본을 지키지 않은 채 화면 캡쳐 이미지만을 나열하고

자극적 제목을 내세우는 이름만 '칼럼니스트', '전문 리뷰어'도 흔하다. 칼럼이라는 이름만 달았을 뿐, 드라마나 영화의 줄거리 요약에 머무르거나 시시한 감상을 늘어놓은 경우도 많다. 만화 스캔본, 음악, 동영상 등을 불법적으로 올려 원저자의 저작권을 침해하는 일도 있다. 나도 모르게 이러한 행동을 저지르지는 않는지 늘 주의해야 할 것이다.

물론 인터넷 매체의 글쓰기는 굉장한 즐거움의 샘이다. 이제는 개인적 글쓰기와 공적 글쓰기의 공간 구분이 사라졌다. 누구나 쓰고 읽을 수 있는 세상이 됐다. 예비 칼럼니스트들의 경우 블로그 등 개인 공간에 꾸준히 칼럼을 올려 편집자의 눈에 띄는 수도 있다. 책『달빛책방』을 펴낸 서평가 조안나 씨, 『서른, 연애할까 결혼할까』등 여러 권의 연애 칼럼집을 펴낸 피오나 씨의 경우 오랜 기간 관련 블로그를 운영했고 그것이 단행본 발간에 결정적 영향을 미쳤다.

글을 업데이트하자마자 달리는 덧글도 필자에게 좋은 피드백이 된다. 소소한 예로 영화 칼럼니스트로 유명한 듀나가 자신이 운영하는 게시판에 영화 리뷰를 올리면 게시판 유저들은 팩트나 맞춤법 오류 등의 지적을 덧글로 달아서 수정할 수 있도록 한다. 덧글 반응에 따라서 필자가 2편, 3편 등 후속 칼럼을 게재하는 경우도 많다. 긍정적 선순환이다. 독자의 반응은 열광의 박수가 될 수도 차가운 비난이 될 수도 있지만, 글쟁이들에게는 아무 반응도 없는 것보다는 훨씬 유의미하지 않은가.

인터넷 매체에 쓸 때 주의할 점

1. 네티즌의 흥미와 관심사를 건드려 이슈를 리드할 수 있는 주제를 고른다.
2. 인터넷의 멀티미디어 기능을 최대한 활용한다. (예: 사진, 동영상, 링크 등)
3. 해당 검색 엔진 (예: 네이버, 다음 등)에 최적화된 글쓰기면 더욱 좋다.
4. 인터넷 매체에 게재된 글은 무한 유통이 가능하다. 삭제할 수 없는 글이라는 사실을 기억하자.
5. 사진, 동영상, 하이퍼링크 등 여러 소스를 끌어다 글을 쓸 수 있다. 이 경우 각각의 저작권에 대해 세세히 검토할 것.

칼럼니스트는 가을에 크리스마스 특집 원고를 쓴다

문제 하나, 가족의 달 5월에 칼럼을 쓰고 있는 K씨. 《집으로》, 《케빈에 대하여》, 《니모를 찾아서》 등 가족영화를 여럿 골라 글을 쓰는 중이다. 이는 바른 행동일까? 정답은 No!

만약 필자가 5월 초쯤 원고 마감이라면 이 칼럼은 월간지의 6월 게재분이다. 격월간지나 계간지라면 그보다 더 늦어질 수도 있다. 만약 6월이 호국보훈의 달이라는 사실을 염두에 둔다면 《태극기 휘날리며》, 《라이언 일병 구하기》 등 전쟁 영화를 고르는 게 맞다. 마찬가지로 여름 특집은 봄에, 크리스마스 특집은 가을에 쓰게 된다. 매체 종사자는 물론 칼럼니스트를 비롯한 매체 기고자들은 늘 시기를 앞당겨 사는 사람들이다.

칼럼니스트라면 책상에 달력을 두고 늘 친하게 지내야 한다. 매체 기고 글은 대부분 시기성을 고려하기 때문이다. 그러므로 시기별 이슈, 계절별 이슈를 늘 확인하며 주제와 소재를 선정하는 습관을 들이자. 의뢰받는 매체별 특성은 다양하지만 시기, 계절은 어떤 필자에게나 동일하게 주어지는 요소이므로 예비 칼럼니스트들도 연습 가능하다.

단순한 감상문을 넘어 멋진 리뷰를 쓰려면

리뷰쓰기가 어렵다고? 해 본 적이 없어 막연하다고? 우리 모두는 리뷰를 써 본 일이 있다. 단지 글로 옮기지 않았을 뿐이다. 내 생애 가장 인상 깊었던 영화, 내 삶을 바꾼 책, 백 번을 들어도 질리지 않는 단 하나의 노래에 대해 친구나 가족에게 끝없이 말했던 경험을 떠올려 보자. 그 작품의 뛰어난 지점, 빛나는 매력, 나를 사로잡은 순간 등을 전달하며 상대도 나와 같은 환희를 느끼기를 바랐을 것이다. 효과적으로 전달하는 방법에 대해 굳이 머리를 싸매고 고민하지 않아도 수업 발표 시간보다 더 열정적으로 더 재미있게 말했을 것이다. 그렇다면, 그러한 기억으로 리뷰 쓰기에 도전해 보면 어떨까. 들어주는 상대가 독자로 바뀔 뿐, 발화의 동기는 크게 다르지 않을 테니.

좀 더 신경 써야 할 것들이 있긴 하다. 내가 보고 듣고 느낀 것을 글로 표현하는 데 한계를 느끼지 않으려면 몇 가지 방법을 익히면 된다. 음악을 예로 들어보자. 대부분의 청자들은 음악을 들은 후 보다 간단하고 격식 없는 의견을 나눈다. "화끈하네!", "감미롭네.", "우아하군.", "좀 식상한데?" 등등.

영화도 마찬가지다. "재미있네.", "지루하네." 정도여도 무방하다. 그런데 영화나 음악 등의 작품에 대해 무엇인가를 자세히 쓰고 싶다는 욕구가 생긴다면, 객관적 설득력을 지녀야 한다. (하다못해 블로그 포스팅을 하거나 댓글을 달 때도 마찬가지다.)

단순한 감상이 아닌 알찬 리뷰, 논리와 객관성, 설득력을 지닌 리뷰를 쓰기 위해 필요한 공부를 꾸준히 하자. 영화론, 음악이론, 게임이론, 만화비평 쓰는 법에 관한 좋은 책들이 시중에 나와 있으니 골라 읽자. 공통된 관심사를 가진 사람들끼리 토론회나 스터디 클럽을 열거나 세미나, 강의 등을 찾아 듣는 것도 좋겠다. 관련 공부를 통해 나만의 독창성을 벼리고, 해석방식을 제련해 나가자. 충분한 시간이 필요한 일이니 인내심을 가지고.

영화, 만화, 게임 등 대상작품의 특성에 따라 리뷰의 방법이 달라지므로 이 책에서는 우선 간단한 방법만 소개하겠다.

드라마, 영화, 만화, 문학작품, 게임 등의
리뷰를 쓸 때 참고할 항목표

예비 칼럼니스트라면 자신의 주력분야의 작품에 대해 리뷰를 쓰면서 익숙해진 자신만의 준비과정과 요령이 있을 것이다. 그러나 아직 경험이 많지 않아 리뷰를 작성할 때마다 우왕좌왕 헤매거나 막막해진다면 다음 항목에 대해 평가를 해 보는 것도 좋은 방법이다. 여러 번 반복해서 능숙해지면, 자신만의 평가 항목과 평가 순서가 생길 것이다. 그럼 그때 나만의 항목표를 만들면 된다. 또 리뷰할 대상의 특성에 따라 그때그때 여러 항목을 추가하자.

기본적인 기준에 따라 첫 번째 평가를 한 후에는, 관련 자료들을 더 모아서 다시 한 번 평가를 해 본다. 이때 두 번째 평가는 좀 더 체계적이며 세부적이어야 한다는 점을 기억하자. 리뷰 시 별점을 매겨보는 것도 좋다. 물론 별점평가에는 여러 가지 한계가 있다. 그러나 리뷰나 칼럼을 쓰기 위한 분류로는 쓸 만하고, 독자들을 위한 추천의 도구로도 유용하다. 다만 인터넷 매체에 별점평가 리뷰를 남기고 그에 따른 근거가 충분치 않은 경우, 반박 덧글에 시달릴 수도 있다.

만약 여러 항목을 고루 충족시키는 작품을 만났다면 칭찬을 아끼지 말자. 자신이 높게 평가하는 작품을 대중에게 널리 알리는 일은 칼럼니스트에게 커다란 성취감을 준다.

독창성

소재 선정의 참신함, 연출 및 구성의 실험적 시도 등이 이에 해당한다. 대개의 작품은 대중에게 익숙한 방식으로 창작되곤 하는데, 간혹 대중을 놀라게 하는 작품이 탄생한다. 대개 신인 작가들의 작품이 독창적인 경우가 많다. 반면 중견 작가들은 이전의 스타일을 유지하면서 새로운 소재를 발굴하는 경향이 있다. 신인의 독창성은 중견 작가들이 매너리즘에 빠지지 않고 분발하게 만들므로 더 가치가 있다.

작품성

작품성은 예술성과 유사한 의미로 사용되는 용어다. 소재의 참신함, 서사 전개의 개연성, 연출의 적합성, 창작자의 주제의식 등을 포함한다. 장르 문법에 충실한 작품일 경우, 소재의 참신함이나 주제의식은 좀 떨어지더라도 연출력이나 필력이 뛰어나다면 좋은 점수를 줄 수 있다.

독자 선호도

대중성과 관계가 깊다. 독자 선호도는 판매 부수나 다운로드 횟수, 조회 수, 대여 부수로 평가하거나 각종 순위 사이트를 참고해 평가하게 된다. 때로 공신력 있는 발표 자료를 활용할 때도 있다. 대중성이나 독자 선호도는 의미 있는 통계 자료를 참고하지 않고 평가할 경우, 극히 주관적일 수가 있어 주의해야 한다.

리뷰어는 평소에 대중들이 좋아하는 코드나 기호를 잘 알아둬야 한다. 항상 신문, 잡지, 웹 사이트 등을 주기적으로 체크해야 하는 이유가 바로 이것이다.

산업 기여도

해당 작품이 다른 상품으로 파생되었는지도 조사해 보자. 예컨대 웹툰이나 게임이 영화화된 경우, 애니메이션이 캐릭터 상품화된 경우 등이다. 파생된 분야와 파생의 경제적효과 등을 조사해 보자.

※ 위 항목들은 주로 영화, 게임, 만화 등에 해당된다. 리뷰 대상에 따라 변용하여 활용할 것.

이외에도 평가 항목은 다양할 수 있다. 머릿속에서 항목이 떠오르는 대로 자연스럽게 작품을 검토한 후, 구성표를 그려 볼 수도 있다. 짤막한 리뷰라면 구성표 없이 작성해도 문제는 없다. 오히려 조심해야 할 것은 미리 짜 놓은 항목에 따라 서술하느라 글이 단조롭고 딱딱해지는 현상이다.

꼼꼼한 정리와 빈틈없는 분석을 위해 항목표를 참고하되, 글은 물 흐르듯 읽히도록 쓰려고 노력하자. 항목들로 작품을 평가한 메모를 바탕 삼아 글을 서술형으로 재구성한 뒤 단어와 문장 등을 매끈하게 다듬으면 독자를 유혹할 수 있지 않을까.

말하기? 보여주기!

그림을 그리듯 써라, 그러면 독자는 그 글을 기억할 것이다. 실제로 독자들에게 많은 사랑을 받는 글들은 손에 잡힐 듯 생생하다는 공통점을 가진다. 필자는 전달하고자 하는 포인트를 말하지 말고, 보여줘야 한다. 최대한 묘사적으로 쓰고, 다양한 예시를 들며, 역동성을 부여하자. 예컨대 외모 묘사를 할 때에도 "로체스터는 몹시 완고한 외모다."보다는 "네모진 이마는 수평으로 늘어진 검은 머리칼 때문에 한층 더 각이 져 보인다. 굵은 눈썹, 벌름한 콧구멍, 단호한 코는 로체스터의 성격을 더욱 드러냈다."라고 쓰는 게 효과적이다. 독자는 리뷰나 칼럼을 통해 해당 작품을 체험하는 것을 좋아한다.

리뷰 쓰기 예시: 영화의 경우

영화 리뷰에서 기본은 스토리(또는 플롯) 요약이다. 의외로 많은 이들이 이 과정에서 난감함을 표한다. 들어갈 요소는 다 들어가되, 압축적이어야 하기 때문이다. 그렇다면 빠져서는 안 될 요소란 무엇일까. 우선 시간과 공간에 대한 묘사는 있어야 한다. 영화 《대부1》에 대한 스토리 요약이라면 1930년대 미국의 금주법 시대에 대한 묘사가 당연히 들어갈 것이다.

갈등구조도 넣어야 한다. 《빌리 엘리어트》라면 왕립발레스쿨에 입학하고 싶어 하는 아들 빌리와 아들이 발레리노가 되는 것을 반대하는 아버지의 갈등이 꼭 들어가야 한다. 또한 아버지와 형의 내면적 갈등, 아버지와 발레교사와의 반목, 탄광노동자들의 고민 등도 포함될 수 있다.

캐릭터 설명을 할 때 이름을 빠뜨려서도 안 된다. 블로그 리뷰 중에는 간혹 "최민식이 강혜정을 찾아간다"(올드보이)처럼 배우 이름만 사용하는 경우도 있는데 옳은 방식은 아니다. "오대수(최민식)가 미도(강혜정)를 찾아간다"로 써야 할 것이다. 스포일러가 허용된다면, 열린 결말인지 속편을 예고하는지 등도 명확히 하는 게 좋다.

논거도 중요하다. 리뷰를 통해 어떤 주장을 할 때는 뒷받침할 만한 근거들이 확실해야 한다. 만약 《엑스맨》은 사회의 소수자들에 대한 이야기다"라고 한다면, 논거를 충분히 대야 한다. "엑스맨은 다른 슈퍼히어로와는 달리 태생부터 정치적이다. 돌연변이 초능력자들은 사회적 소수자들의 모습과 닮았다. 그들은 자신의 초능력을 고쳐야 할 질병이라고 여긴다. 동시에 대중의 편견을 없애고자 한다. 이 사회의 성적 소수자, 장애인, 혼혈인들의 고민과 엑스맨들의 고민은 같은 지점에 있다. 1960년대 초 사회적 소수자와 약자의 인권에 대한 외침이 커져가던 시대에 탄생한 엑스맨 시리즈는 당대의 고민을 고스란히 담고 있다"는 식으로 쓰면 좀 더 확실한 주장이 될 것이다. 다만 "엑스맨 시리즈는 SF영화이다."라고 '서술'할 때는 굳이 근거가 필요하지 않다. 주장과 서술은 다르기 때문이다.

팁 하나 더! 영화를 볼 때 플롯 분할plot segmentation을 활용하면 더욱 세세히 분석할 수 있다. 플롯 분할은 영화의 모든 씬들을 구조화시키는 것이다. 이를 위해서는 영화를 최소 두 번 이상 보아야 한다. 여러 번 반복해서 보면 여러 씬들이 어떤 식으로 기능하는지, 어떻게 영화의 구조를 만들어 가는지 한눈에 볼 수 있게 된다. 처음에 보이지 않던 것들이 보이게 된다. 그러면 해당 영화의 내러티브 체계를 총체적으로 이해할 수 있다. 다음은 영화 《괴물》에 대한 플롯 분할이다.

〈플롯 분할의 예〉
1. 2000년 2월 9일 주한 미 8군 용산 기지 내 영안실
    1-1. 미국 군의관은 한국 군의관에게 독극물인 포르말린을 싱크대에 그냥 버리라고 명령한다. 이의를 제기하던 한국 군의관은 결국 수십 병의 포르말린을 버린다.

2. 2002년 2월 잠실대교 부근
    2-1. 낚시꾼들이 한강에서 돌연변이 같은 생명체를 발견한다.
3. 2006년 10월 한강대교 밑
    3-1. 한 남자가 투신자살한다. 물속에 커다랗고 시커먼 게 있다고 한다.

4. 한강 둔치, 강두의 매점 근처
    4-1. 한강에서 괴물이 나타난다. 강두의 딸 현서가 납치된다.
    4-2. 한강 둔치 지역은 통제 구역이 되고 강두와 아버지는 쫓겨난다.

5. 합동 분향소
    5-1. 강두, 남일, 남주 그리고 아버지가 모여 오열한다.
    5-2. 방역 요원에 의해 희생자 가족들이 병원으로 이동된다.

쓰는 사람에 따라서 디테일의 양을 조절할 수 있다. 이렇게 쓰다 보면 자연스럽게 해당 영화에 대한 호기심이 피어난다. 4번 씬부터 시작해도 되는데, 왜 앞에 세 개의 에피소드를 배치했는지, 영화의 시작이 미군 부대인 이유는 무엇인지 분석해 보게 된다. 즉 플롯 분할은 영화 분석을 위한 기본 작업인 동시에 흥미롭고 신선한 질문들을 생성시키는 작업이다.

무엇보다 가장 중점을 두어야 할 것은 '무엇을, 왜 쓰고 싶은가'를 명확하게 알고 쓰는 것이다. 한 편의 영화, 만화, 소설, 시 등에는 정말 수많은 이슈가 들어있다. 영화라면 스토리, 편집 방식, 캐릭터 설정, 배경음악, 주제의식 등 다룰 만한 이슈가 많다.

"이 영화의 주제의식에 주목해 집필해 주세요." 등과 같이 편집부에서 미리 의뢰하지 않은 이상, 필자 마음 가는 대로 선택하는 것이 가장 좋다. '마음 가는 대로'라는 말은 의미가 있다. 자연스럽게 이끌리는 대로, 필 꽂히는 대로, 꼭 쓰고 싶어지는 내용을 쓴 글이 독자의 마음을 사로잡는 경우가 많다. 《겨울왕국》을 보고 누군가는 왕국의 정치적 상황에 관심을 가지게 되고, 누군가는 엘사와 안나의 개성에 대해 집중한다. 누군가는 《겨울왕국》으로 다시 애니메이션 월드를 제패한 디즈니의 저력을 분석한다.

내가 가장 몰입하게 되는 요소는, 내가 가장 잘 쓸 수 있는 요소다. 캐릭터건 미장센이건 배경음악이건 정치성이건 관련 산업이건, 내가 꽂히는 지점을 놓치지 말자. 계속 붙들고 있게 되는 바로 그 지점, 그게 당신의 강점이 된다.

현장에서

영화평론가가 극장에 하드 커버 책을 들고 가는 이유

"영화를 볼 때에는 감동받았는데, 끝나고 나니 아무것도 기억이 안 나요." 물론 '볼 때는 신 나지만 막이 내리면 전혀 기억나지 않는' 종류의 작품도 있을지 모른다. 내러티브가 빈약하고 상투적인 작품이라면 그럴 수도 있다. 그러나 혹 그러한 작품이라고 하더라도 리뷰를 써야 한다면? 리뷰어는 영화의 내용이 인상적이건 아니건 간에, 영화의 요소들을 기억해야만 한다.

영화를 보면서 인상적인 점을 메모해 두면 리뷰를 쓸 때 절대적인 도움을 준다. 영화 평론가, 영화 리뷰어들은 극장에 갈 때 반드시 종이와 펜을 들고 간다. 이동진 영화 평론가는 "시사회에서는 읽는 한편 받치고 메모할 수도 있어야 하니까 주로 하드 커버 책을 가지고 간다"고 인터뷰한 적도 있다.

메모의 내용은 필자에 따라 각양각색일 수 있으니, '이게 맞나?'하고 고민하지 말고, 자유롭게 적도록 한다.

14

완성도를 높이는 나만의 안테나

모호하던 느낌은 글쓰기 과정을 통해 명확해진다. 고도의 뇌 작동을 거치면서, 어지럽던 감상은 제자리를 찾게 되며, 근거가 빈약한 생각은 삭제되기 때문이다. 그리고 그렇게 써진 글은 필자가 새롭게 깨달은 사실이다.

새롭게 깨달은 내용인가

칼럼을 퇴고할 때는 "이 글이 새로운가. 세상에 나올 필요가 있는가. 남들이 다 했던 뻔한 소리가 아닌가"를 냉정하게 보자. 예컨대 '호랑이가 무섭다'는 말은 굳이 내가 쓸 필요가 없다는 것. 한편 기발주의에 빠지지 않도록 주의해야 한다. 새로운 내용을 쓰고 싶다고 해서, 자신 안에서 성숙되지 않은 서툰 문장으로 서술해서는 안 될 일. 지나치게 자기만족적인 글도 피해야 한다. 칼럼은 읽히기 위해 쓰는 것이므로.

※ 2년 차 이상을 위한 조언
: 필력이 늘면 비방하기도 쉬워진다. 대상의 가치를 떨어뜨리는 글이 아니라, 숨은 가치를 발견해내는 글인지를 체크할 것!

주관과 사심만 앞서지 않는가

어떤 주제를 놓고 써도 지나치게 '사적인 글'로 보이는 사람이 있다. 물론 나에게 일어난 일이나 감상을 개인 홈페이지에 쓸 때는 문제가 안 된다. 특별한 훈련도 필요하지 않다. 그런데 독자를 상정한 글을 쓸 때는, 공적인 감각을 벼려 글을 써야만 한다. 공공성을 인지하지 않으면 글쓰기는 개인적 감정의 발산에 그치거나, 자기만족에 머물 수가 있다.

칼럼니스트라면 집필시 공적 모드와 사적 모드를 자유자재로 오갈 수 있다. 그리고 이것은 일정 기간 동안 연습하면 쉽게 익힐 수 있다. 한 편의 칼럼 안에서도 자기 주관이 강한 문장과 객관적인 사실만을 표현한 문장을 씨줄 날줄처럼 짜나갈 수 있게 될 때까지 연습하면 된다.

주관과 객관을 넘나드는 연습을 위해서는, 평소 생각 속에서 주관과 객관을 구분하는 것이 중요하다. 물론 글을 쓰기 위해 구상할 때는 주관적 감상이 먼저 튀어나온다. (당연히 그것이 글을 쓰게 만드는 동력이다!) 예컨대 "죽인다.", "죽음처럼 슬프다.", "이런 작품은 쓰레기야."라는 말을 칼럼니스트들도 한다. 그러나 글을 쓸 때는 객관적으로 생각을 가다듬고, 논리를 정돈한다.

정리하자면, 글의 주제를 얻기까지는 '주관'을 소중히 여기되 그 후의 글 작업에서는 '객관'이 주가 되어야 한다. 균형이 맞지 않으면 혼자만 열을 내면서 선언이나 선동을 하거나, 혹은 지나치게 건조해 보고서 같은 글이 된다.

대중을 이끌만한 글인가

누구든 클릭 한 번으로 정보에 쉽게 다가갈 수 있다. 바야흐로 '정보 보편화시대'다. 모든 대중에게 대부분의 정보가 열려있다. 혹자는 이런 상황을 들며 이렇게 말한다. "이제는 마음만 먹으면 뭐든 다 알 수 있는데 굳이 칼럼니스트가 필요한가?" 이 물음에 대한 대답은 정해져 있다. "칼럼니스트는 100% 필요한 존재다." 그 이유는 확실하다. 정보가 범람하고 있기 때문이다.

정보의 홍수 속에서, '불확실한' 정보들도 무작위로 나타난다. 대상이 너무 많아 어떤 게 진짜인지 헷갈린다. 정보의 양은 혼돈의 정도와 비례한다. 칼럼은 이런 상황 속에서 환한 빛이자 가이드가 돼야 한다.

대중은 칼럼니스트가 내놓은 근거를 토대로 자신의 의견을 정립한다. 정보보편화시대가 심화될수록 제대로 된 정보를 걸러줄 전문 칼럼니스트의 존재가 절실한 것이다. 그러므로 칼럼은 여러 문제를 공론화해 올바른 여론이 생성될 수 있는 토대를 제시해야 한다.

  이를 위해서는, 칼럼의 지향이 다음과 같아야 한다.

- 풍성한 논의를 유도할 수 있는 문제의식을 가지고
- 누구나 쉽게 구할 수 있는 정보가 아닌, 전문 지식을 바탕으로
- 대중들이 쉽고 재미있게 읽을 수 있을 것

15

콘텐츠의 차별화를 위한 실질적 조언들

    지면은 늘 한정적이다. 때문에 많은 칼럼니스트들은 저마다 독특한 무기를 들고 치열하게 싸운다. 그 무기가 바로 '콘텐츠'다. 나무 칼럼니스트 고규홍 씨는 후배들에게 해주고 싶은 조언으로 "자신만의 콘텐츠를 가져라."를 꼽는다. 다른 칼럼니스트들도 한목소리로 고유의 콘텐츠가 중요하다고 말한다. 이들이 말하는 '자신만의 독특한 콘텐츠'란 무엇일까. 어떻게 자신만의 콘텐츠를 만들 수 있을까.

남이 건드리지 않은 분야에 뛰어들기

    나무 칼럼니스트 고규홍 씨의 이름 뒤에는 항상 '국내 1호'라는 수식어가 따라붙는다. 일간지 기자 생활을 그만둔 뒤 나무로 칼럼을 쓰겠다고 선언했을 때 그 누구도 그를 믿지 않았다. 그저 '세상 물정 모르는 글쟁이의 객기' 정도로만 생각했다. 하지만 활동한 지 10년이 넘은 지금, 그는 나무 칼럼 분야에서 독보적인 위치를 차지하고 있다.

고 씨의 경우처럼 누구도 생각하지 못한 분야로 진출, 칼럼을 쓰는 사례가 조금씩 늘어나고 있다. 누구도 그 분야에 뛰어들려고 마음먹지 않기 때문에 한 번 실력을 인정받으면 이른바 '귀하신 몸'이 된다. 이를 몸소 체험한 고 씨는 그 무엇보다도 '독특한 콘텐츠'를 강조한다. 그는 "무엇이든 집요하게 파고들면 자신만의 블루 오션이 될 수 있다"고 말한다.

남들이 가지 않은 길은 험하다. 숲에서 스스로 길을 뚫고 나아가는데 어찌 힘들지 않으랴. 하지만 꾸준히, 그리고 탄탄히 실력을 쌓다 보면 언젠가는 정상에 다다를 수 있다. 아무리 사소한 분야라도 자기 것으로 만들어라. 그것이 당신을 빛나게 할 것이다.

깊게, 더 깊게 파고들기

내가 관심을 가진 분야에 이미 많은 칼럼니스트들이 활동하고 있다면 이 방법을 추천할 만하다. 누구보다 더 깊게 파고드는 것이다. 미술 칼럼니스트 김영숙 씨는 칼럼니스트로 데뷔한 후 미술 지식에 갈증을 느끼고 뒤늦게 미술대학원에 진학했다. 그렇게 전문성을 키운 결과 더욱 풍성하고 깊이 있는 칼럼을 쓸 수 있었다.

야구 칼럼니스트 민훈기 씨는 스포츠 기자 시절 다양한 종목을 취재하다가 박찬호 전담 기자를 맡은 이후로 야구만 바라봤다. 그 결과 국내 최고의 야구 전문, 특히 메이저리그 전문 칼럼니스트로 거듭났다. 뷰티 칼럼니스트 이나경 씨는 미국 유학과 화장품 회사 입사를 거치며 기존 칼럼니스트들에게 대응할 수 있는 힘을 길렀다.

'한 우물만 깊게 파라'는 옛말이 있다. 대중적인 분야의 칼럼을 쓰고 싶은 사람들에게 이정표가 될 만한 격언이라고 확신한다. 보다 더 깊게, 보다 더 세밀하게 파고들어라. 깊이에 대한 욕심은 부리면 부릴수록 유익하다.

나만의 각도에서 바라보기

같은 문제를 다른 시각에서 바라보기만 해도 충분한 경쟁력이 된다. 만화 칼럼니스트 김낙호 씨는 칼럼을 팔기 위해 쓰지 않는다. 대신 '더 좋은 만화들이 계속 나왔으면'하는 대승적인 차원에서 칼럼을 쓴다. 이는 그가 다른 시각으로 만화를 바라보게 하는 데 큰 도움을 줬다.

영화 칼럼니스트 이경기 씨는 아프리카, 동남아 등 제3 세계 영화를 많이 본다. 유명한 영화는 어차피 다른 사람이 쓸 것을 알기 때문이다. 건축 칼럼니스트 서윤영 씨는 건물 자체보다는 그 안에 사는 사람들의 주거문화, 주택과 관련된 사회문제 등에 역점을 둔다.

여행 칼럼니스트 채지형 씨는 '발견하는 재미'를 추구한다. 건물 하나를 찍더라도 앞, 뒤, 옆, 위, 아래 가리지 않고 마구 사진을 찍는다.

그렇게 하다 보면 자신만의 독특한 여행사진이 나온다는 것이다. 남들과 다른 시각으로 문제를 바라보는 것 자체가 곧 자신만의 콘텐츠다.

직접 경험하고 피부로 느낀 것을 쓰기

나무 칼럼니스트 고규홍 씨는 직접 보고 만지고 느끼지 않은 나무는 글감으로 쓰지 않는다. 기자 출신다운 고집이다. 클래식 칼럼니스트 유정우 씨는 일 년에 두세 번 유럽, 일본 등지로 해외공연 원정을 간다. 오디오를 통해 접한 음악과 공연장에서의 음악은 차원이 다르다고 생각하기 때문이다. 본업인 의사 일을 잠시 접는 결단을 내려야 한다.

뷰티 칼럼니스트 이나경 씨는 직접 사용해 본 화장품에 한해서만 칼럼을 쓴다. 자료가 아무리 많아도 써 보지 않은 것에 대해서는 쓰지 않는다. 여행 칼럼니스트 채지형 씨는 아무리 바빠도 일 년에 5번 이상 해외여행을 떠난다. 피부로 느껴야만 하는 경험이 있는 것이다.

대중매체를 적극 활용하기

TV 칼럼니스트 정석희 씨는 드라마, 광고 등을 보는 게 하루 일과다. 야구 칼럼니스트 민훈기 씨는 시즌 내내 TV와 인터넷을 통해 야구를 시청한다. 뿐만 아니다. 심리학 칼럼니스트 강현식 씨는 영화, 드라마를 챙겨보고, 나무 칼럼니스트 고규홍 씨는 9시 뉴스를 반드시 시청한다. 칼럼에서 최신 이슈를 제시해 독자들의 관심을 끌어오기 위해서다. 대중의 관심사를 알기 위해 늘 웹을 검색한다. 단 인터넷상에는 사실 관계가 확인되지 않은 정보, 출처가 불분명한 정보 등이 무분별하게 유포되는 경우가 있어 인용에 각별히 주의한다.

다른 분야와 접붙이기

심리학 칼럼니스트 강현식 씨는 다양한 분야에 눈을 돌린다. '어떻게 하면 사람들에게 심리학을 쉽고 재미있게 알릴 수 있을까' 늘 고민한다. 그가 택한 접붙이기 분야는 역사와 육아다. 두 분야 모두 사람들의 관심이 꾸준히 이어진다는 데 착안했다.

심리학과 역사, 육아를 접목하기 위해 강 씨는 전문서적을 10권 이상 독파하는 등 엄청난 노력을 기울였다. 기존의 역사학자, 육아학자들과의 불필요한 마찰을 피하기 위해서다. 이런 노력은 여러 권의 책을 통해 빛을 발했다. 특히 양육 과정에서 아빠의 중요성을 강조하는 책이 발간된 이후 육아 분야에서의 입지를 단단히 굳히고 있다.

'한 가지 재료로만 글을 써야 한다'는 고정관념을 버려야 한다. 어차피 칼럼에는 칼럼니스트의 인생과 제반 지식이 녹아들어 있는 법. 다른 분야를 공부함으로써 무궁무진한 가능성이 열린다는 사실을 꼭 기억하기 바란다.

스토리텔링을 활용하기

스토리텔링은 자주 오용되는 단어다. 많은 이들이 여기저기에 '스토리텔링'를 가져다 붙인다. 예컨대, 여러 지자체들이 "스토리텔링을 이용해 우리 지역을 홍보해 주세요."라고 요청하지만, 정작 이야기를 나누어 보면 정확한 의미를 모르는 경우도 있다. 많은 취업준비생들이 자신의 자기소개서에 스토리텔링적 요소를 가미하려 하지만, 제대로 된 이야기가 담긴 자기소개서는 사막에서 바늘 찾기다. 스토리텔링은 '이야기^{story}'와 '말하기^{telling}'의 합성어다. 사전적 의미로는 '이야기를 들려주는 일련의 활동'이다. 하지만 이것만으로는 사회에 광범위하게 퍼진 스토리텔링을 설명하지 못한다.

별 것 없다. 사실 우리는 태어나면서부터 스토리텔링을 늘 접하며 자라왔다. 어릴 적 할머니의 이야기에서, 동화 속에서, 영화, 드라마, 광고에서 스토리텔링과 계속 맞닥뜨리고 있다. 칼럼도 마찬가지다. 칼럼도 일종의 이야기라는 생각에 심리학 칼럼니스트 강현식 씨는 역사와 육아를 끌어들였다. 히틀러 등 세계사 속 인물의 심리를 분석했고, 아이 키우는 이야기를 통해 유아의 심리를 설명했다. 결과는 대성공이었다.

나무 칼럼니스트 고규홍 씨는 노거수를 소개할 때 단순히 수령, 자연적 가치 등을 나열하지 않는다. 마을에 전해 내려오는 이야기를 수집하고 주변 어르신들의 말을 들으며, 역사책을 뒤진다. 옛이야기를 통해 나무에 대한 관심을 환기시키는 것이다. 이렇듯 많은 칼럼니스트들이 직접 경험한 이야기 혹은 간접 경험한 이야기에 나의 감성을 더해 상대방에게 전달한다. 스토리텔링을 통해 공감 코드가 형성된 칼럼은 독자를 움직이는 힘을 가지며, 자연스레 독자를 필자의 편으로 만든다.

입문하는 칼럼니스트를 위한 자료관리 습관

1. 스크랩은 나의 힘: 초심자일수록 유념해야 할 습관이다. 주력 분야, 관심 분야의 자료는 눈에 띄기 무섭게 따로 보관해 두자. 자료가 쌓이면 글은 자연스럽게 나오게 마련이다.
2. 자료를 타이핑하는 맛: 문서자료라면 '읽기'를 넘어 '필사'하자. 훨씬 정리가 잘 될 뿐 아니라, 글쓴이의 사고과정이나 매력적인 문체를 배우게 된다. 특히 자료의 내용이 꽤 난해할 경우, 직접 베껴 써봐야 자료의 중요도나 핵심 내용을 알 수 있다. 타이핑한 자료는 나중에 내 칼럼에 인용할 수도 있으니 1석 2조.

3장

칼럼니스트로 생활하고
성장하는 이야기

"생계 곤란을 겪는 작가들이 많은가요? 결혼을 앞두고 있어서 걱정이 돼요.", "우선 작업실을 얻고 시작하는 게 좋을까요? 아니면 도서관에서 일할까요? 전 왜 이런 것부터 걱정이 되죠? 회사가 아닌 곳에서 일하는 게 상상이 안 돼요."

글밥을 꿈꾸는 후배들의 질문을 받으면 놀랄 때가 많다. 특히 '글을 쓰며 먹고사는' 생활에 대한 것들이 많았기 때문이다.

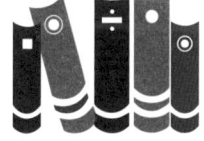

16

원고료,
터놓고 이야기해 보자

"글 써서 먹고는 사냐?"

"국문과는 '굶는 과'라더라?"

"매문은 매혈과 같은 것인데……."

예부터 글로 먹고 살겠다는 꿈을 꾸는 사람들은 걱정부터 들어야 했다. 글쟁이에 관한 수많은 비관적인 풍문들에도 불구하고, 우리는 칼럼니스트로 과연 잘 먹고 잘살 수 있을까.

그렇다면, 솔직히 궁금해진다. 평균적인 원고료 수준은 얼마나 될까. 칼럼니스트들의 연봉이나 평균 수입은 얼마나 될까. 결혼을 하고 출산, 양육에 필요한 비용부터 노후대비 비용까지 준비할 수 있을까. 시인, 소설가의 수입과 칼럼니스트의 수입은 얼마나 다를까 등 호기심은 끝이 없다.

답을 간단히 말하자면, 《섹스 앤 더 시티》의 캐리처럼 1주에 칼럼 한 편 정도 기고하며 마놀로 블라닉 슈즈를 살 수 있는 칼럼니스트는 지구상에는 없다. 그러나 그렇게까지 화려한 생활을 꿈꾸지 않는다면 평균적인 생활 수준을 유지하는 것은 물론, 개인적 역량에 따라 수입을 늘릴 수 있다.

원고료 책정 단위는 기본적으로 매수다

서적, 신문, 잡지, 방송 등을 위하여 원고를 집필한 데 대한 보수가 바로 '원고료'다. 영미권의 경우 원고료가 단어 당 책정된다. 우리나라의 경우는 200자 원고지 1매 혹은 A4용지를 기준으로 책정되는 게 보통이다. 물론 장당 원고료는 매체와 해당 칼럼의 성격에 따라 다르다. 필자의 지명도에 따라 조정되기도 한다.

간혹 '아르바이트 시급처럼 글을 쓰는 시간을 환산해 책정하면 안 되냐'고 묻는 이가 있다. 그러나 집필시간을 정확히 잰다는 건 애초에 불가능하며, 잰다 해도 무의미하다. 집필 과정은 단순히 시간과 노동력만으로 측정하기에 무리가 있기 때문이다.

'원고료는 글의 가치를 돈으로 환산해서 주는 것이니, 생산된 글의 퀄리티에 따라 원고료를 달리 책정해야 하는 것 아닌가'하는 의문을 가지는 사람도 있다. 그러나 서바이벌 프로그램에서처럼 창작물에 대한 퀄리티를 점수로 측정하기는 어렵다. 글에 대한 각자의 판단은 대단히 주관적이기 때문이다. 때문에 원고지나 A4용지의 매수를 가장 기본적인 책정 단위로 둔다.

원고료는 천차만별이다

결론부터 이야기하자면 '천차만별'이다. 이 부분은 우리나라뿐만 아니라 세계 어디서나 마찬가지다. 물론 해당 분야에 전무후무한 권위자라거나, 전문가가 아주 드문 분야의 칼럼니스트인 경우, 브랜드 네임밸류가 높은 경우라면 이야기는 달라진다. 해당 칼럼이 매체의 유명세에 큰 영향을 끼칠 수 있거나 화제를 불러일으킬 수 있는 수준의 칼럼니스트라면 프리미엄을 붙여서라도 '모셔가고자' 하지 않을까.

그러나 이제 막 걸음마를 시작하는 칼럼니스트에게는 꿈같은 이야기일 뿐이다. 뭉뚱그려 말하자면 칼럼 A4 한 장당 10만 원이 평균이라고 생각하면 쉽다. 물론 A4 1장당 20만 원 이상을 받는 칼럼니스트들도 있지만, 평균이 그렇다는 이야기다. 이보다 적은 5만 원을 받는 경우도, 50만 원을 받는 경우도 있다. 이 차이는 개인의 능력 차이라기보다는 대부분 매체의 재정 상태에 따라 차이 난다고 봐야 한다.

그런데 대중들에게 널리 알려진 일간지, 잡지의 경우 원고료가 낮은 경우도 많다. 유명도와 별개로 해당 매체의 재정이 어려울 수 있는데, 이 경우 칼럼니스트로서의 유명세나 향후 행보에 도움이 되는 등 소위 홍보 효과가 예상된다면 글을 기고하는 경우도 많다. 역으로 자신의 유명세를 활용해 매체와 원고료를 협상하는 칼럼니스트도 많다. 유명 매체에서 기자로 활동했거나 저서 발간이나 방송 활동 등으로 독자 충성도가 높은 경우, 평균보다 높은 원고료를 받기도 한다. 즉 원고료는 1매당 평균 원고료 플러스 알파라는 이야기다.

원고료는 경력순으로 오르지는 않는다

"20년 전과 지금의 원고료가 별다를 바가 없어요."

실제로 오랜 기간 활동해 온 칼럼니스트들은 우리나라의 원고료 인상 속도가 매우 더디다고 말한다. 여러 요인이 있겠지만 지속되고 있는 경제적 불황과도 깊은 관련이 있다. 경제가 어려워지면 매체의 재정 사정이 나빠질 수밖에 없다. 더불어 수요와 공급의 법칙과도 연관성이 있다. 블로그 등 개인 미디어의 발달 등으로 칼럼니스트로 데뷔하기가 쉬워졌고, 통신매체의 발달 등으로 '투잡'이 가능해졌다.

현업 칼럼니스트 중 본인이 정한 수준의 고료가 아닌 경우 절대 의뢰를 받아들이지 않는다는 원칙주의자도 많다. 단지 자신의 재정상황이나 자존심을 위해서가 아니다. "다른 필자는 이 원고료에 쓴다는데 당신만 왜 그렇게 비싸게 구느냐"는 소리를 동료 및 후배들이 듣게 하고 싶지 않아서다. 원고료 수준을 지키는 데 기고자 각자가 최선을 다하자는 것이 이들의 뜻있는 고집이다.

한편 '고료가 생계를 보장할 수 있다'는 명제에 관해, 여러 칼럼니스트들은 확언할 수는 없다고 답한다. 우리나라의 고료 수준은 높지 않은 편이다. 회사원처럼 경력이 연봉에 반영되는 것도 아니다. 그러므로 엄밀히 말해 당신이 가장이라면, 칼럼 기고 수입만으로 먹고 살 수 있다고 장담할 수는 없다. 실제로 경제적 이유 때문에 전업보다는 겸업을 유지하는 경우도 많다.

그런데도 많은 현역 칼럼니스트로서의 정체성을 유지할 수 있는 비결은 무엇일까. 1장에서 언급했듯, 칼럼 기고로 인해 다른 기회를 많이 얻을 수 있기 때문이다. (이에 대해서는 다음 장에서 자세히 이야기하기로 한다.)

돈 이야기를 당당하게 잘해야 한다

"글이 어떻게 상품인가요?"

상품, 맞다. 칼럼니스트는 원고를 팔아서 쌀도 사고 커피도 산다. 글을 읽고 쓸 때 언제나 상품으로 평가하라는 기운 떨어지는 소리는 아니다. 하지만 칼럼니스트로 먹고살기로 마음먹었다면 내 글의 가치가 가격으로 어떻게 환산되는지 알아야 한다. 그 가격을 높여 나갈 줄도 알아야 한다. 그러므로 "돈 이야기는 쑥스러워서 잘 못해요."라며 손사래를 치는 모습을 더 이상 겸손으로 봐서는 곤란하다. 돈 이야기도 당당하게 할 줄 아는 이가 제대로 된 집필 노동자다.

칼럼을 기고하다 보면 여러 경우를 만난다. 건당 기고할 때는 대개

그 매체에서 정해진 고료에 따르는 편이다. 하지만 고료가 내 글의 가치에 비해 너무 박하다고 느껴지면 고료 인상을 요구해야 한다.

간혹 상대편에서 내게 단가를 물어오는 수도 있다. 단행본 계약이나 강의 계약 등 보다 큰 규모의 가격을 계산해야 할 때도 있다. 그럴 때 기준이나 논리가 없다면 "저희가 사정이 어려워서요(대한민국 출판계가 부흥했던 건 본 적이 없다). 잘 좀 부탁드립니다(뭘?)."란 말에 당하고 만다.

대개는 다음과 같은 방식으로 견적을 낸다.

〈인건비 (1일 인건비*작업 기간)+ 관리비용(하루 관리비*작업기간)+ 아이디어 및 기술료 추가+기타 비용〉

하루 인건비를 미리 계산해 두자. 하루 인건비는 당신이 하루 노동을 했을 때 생산해내는 가치를 금액으로 환산한 것이다. 출판인쇄업계는 따로 시장가격이 형성되어 있지 않으므로 스스로 정해야만 한다. 예컨대 하루에 평균적으로 쓸 수 있는 원고 개수에 각 원고의 가격을 곱하면 대략 나온다. 나의 인건비는 상대에게 말할 때, 억울하지도 부끄럽지도 않은 정도면 되지 않을까. 그리고 당연히 경력이 쌓일수록 높아져야 한다.

글 값은 인건비만으로 환산되지는 않는다. 관리비용이라는 게 있다. 웹툰작가나 일러스트레이터, 편집 디자이너들보다야 칼럼니스트가 덜 드는 편이지만, 들긴 든다. (작업실이 있다면) 작업실 임대료, 가스비와 전기세 등의 유지비, 식대 등이 있어야 글을 쓸 게 아닌가. 한 달 관리비용을 30일로 나누면 1일 관리비용이 도출된다.

기획에 참여하거나 샘플 작업, 수정이 많을 경우에는 기술료 및 아이디어 비용을 더 받아야 한다. 칼럼 기고는 다른 일에 비해 이 비용이 많지 않은 편이지만, 칼럼니스트는 경력이 쌓일수록 정말 다양한 분야에서 활동하게 되기 때문에 일찍부터 기술료를 책정할 수 있으면 유리하다. 이 부분을 잘 책정해서 페이를 받으면, 수정이나 추가 요청이 많아도 좋은 분위기에서 일할 수 있다.

또한 여러 일을 하다 보면 간혹 기타 비용이 필요해진다. 책을 쓰기 위해 여행을 가야 할 경우나 협업하는 업체에 결제해 줘야 하는 비용 등이 발생할 수 있다. 그런 경우 기타 비용이 발생할 경우에만 따로 영수증을 첨부해 받기도 한다.

처음 페이를 받아보는 칼럼니스트들을 위한 팁

1. 페이가 낮아도 일단 써라: 초보라면 지나치게 고료에 의존하지 말고 최대한 많은 매체에 기고하자. 점점 올리면 된다.
2. 열정 노동은 하지 말자: "나중에 보답할게요.", "좋은 일이니까 무료로 써 주세요."라는 말은 무시해도 좋다. 당신의 열정에 보답하지 않는 일은 좋은 일이 아니다.
3. 기준을 미리 정해 두자: 고료나 견적 이야기는 나보다 상대가 고수다. 휘말리지 않도록 미리 기준을 적어둘 것.
4. '나중에'는 없다: 돈 이야기가 어려워 미루다 보면 억울해진다. 억울하면 글 쓸 때 집중도 어렵다. 돈 이야기는 바로바로 하자.

> "칼럼니스트로 잘 먹고 살 수 있을까요?"라는
> 고민에 대한 현직 선배들의 응원

십 년을 도모하세요

예비 칼럼니스트들에게 '초보 때부터 칼럼 기고만으로 먹고 살 수 있다'고 조언한다면 사기일 거예요. 그런데 계속 하다 보면 분명 먹고 살 수 있습니다. 다만 시간이 필요하고, 충실한 노력이 필요하지요.

오래 버티는 자가 이기는 겁니다. 딱 10년만 버티세요. 저는 현재 15년 차인데 10년까지는 조금 힘이 들었어요. 논술 과외 등의 아르바이트를 병행했죠. 그런데 10년이 넘기 시작하니까 확신이 생기더라고요.

영화, 시사, 팝, 연애 등 여러 사람들이 글을 쓰고 싶어하는 분야일수록, 칼럼니스트로 먹고살기 위해 더욱 치열해야 합니다. 자신만의 콘텐츠를 끊임없이 갈고 닦으면 가능성이 있습니다. 나라는 브랜드를 고급화하고 전문화하세요.

—나무 칼럼니스트 고규홍

삶의 만족도는 수치로 계산되지 않아요

얼마를 버느냐가 아니라 그 돈으로 어떻게 살아가느냐가 더욱 중요한 것 아닐까요? 원고료를 수치로만 계산한다면 분명 높은 편은 아니에요. 하지만 칼럼니스트로 살아가며 얻는 만족도는 꽤 높다고 자신 있게 말할 수 있답니다.

-여행 칼럼니스트 채지형

칼럼니스트는 오직 실력으로 평가받는다

이 업계는 신입 필자의 문턱이 높지 않다고 생각해요. 신선하고 질 좋은 글이라면 꼭 알아봐 주는 곳이 있어요. 또 신입이라고 해서 무시 받지 않고, 중견이라고 해서 무조건 보장받지 않아요. 저는 신입 필자일 적에도 늘 정당하게 대우받았어요. 푸대접받은 적이 없었어요. 칼럼니스트는 오로지 칼럼으로만 평가되니까요.

- 건축 칼럼니스트 서윤영

스스로 당당하고, 기회를 노리며, 의리를 지키세요

첫째, 칼럼니스트는 결국 칼럼으로 그 가치를 인정받습니다. 사람들이 당신의 칼럼을 사랑하게 만드세요. 일단 글이 한번 노출되면 그 경험을 바탕으로 다음, 그다음의 기회를 얻을 수 있어요. 물론 최초의 기회를 얻는다는 게 쉽지만은 않을 겁니다. 하지만 당신의 글에 빛나는 장점이 있다면 반드시 누군가는 당신의 가치를 알아보아 줄 것입니다.

둘째, 당신의 가치를 알아보고 기회를 제공한 측과의 의리를 지켜나가세요. 소중한 관계를 이어나가세요.

마지막으로 데뷔를 하기 전이라도 늘 당신 자신과 당신의 글에 당당했으면 좋겠습니다. 스스로에 자부심을 가질 것!

—스포츠 칼럼니스트 민훈기

17

칼럼니스트는 진화, 확장, 상승이 가능한 직업이다

칼럼니스트 K. 십 년간 잘 다니던 IT 기업을 그만두고 IT 전문 칼럼니스트로 10년째다. 처음 칼럼을 쓸 때는 이게 직업이 되리라곤 상상하지 못했다. 퇴근 후나 휴일에 두어 시간 정도를 들여 직장 생활에서 얻은 전문지식을 블로그에 올린 게 시초였다. 블로그가 유명해지다 보니, 잡지사에서 짤막한 칼럼 의뢰나 인터뷰 요청이 왔다.

처음엔 그저 지면에 기명 칼럼이 실린 게 기뻤다. 이름이 알려지는 것도 황홀했다. 종종 이메일로 문의나 칭찬을 받기도 했다. 나만의 칼럼 스타일이 생기고, 칼럼이 이슈가 되자 고정팬도 생긴다. 독자와 댓글로 소통하는 것도 즐거운 일이다. 댓글을 달며 정보를 찾아보다 보니 자연스럽게 공부도 된다. 글의 영향력에 대해 스스로도 매일 놀란다. IT 이슈 중 가장 잘 다룰 수 있는 것들에 더욱 집중하며 몇 년을 달려오다 보니, 이제는 칼럼니스트로 살아가는 것에 뿌듯함을 느낄 때가 많다. 끊임없이 새로운 지식을 얻지 않으면 도태되는 직업인 것도 성장 중심적인 성향에 잘 맞는다고 생각한다.

물론 초기에는 경제적인 면에서 칼럼 기고 수입만으로는 부족했다. 대기업에 다닐 때의 수입이 가끔은 아쉽기도 했다. 하지만 이것저것 가욋일도 하다 보니 이제는 얼추 생활할 만하다. IT 관련 지식이나 칼럼 쓰기에 관한 아카데미 강의나 기업 강연을 의뢰받기도 한다. 출연료는 얼마 되지 않아도 TV 방송 출연도 심심찮게 의뢰가 들어온다. 시청률도 얼마 안 되는 프로그램에 출연했는데도 길에서 알아보는 사람들도 있다. '방송의 힘이 막강하구나!'라고 느낀다. 물론 더 풍족하게 사는 사람들도 있고, 아르바이트비 정도의 원고료를 받는 사람들도 있다는 것을 안다. 그래도 이 정도면 만족스럽다. 글쓰기와 과외 활동의 균형을 잘 맞추고 있다고 여긴다. 물론 본업에 소홀해지는 것 같으면, 기타 활동들의 개수는 줄일 결심을 하고 있다.

이렇듯 칼럼니스트는 확장과 축소가 가능하다는 점에서 매력적인 직업이다. 마음만 먹으면 전방위적으로 활동할 수 있다. 대중적으로 유명한 예가 김태훈 씨다. 그는 잘 알려진 팝 칼럼니스트이다. 속 시원한 연애 칼럼으로도 유명하다. 방송 활동도 폭넓은 편이다. 이동진 영화 평론가와 영화 프로그램을 진행하기도 한다. TV 프로그램으로는 《이 사람을 고발합니다》, 《섹션 TV 연예통신》에 출연, 라디오는 KBS FM에서 객원 디제이를 했다. 일주일에 한 번은 《배철수의 음악

캠프》,《타블로의 꿈꾸는 라디오》,《이소라의 오후의 발견》에 출연했다. 칼럼 연재는 〈무비위크〉, 〈조선일보〉, 〈경향신문〉, 〈월간에세이〉, 〈교통방송〉 등에서 했다. 전 신문사, 잡지사, 방송사가 그의 직장이자 필드이다.

그의 예만 보아도 알 수 있다. 예전에는 고작해야 주요 일간지, 공중파 등으로 활동 무대가 좁았던 반면, 최근에는 웹진, 종편, 케이블 방송, 팟캐스트 등 다양한 미디어가 칼럼니스트들의 영역이 됐다. 미디어의 분화 및 진화에 따라 칼럼니스트들의 활동 양상은 더욱 색다른 양상을 띨 것으로 예상된다.

TV 출연

많은 칼럼니스트들이 TV에 출연한다. 이전엔 짧게 코멘트만 하거나 일회성으로 출연하는 경우가 많았지만, 최근에는 고정 출연을 하는 경우가 늘었다. 종편 프로그램의 등장, 예능형 토크 프로그램의 인기몰이로 '말 잘하는' 칼럼니스트들의 출연이 부쩍 늘었다. JTBC《마녀사냥》의 허지웅 칼럼니스트가 대표적이다. 2014년 3월 출간된 『개포동 김갑수 씨의 사정』의 폭발적 인기는 (이전의 영화 평론 등과 달리, 소설 형식의 연애담이라는 점을 감안하더라도)《마녀사냥》출연 전 출간했던 책들의 초반 인기와는 비교가 안 된다.

한편 영화 프로그램의 김태훈, 이동진,《마녀사냥》의 곽정은,《세계 테마기행》,《6시 내 고향》의 유성용 등이 TV 고정 출연으로 잘 알려진 예다.

장점 : 인지도 높이기에는 최고다. "시청률 낮은 TV프로그램 한 번 출연하는 게 라디오 프로그램 DJ하는 것보다 인지도 면에서 앞선다"는 말도 있을 정도. "TV에 한번 출연했더니 신문에 고정 연재할 때보다 더 많은 칼럼 청탁, 출판 의뢰가 들어오더라."고 말한 칼럼니스트도 있었다.

단점: 얼굴이 알려지는 것을 불편해하거나 TV 녹화 특유의 다소 시끌벅적한 분위기를 선호하지 않는 칼럼니스트도 많다. 여러 사람 앞에서 말하는 것을 꺼리는 성격의 소유자라면 상당한 스트레스가 될 수도 있다. 방송 후 반응에 상처를 받기도 쉽고, TV 출연을 위한 준비가 번거롭다고 느낄 수도 있다. 자신의 의지보다 방송의 컨셉이나 주제의식을 받아들여야 할 때도 많다. 자신이 한 말이 편집에 의해 왜곡되는 경우도 있다.

라디오 출연

대중에게 영화, 음악, 책 등 자신의 전문분야를 보다 잘 알릴 수 있는 기회로 생각해 라디오 출연을 선택하는 칼럼니스트가 많다. 예컨대 정성일 영화 칼럼니스트의 《정은임의 영화음악실》 출연은 그가 편집장이었던 영화 잡지 〈키노〉의 판매 부수에 일정 정도 영향을 주었을 것이다. 유정우 클래식음악 칼럼니스트 또한 《장일범의 가정음악》, 《황정민의 FM대행진》에 고정 출연하며 클래식의 대중화에 앞장섰다.

장점: 라디오 출연은 TV 출연 이외에 가장 효과적으로 인지도를 높일 수 있는 방법이다. 얼굴을 드러내지 않아도 되기 때문에 TV 출연보다는 부담감이 덜하다는 것도 장점. 역시 이를 계기로 기고 활동이나 출판 관련 일감을 받는 기회가 더 늘어날 수 있다. 또한 주제를 선정할 때 TV보다는 칼럼니스트의 의견이 많이 반영된다.

단점: 의외로 라디오 출연료는 높지 않다. 또 방송 준비에 시간이 꽤 소요될 수 있다.

팟캐스트

'이털남'(이슈 털어주는 남자)라는 닉네임으로 더 유명한 김종배 시사 칼럼니스트가 대표적이다. 《이동진의 빨간 책방》도 많은 사랑을 받는 팟캐스트다. 2011년 팟캐스트 방송 《나는 꼼수다》의 돌풍 이후, 국내의 팟캐스트 수가 현저히 늘어났다. 그 분야도 시사, 정치, 경제, 대중문화, 도서, 연애, 교육 등 다종다양하다.

장점: 진행뿐 아니라 이슈 선정과 방송 구성까지 칼럼니스트가 직접

참여하게 되므로 TV, 라디오에 비해 자율성이 꽤 높다.

단점: 인지도가 낮은 칼럼니스트일 경우 초반에는 두각을 나타내기 쉽지 않다. 매일 새롭게 탄생하는 수많은 팟캐스트들 중에서 대중의 눈에 띄려면 신선한 기획과 유려한 말빨이 겸비돼야 한다.

단행본 집필

연재했던 칼럼을 편집해 묶는 경우, 원고를 새로 집필해 엮는 경우 등으로 나뉜다. 고규홍 나무 칼럼니스트는 『고규홍의 한국의 나무 특강』, 『알면서도 모르는 나무 이야기』, 『나무가 말하였네』 등 다수의 단행본을 냈다.

역사소설가이자 역사 칼럼니스트로 유명한 이덕일 씨는 역사평설집 『잊혀진 근대 다시 읽는 해방전사』, 『정약용과 그의 형제들』 등을 발간을 통해, 정치사 위주의 역사서술에서 벗어나 역사적 사건을 입체적으로 복원하고자 한다. 칼럼니스트 민훈기 씨의 경우도 마찬가지. 그동안의 선수 인터뷰, 연재 칼럼 등을 엮어 『나의 야구는 끝난 것이 아니다(한국을 꿈꾸는 메이저리거들)』, 『메이저리그, 메이저리거』 등을 발간하기도 했다.

장점: 이미 쓴 원고를 수정, 보완, 편집하면 된다는 점이 가장 장점이다. 파편처럼 존재하던 기명 칼럼을 한 권에 모아 둔다는 점에서,

칼럼니스트들의 개인적 만족감이 가장 큰 작업으로도 꼽힌다. 인세 수입이 생기면 경제적 상황이 안정된다는 점도 좋다.

단점: 편당 고료를 받는 칼럼 기고와 달리 단행본은 책 판매에 따른 인세 수입을 얻는다. 판매가 신통치 않을 경우 노력에 비해 보상은 적을 수도 있다. 초보 칼럼니스트의 경우 기획안과 샘플 원고를 마련해 직접 출판사에 출간 제안을 해야 할 수도 있다.

강연

강연도 칼럼니스트가 가장 많이 하는 번외분야 활동으로 손꼽힌다. 주로 기업, 도서관, 사설 교육기관, 학교, 문화센터 등에서 강연 요청이 온다. 요즘에는 출판사가 주최하는 북 콘서트, 독자와의 대담 등에 사회자나 게스트로 출연하기도 한다.

장점: 시간 대비 수입이 높다. 저서가 있는 경우, 베스트셀러 판매와 TV 출연 등으로 몸값을 올린 경우에는 강연료가 껑충 뛴다. 1회당 30만 원에서 700만 원 선으로 개인차가 크다. 고정 강연을 할 경우 몇 개월 동안 안정적 수입이 보장되는 점도 매력적이다. 방송 출연과 달리, 의뢰하는 측에서 강연자에게 주제 선정을 일임하는 경우가 많은 점도 장점이다.

단점: 유명 저자의 경우 글 쓰는 시간을 줄여야 할 정도로 강의 요청

이 쇄도하기도 한다. 자칫하면 본업에 소홀하게 될 위험성이 있다. 또한 수강생 모집에 스트레스를 받을 수도 있다. 유명하지 않은 필자라면 강연료가 그리 높지 않다.

잡지 기자, 편집장

김지희 미술 칼럼니스트는 수년간 미술전문지 편집팀장으로 일하고 있고 김산환 캠핑 칼럼니스트 또한 여행전문 출판사 대표로 있다. 자동차 칼럼니스트 신동헌도 남성지의 부편집장으로 활동하고 있다. 한 분야의 칼럼니스트로 꾸준히 경력을 쌓아가다 보면, 그 분야의 전문지가 창간할 때 편집장이나 기자로 취업의뢰를 받을 수 있다.

장점: 전문성을 인정받는 데 큰 도움이 될 수 있다. 관련 자료 수집이나 인맥 쌓기 등에 큰 도움이 돼서 장기적인 활동에 유리하다. 또한 안정적 수입이 보장된다.

단점: 주활동이 잡지 편집이 되고 부활동이 칼럼 저술이 된다. 야근과 주말특근이 많은 잡지계의 특성상, 자신의 글을 쓸 시간을 마련하기는 녹록지 않다.

번역

칼럼 코너 「장영희의 문학의 숲」 등 다수의 명칼럼으로 유명했던 고 장영희 교수는 번역가였다. 한국문학번역상을 수상했으며, 영미 문학을 지속적으로 국내에 소개하는 역할을 했다. 푸드 칼럼니스트로도 알려진 요리사 차유진 씨도 영국에서의 요리 유학 경험을 활용해 이미 세 권의 요리관련 번역서를 냈다. 번역가가 칼럼니스트로 활동하기도 하고, 칼럼니스트가 영역을 넓혀 번역을 시도하기도 한다.

장점: 번역 작업을 통해 관련 분야의 해외 이론, 현상을 더 깊이 공부할 수 있다. 또한 우리말을 정교하게 가다듬어야 하는 번역 작업의 특성 상, 문장력이 더욱 좋아지기도 한다. 또한 번역서의 인기를 통해 칼럼니스트로서의 위상이 오르기도 하니 1석 2조.

단점: 칼럼 집필과 달리 원서 저자와의 세계관, 가치관 차이가 있을 수 있다. 하지만 전문 번역가들에게 이는 당연히 감내해야 할 점이다. 하지만 국내의 번역료가 낮은 편이기 때문에, 시간 대비 수입은 많지 않다.

그 외, 심리학 웹툰에 자문을 맡은 강현식 칼럼니스트, CF에 출연한 이현준 IT 칼럼니스트, 음반사 마케터, 프로모션 팀장, 공연 기획자로 활동하는 김태훈 칼럼니스트 등의 경우가 있다.

새로운 분야에 도전하고 싶은 칼럼니스트라면?

1. 칼럼을 더 열심히 쓴다: 칼럼니스트로 더 유명해져 보라. 기회가 제 발로 찾아온다.
2. 블로그나 SNS 등을 통해 도전 의욕을 알려라: 소문을 자꾸자꾸 내라. 라디오 방송 출연에 관심이 있다면, 블로그나 트위터 등에 그렇게 써라. 관계자가 보게 될지 모를 일이다. 어쩐지 민망하다고? 나를 홍보할 사람은 나 외에는 없다. 적극적인 사람이 황금 같은 기회를 얻을지니.
3. 평상시에 여러 분야의 직업인과 친교를 맺어둔다: 글 쓰는 사람들과만 친해 봐야 별 영양가 없다. 시간이 나면 여러 모임에 참석하며 다양한 분야의 사람들과 친해져라.
4. 모르면 자꾸 물어라: 정작 강연이나 방송 출연을 하게 되면 긴장이 될 수도 있다. 평소 익숙한 분야가 아니라면 전문가들에게 조언을 구하는 게 맞다. 어떤 준비를 해야 할지부터 의상은 어떻게 입어야 할지까지 질문은 다양할 수 있다.
5. 꼭 해 보고 싶은 일이라면 돈 생각은 잠시 꺼 두자: 처음 도전하는 분야라면 일을 맡기는 쪽에서도 위험 부담이 있을 것이다. 혹 단가가 맞지 않는 일이더라도 트레이닝이라고 생각하고 도전해보자. 일단 해 보고, 잘하는 것 같으면 계속 하고, 아니면 시원하게 관두면 된다!

18

········· 내 시간의 주인은 '나' ·········

얼마 전 '프리랜서가 친구를 잃는 방법'이라는 유머글을 본 일이 있다.

"오후 5시에 친구를 만나기로 한다. 설레는 마음으로 일을 열심히 한다. 약속 시간까지 다 마치지 못한다. 친구를 잃는다."

아는 작가 한 명이 씁쓸한 표정으로 이렇게 말한 적도 있다.

"나는 마감을 마치지 못했어도 그냥 놀러 나와. 마감 끝나고 놀아야지 마음먹으면 평생 못 놀거든……."

두 경우 다 그리 행복해 보이지는 않는다. 하지만 충분히 개선될 여지가 있다. 프리랜서 중에는 항상 쫓기듯이 허덕거리며 일을 하는 사람이 있는가 하면, 절대적인 업무량이 많은데도 늘 여유로워 보이는 사람이 있다. 아이러니한 것은 여유로워 보이는 사람의 업무 효율성이 더 높다는 사실이다.

칼럼니스트의 하루는 잡무가 반이다

칼럼니스트는 종일 작업실에서 PC 화면을 노려보며 고뇌할 것 같다고? 원고를 쓰지 않는 동안에는 도서관 서가를 누비며 나른한 오후를 보내거나 마음 편하게 여행을 떠나 영감을 얻고 돌아올 것 같다고? 물론 그러한 날도 있을 것이다. 전자라면 마감기한이 얼마 남지 않아 원고 집필에만 온전히 몰두해야 할 때일 것이고, 후자라면 원고 집필과 온갖 잡무를 모조리 마친 행운아일 것이다.

칼럼니스트의 하루 스케줄은 원고 집필을 위한 시간 외에도 여러 종류의 자잘한 일거리들로 촘촘히 채워져 있다. 해외 작가들의 경우처럼 개인 비서나 에이전트를 고용하지 않는 이상, 누구도 그 대신에 잡무를 대신 처리해 주지 않기 때문이다. 그렇기에 프리랜서들은 오늘도 부르짖는다.

"아아~ 글만 쓰고 싶다. 얼른 돈 많이 모아서 비서를 두는 게 소원이야."

그러나 이상은 이상, 현실은 현실. 칼럼니스트는 본질적으로 1인 기업이자 프리랜서이기 때문에 회사였다면 동료나 부하직원과 나눠서 할 일을 혼자서 다 해야 한다. 우선 프로필과 포트폴리오를 늘 최신의 것으로 업데이트해 둬야 한다. 고료를 입금 받을 계좌의 통장 사본과 주민등록증 사본 등도 파일로 보관해야 한다. 거래처와의 미팅, 계약서 작성, 거래처에 전화하기, (취재가 필요한 칼럼일 경우) 취재원 섭외

하기, 원고료 입금일 챙기기, 계약서와 제안서, 세금계산서 등의 문서 정리하기 등을 처리해야 한다. 작업실에 필요한 집기나 비품이 떨어지면 내가 채워 둬야 한다. 물론 돈도 사장님이 아니라 내가 낸다.

홍보를 위해 개인 홈페이지나 블로그를 운영한다면 기고한 원고를 업데이트하고 방문자 관리도 해야 한다. (블로그마다 해충처럼 따라붙는 각종 광고도 지워야 한다!) 은둔생활로 유명한 파트리크 쥐스킨트나 J. D. 샐린저처럼 고독하지만 조용하게 살고 싶다면? 최소한 홈페이지, 블로그로 얻는 인기는 포기해야 한다. 주인장이 꼼꼼하고 친절하게 댓글을 달아주는 블로그에 방문자가 모이며, 독자와 열심히 소통하는 작가가 인기가 많은 시대다.

활동 영역이 넓어지면 할 일은 기하급수적으로 늘어난다. 강의를 겸한다면 강의 홍보와 수강생 모집에도 신경을 써야 하며 단행본이 출간되면 인터뷰 협조는 물론 강연회 등의 행사에도 참여해야 한다. 그런데다 요즘은 페이스북, 트위터 등으로 홍보도 해야 한다. (단행본을 내도 파워 트위터리안의 경우에 훨씬 판매량이 높다.)

이런 일들을 글쓰기보다 재미있고 소중하다고 여기는 칼럼니스트가 있을까? 반복적이고 지루한 일일수록 쌓이면 더 하기 싫기 때문에, 늘 성실하게 해내야만 한다, 그것도 매일! 마치 학교 선생님의 넋두리 같다. 교사는 수업을 잘하는 것은 기본이고, 학생들의 미래를 이끄는 훌륭한 멘토의 역할도 해야 한다. 그런데 수업을 모두 마친 뒤에도 교무실에 남아 쌓인 서류 더미들을 해치워야 한다면? 그는 괴로워

하며 외칠 것이다.

"내가 원한 삶은 이런 게 아니었어! 아이들과 꿈과 희망에 대해 이야기 나눌 시간도 없잖아!"

글 쓸 시간이 없다? 일정관리부터 다시 시작하라

칼럼니스트의 삶도 별반 다르지 않다. 원고 마감을 위한 일정관리는 기본이다. 말할 필요도 없다. 더불어 잡무를 능숙하고 재빠르게 처리하는 칼럼니스트만이 1인 기업으로서 성공적으로 살아갈 수 있다. 차일피일 미루다가 잔뜩 쌓여 버린 잡무 때문에 옴짝달싹 못 하게 되면 심각한 문제가 발생한다. 거래처의 전화를 놓치거나 세금 신고일을 잊어버리는 일은, 잡무로 인한 부담감과 짜증 때문에 칼럼 집필을 위한 심리적인 여유와 집중력, 충분한 시간을 확보하지 못하는 일에 비하면 오히려 사소하다. 잡무를 유능하게 수행해야 하는 이유는 잡무의 달인이 되기 위해서가 아니다. 칼럼니스트의 본령인 칼럼을 더 잘 쓰기 위한 것이다. 칼럼 마감을 위한 일정을 잘 관리하기 위해서다.

물론 초보 칼럼니스트일 때는 모든 일이 신선하고 즐겁다. 칼럼 쓰기에 집중하기로 정해 둔 시간이더라도 거래처의 의뢰전화가 오면 재깍재깍 받는다. 집중력이 흐트러지더라도 어깨를 으쓱하고 다시 자신을 채찍질하면 그만이다. 에너지가 넘치기 때문이다. 문제는 그다음이다. 어느 정도 자리를 잡으면, 열정 에너지만으로는 나라는 기계가 제대로 작동하지 않을 시기가 온다.

칼럼니스트는 시간의 주인이 될 수 있다

앞서 '프리랜서가 친구를 잃는 방법'의 주인공도 시간 관리를 잘하면 친구를 잃지 않을 수 있다. 그는 밀어닥치는 마감이라는 불운도 있지만, 시간을 자유롭게 운용할 수 있다는 행운도 있다. 직장인은 아침 9시부터 저녁 6시까지 정해진 시간을 회사에 '저당 잡힌다'. 일이 적은지 많은지가 중요한 게 아니다.

그러나 프리랜서인 칼럼니스트는 사정이 전혀 다르다. 칼럼니스트들은 기획, 자료 조사, 원고 작성, 탈고 등 콘텐츠 생산의 전 과정을 모두 도맡는다. 하루에 몇 시간을 어디에서 일하든 그것은 개인의 자유이다. 거래처와의 빠른 연락과 본인의 건강관리를 위해 되도록 낮시간에 일하는 것이 바람직하지만, 성향에 따라 야행성으로 일하는 작가들도 많다. 노트북, 태블릿, 스마트폰 등의 발달로 어디서나 일할 수 있어서 더욱 편해졌다. 간단한 원고 수정 정도는 스마트폰으로 간단히 작성해 메일링 할 수도 있다. 여행지에서 원고를 작성하는 사람도 많다.

나쁜 습관이 들기 전에 미리미리 일정관리를 잘하는 습관을 익혀두자. 질 좋은 칼럼을 써내는 동시에 자기계발과 취미생활의 여유도 가질 수 있다. 칼럼니스트는 원고를 잘 쓰기도 해야 하지만, 질 높은 휴식과 여러 가지의 재미있는 경험, 관심 분야에 대한 충실한 공부 등도 병행해야 그 수명이 오래간다.

원고마감을 위한 일정관리, 그리고

원고를 작성할 때 각 단계별로 걸리는 시간을 계산해 둔다. 한 편의 원고를 쓸 때 시간이 얼마나 소요되는가. 통 시간으로 가늠할 것이 아니다. 원고 작성의 각 단계를 잘 알아야 단계별 소요 시간을 측정할 수 있다. 사람마다 단계가 다르고, 또 원고의 특성과 길이에 따라 단계가 달라진다.

원고 마감을 위한 기본적인 일정관리 방법을 살펴보자. 다음 단계대로 칼럼을 여러 번 써 보며, 단계별로 걸리는 평균 시간을 알아 두자. 무리해서 일정을 짧게 잡는 일이 없도록.

(여기에서는 특정 주제의 원고를 청탁받았을 때로 예를 들겠다.)

1) 원고의 주제, 에디터의 요구사항 등을 정확히 분석한다.
   예) 여성의 날을 맞아 여성들의 우정을 주제로 한 영화에 대해 써 달라는 요청을 받는다.
2) 관련 자료들을 모으고, 그것들을 분류한다.
   예) 《델마와 루이스》, 《써니》, 《고양이를 부탁해》 등의 영화를 찾아본다. 해당 영화들을 다룬 다른 칼럼, 기사, 단행본 등을 찾아본다. 등등.

3) 자료를 바탕으로 원고를 위한 발상과 구성을 한다.

예) 도입부에 인상 깊은 대사 한 마디를 쓴다. 우정과 관련된 자신의 실제 경험을 삽입한다. 등등.

4) 실제 집필에 들어간다.

대개의 경우, 1~4의 단계보다 더 세부적일 것이다. 아무리 급해도 이 네 단계보다 축소할 수는 없다. 일정 관리에 실패하는 경우 중 많은 사례가 2와 3을 만만하게 보는 것이다. 사실 원고 의뢰를 받았을 때부터 필자의 뇌는 2와 3을 하고 있다. 텔레비전 채널을 돌리다가 칼럼에 쓸 영화를 만날 수도 있고, 시집을 읽다 기가 막히는 제목 감을 발견할 수도 있다. 책상에 앉아 '요이땅!' 하고 시작하는 순간, 좋은 발상이 나온다면 이미 한참 전부터 2와 3의 과정을 수행하고 있었기 때문이다.

원고를 위한 일정관리에는 성공했지만, 잡무 처리에 실패해 스케줄이 늘어질 수도 있다. 프리랜서의 잡다한 일정을 소화하기 위해서는 체계적인 관리가 필요하다. 사용하기 편한 스케줄 관리 애플리케이션, 사이트 등을 활용하는 것도 좋다. 스마트폰과 노트북을 오가며 확인할 수 있어 언제 어디서든 나를 따라다닌다. 정기 마감일과 수시 마감일, 반드시 해야 하는 일, 시간이 되면 할 일 등을 중요도 순으로 적어 매시간 확인하자. 각 일정마다 필요한 기간을 계산해서 역순으로 디데이를 잡자.

칼럼니스트는 스스로에게 '잔소리 많고 엄격한 사장님'이 되어야 한다. 나에게 월급을 주는 것도 나요, 일정에 따라 움직이라고 엉덩이를 차는 것도 나다. 꼼꼼히 기록된 계획표, 편리한 일정관리 앱보다 중요한 것은 '내 시간의 주인은 나다.'라는 자부심, 그리고 절대로 나태해지지 않는 반듯한 마음이다.

19

현직 칼럼니스트들의 유형별 시간 관리법

유형 1: 일상에 규칙성 부여하기

매일 새벽에 일어나 3시간 정도 무조건 규칙적으로 글을 쓰고, 러닝을 하고, 오후에는 창작 이외의 일들을 하고, 저녁 무렵에는 가볍게 책을 보거나 음악을 듣고 일찍 잠드는 규칙적 생활로 유명한 소설가 하루키. 글쟁이들 중에는 '하루키 과'가 많다. 그들은 반복되는 일상을 숭배한다.

건축가이자 건축 칼럼니스트인 서윤영 씨도 규칙적 일상을 즐긴다. 오전 7시에 기상하여 아침 식사 후 9시부터 3시간 정도는 독서를 통해 자료를 조사한다. 두 시간의 느긋한 점심 식사 후 오후 2시부터 5시까지는 집필에 몰두한 뒤 개인 시간을 가진다. 규칙적인 생활을 통해 명작을 집필했던 작가 헤밍웨이와 톨스토이가 그녀의 롤모델이다.

요일별 관리도 철저하다. 심리학 칼럼니스트 '누다심' 강현식 씨는 월요일과 수요일에는 부득이한 사정이 생기지 않는 이상 개인 약속을 잡지 않는다. 7일 중 이틀만큼은 온전히 글에만 집중하는 것. 강의, 심리 상담, 기타 약속은 화요일, 목요일, 금요일에 배치함으로써 집필에 방해되지 않도록 스케줄을 관리한다. 그러다 보니 프리랜서임에도 직장인처럼 일정한 생활 리듬을 가지게 됐다.

유형 2: 틈 시간 모아 통 시간 만들기

칼럼니스트 외에 다른 직업을 가지고 있는 경우, 틈 시간을 모으는 것이 아주 중요해진다. 이들은 항상 어디에 가든 자료와 필기도구, 노트북 등을 지참하고 글 쓸 시간을 노린다.

클래식 칼럼니스트로 활동 중인 현역 의사 유정우 씨의 경우에도 하루 일정 중 짬을 내어 글을 쓰는 타입이다. 진료를 볼 때에는 환자에 집중하지만 나머지 시간에는 늘 칼럼을 쓰거나 자료를 읽고 있다. 유 씨는 "바쁜 건 핑계가 될 수 없다. 아무리 바빠도 글 쓸 시간은 낼 수 있다"고 말한다.

현재 IT 관련 기업에 근무하며 여행 칼럼니스트로 활동하는 채지형 씨는 자신만의 '새벽 규칙'을 철두철미하게 지킨다. 다른 칼럼니스트들과 달리 낮 시간에는 전혀 글을 쓸 수 없기에 좀 더 일찍 일어나서 글 쓸 시간을 확보하는 것. 채 씨는 이렇게 말한다.

"제게 새벽은 글을 쓰기에 가장 적합한 시간입니다. 사위가 온통 고요한 때에 홀로 해가 뜨는 것을 보며 몰입할 때 정말로 행복해요."

출근 전 2~3시간 정도 집중해서 칼럼을 쓰는 것이 채 씨만의 방식이다. 칼럼을 쓰기 위해 필요한 자료 정리, 새 칼럼 기획은 이동하는 시간을 이용한다. 뿐만 아니다. 틈틈이 여행을 할 시간도 할당해야 하기에 그녀는 365일, 24시간을 아주 촘촘히 쪼개어 생활한다.

유형 3: 하루 종일 글을 쓰고 있기

하루를 글로 시작해 글로 마무리할 것. 나무 칼럼니스트 고규홍 씨가 절대 고수하는 원칙이다. 고 씨는 새벽 일찍 일어나자마자 작업실에 출근했다가 날이 저물고 나서야 바깥으로 나온다. 스스로를 글 감옥에 가둔다고 해도 무리가 아니다. 강의나 답사 사이에 생기는 자투리 시간들도 글쓰기로 빼곡하게 채운다. 특히 혹서기와 혹한기에는 깨어있는 시간 내내 글을 쓰고 있다. 그에게 일상의 중심은 집필이다.

야구 칼럼니스트 민훈기 씨도 하루 종일 끊임없이 글을 쓰는 타입이다. 야구 해설위원 활동, TV 출연 등 분주하고 불규칙한 일상 속에서 원고 마감 시간을 맞추려다 보니 생긴 습관이다. 그는 이동시간이나 방송대기 시간에 틈틈이 노트북 전원을 켠다. 여러 가지 활동을 하고 있지만 민 씨 스스로 늘 '기자'라고 불리기를 원할 만큼 칼럼에 대한 애착이 크기 때문이기도 하다.

유형 4: 꽉 물고 놓지 않기

패션 칼럼니스트 홍석우 씨는 원고 작업을 시작하면 좀처럼 쉬거나 멈추지 않는다. 남성 매거진에서의 컨트리뷰터 활동, 여러 매체와의 공동 작업을 병행하기에, 고도의 집중력을 발휘해 한 번에 칼럼을 써내려가는 습관을 가지게 된 것. 때문에 자료 조사 → 칼럼 구상 → 취재 → 집필 과정을 거치고 나면 '하루가 어떻게 지나갔는지 멍할 정도'라고 말한다.

뷰티 칼럼니스트 이나경 씨도 집필할 때 다른 일은 잠시 접어둔다. 칼럼 한 편이 나올 때까지는 온전히 몰두하고, 집필이 끝나면 피부 미용, 화장품 쇼핑몰 등 기존에 하던 다른 작업에 다시 집중력을 옮겨 간다. 틈틈이 최신 뷰티 트렌드를 찾아보는 일도 그녀의 주요 일과 중 하나이지만, 집필 시간 동안만큼은 금물.

한 번 발동 걸리면 사흘 밤새우는 것쯤은 우습다는 영화 칼럼니스트 이경기 씨. 라디오 출연, 문화센터 강연, 매체 편집장 등 다양한 역할을 소화하고 있는 그는 자신이 본 모든 영화를 글로 남긴다. 그 역시 틈나는 대로 칼럼을 위한 자료를 수집한다. 이외 미술 칼럼니스트 김영숙 씨, 북 칼럼니스트 금정연 씨도 '한 번 문 먹잇감은 다 소화시킬 때까지 절대 놓지 않는' 타입이다.

시간 관리에 정답은 없다. 현역 칼럼니스트들의 시간 관리는 주로 개인적 경험에 의한 산물이다. 또한 칼럼을 쓰는 데 걸리는 시간, 직업이나 가정의 상황, 체력 등도 천차만별이다. 각자의 시간관리 스타

일은 충분한 시간에 걸쳐 탐색한 결과 자신에게 가장 잘 맞는 것으로 고정된 것이다. 앞서 제시된 유형들 중 자신에게 가장 잘 맞는 팁을 활용해 보면 어떨까.

〈예비 칼럼니스트를 위한 PROUD 법칙〉

※ 다음의 법칙은 현역 칼럼니스트의 일상을 세세히 분석해 도출한 것이다.

첫째/ 피크 타임Peak time을 찾아라

칼럼니스트는 마음만 먹으면 언제든 일할 수 있다. 아침이건 오후건 새벽이건 아무런 제약이 없다. 심지어 식사나 샤워를 하다 아이디어가 떠올라 책상으로 달려갈 수도 있다. 조사 결과 현역 칼럼니스트들의 집중 시간도 출근 전, 점심 식사와 저녁 식사 사이, 이동 시간 등등 제각각이었다.

모든 칼럼니스트들은 자신만의 '집필 피크 타임'을 정해놓고 있는 것이다. 여러분들도 매일 글을 써 보며 자신만의 피크 타임을 찾아내라. 칼럼을 보다 더 재미있고 유익하게 만들어줄 마법의 시간을 발견해라.

둘째/ 질 좋은 휴식Rest을 하라

컴퓨터 앞에 앉아있는 시간에 비례해 칼럼의 질이 높아진다면 얼마나 좋을까. 하지만 당연하게도 실상은 그렇지 않고, 간혹 그 반대일 때도 있다. 불안한 마음에 잠시라도 모니터에서 눈을 떼지 않고 스트레스를 받는다고 해도 한 문장도 제대로 풀리지 않을 때가 있다.

고도의 두뇌 활동인 집필 작업의 속성상 휴식은 반드시 필요하다. 직장에서 보고서를 쓸 때 막히던 부분이 동료와 차 한 잔 마시며 이야기를 나누다가 술술 풀리는 경험을 다들 해봤을 터. 매일 글과 전력을 다해 싸우는 칼럼니스트들의 경우, 적절하고 질 좋은 휴식은 집필 작업만큼이나 중요하다. '발열된' 뇌를 쉬게 하기 위해서는 몸을 움직이는 게 최선이다. 강현식 칼럼니스트는 두 자녀와 놀며 머리를 식힌다. 금정연 칼럼니스트는 스트레스를 받을 때마다 야구를 하러 간다. 명칼럼니스트를 만드는 주요 요인 중 하나는 질 좋은 휴식이다.

셋째, 오버Overwork 하지 마라

대한민국 프리랜서 상위 1%는 자신이 할 수 있는 만큼만 일을 받는다. 열 가지 일을 맡아 놓고 그저 그런 결과물을 내기보다는 다섯 가지 일을 청탁받아 확실하게 처리한다.

칼럼니스트는 각자의 전문분야가 확실하다. 때문에 발주처가 원하는 수준의 칼럼을 생산하지 못하면 다음 기회에서 자연히 제외된다. 이 사실을 체득한 현역 칼럼니스트들은 자신의 능력이 허용하는 것 이상의 일을 하지 않는다. 당신이 쓸 수 있는 시간, 쓸 수 있는 주제 이상의 과욕을 부리지 마라. 손에 쥐고 있던 것마저 잃을 수 있으니.

넷째, 자신의 역량을 끝없이 Unlimitedly 펼쳐라

대부분의 칼럼니스트들은 칼럼만 쓰지 않는다. 아직 우리나라 칼럼 시장이 무르익지도 않았거니와 강연, 대중매체 출연, 저서 출판 등 칼럼으로 인해 얻는 부가적인 기회가 많기 때문이다. 이경기 칼럼니스트는 영화에 관한 라디오방송 출연, 문화센터 강연, 대학교 강연 등 다양하게 활동하고 있다. 강현식 심리학 칼럼니스트는 심리치료 및 예비 심리학자를 대상으로 한 진로상담을 하고 있다. 시간이 허락하는 한 새로운 분야로의 진출을 모색하라.

다섯째, 마감 시간 Deadline 을 사수하라

내용이 아무리 좋다고 해도 마감 시간을 지키지 못하면 말짱 도루묵이다. 마감 시간 준수는 발주처와의 신뢰와 직결된 문제이며, 글을 기고하는 모든 이들의 가장 기본적인 덕목이다. 그렇기에 아무리 유명한 칼럼니스트라도 밤을 새우면서까지 마감 시간을 지키려 하는 것이다. 만화 칼럼니스트 김낙호 씨는 원고 청탁을 받는 동시에 마감일로부터 역산하여 '칼럼 집필 스케줄'을 만들어놓는다. 그만큼 마감 시간 준수가 중요하다는 증거다.

20

브랜드로
사람들을 매혹시키자

⟨에피소드⟩

오랫동안 원하던 칼럼니스트가 됐다. 어두운 작업실에서 일만 하다가 오랜만에 동창 모임에 나갔다. 억대 연봉을 찍은 친구, 아이가 전교 회장이 되었다는 친구, 아파트를 장만했다는 친구 등이 자랑 배틀에 열심이다. 내일 쓸 원고거리를 궁리하며 딴생각 중인데, 한 친구가 아는 척을 한다.

"너, 글쟁이로 잘 나간다며? 그럼 네가 제일 유명해? 그 세계에서 1등이야?"

막막해진다. 분명 일도 많이 들어오고 팬도 생긴 것 같은데, 그럭저럭 수입도 안정화된 것 같은데, 아니 대체 이걸 어떻게 설명하나. 월수입이 적힌 통장을 보여 줘야 하나. 클라이언트와 통화를 시켜 주어야 하나. 이럴 때 일러스트레이터라면 대표 캐릭터를 그려 보일 텐데, 디자이너라면 내가 디자인한 물건을 가지고 다닐 텐데. 글쟁이는 내 글이 실린 신문, 잡지를 스크랩해 들고 다닐 수도 없고, 영 답답하다.

브랜딩은 필요 없다는 잘못된 생각

대개의 신입 칼럼니스트들은 브랜딩에 서툴다. 이유는 두 가지 정도다. 글을 잘 쓰기 위한 고민으로 머리가 가득 차서 브랜딩을 궁리할 여유가 없거나, 브랜딩은 필요 없다고 생각하거나. 후자의 경우 "그저 내가 쓰고 싶은 글을 최선을 다해 쓰면 된다"고 말한다. 브랜딩, 마케팅, 영업 같은 말들이 글의 순수성을 훼손하는 것처럼 군다.

"글은 비즈니스가 아니야!"

정말 그럴까. 1장에서 언급했듯, 칼럼은 대중과의 소통이다. 나만 느끼기 위한 글이 아니다. 그러므로 브랜딩은 단지 유명도나 입지 업그레이드를 위해서가 아니다. 고심해 쓴 내 글을 더 많이 소통되도록 하기 위한 고마운 도구다. 어찌 아니 이용하겠는가.

게다가 브랜드 구축에 앞서 선행되어야 할 것이 콘텐츠다. 아무리 멋진 브랜드라도 내실 없이는 허사다. 애플은 쿨하고 멋지다. 맥북과 아이폰의 품질과 디자인이 훌륭하지 않았다면, 애플 이미지는 허세였을 것이다. 샤넬의 이미지는 우아하고 고급스럽다. 그만큼 재단이며 바느질이 완벽하다. 할머니의 백을 딸이 물려받는다. 콘텐츠와 브랜드는 늘 함께다.

그러니 오늘도 콘텐츠 개발에 심혈을 기울이는 당신, 시간을 쪼개어 브랜드 관리에도 힘을 써라. 브랜드는 당신의 소중한 칼럼을 훨훨 날게 해 줄 것이다. 목표를 향해 함께 걷는 훌륭한 동반자가 되어 줄 것이다.

다음은 칼럼니스트 브랜드들이다. 각 브랜드들은 칼럼의 정체성을 한번에 드러내면서도 대중에게 각인되기 쉽다. 덕분에 그들의 칼럼이 더 많이 읽힐 수 있었다. 이들을 통해 내 브랜드를 위한 아이디어를 도출해 보자.

강현식의 브랜드 '누다심'

심리학 칼럼니스트 강현식 씨는 '누다심'으로도 불린다. 누다심은 '누구나 다가갈 수 있는 심리학을 꿈꾸는 이'의 줄임말. 강현식이라는 이름의 임팩트가 없어서 고민하다가 자신의 이상을 담은 별칭으로 사용하기 시작한 것이, 이제는 칼럼니스트로서의 브랜드 네임으로 자리 잡았다. 심리학 독자들에게 어감이 쉽고, 뜻도 좋다는 평을 받고 있다. '누다심'은 '누구나 다가갈 수 있는 심리학을 꿈꾸는 이'라는 뜻이다. 대중은 '누다심'의 뜻을 검색하면서 강현식 씨의 지향과 이상을 자연스럽게 알게 된다.

민훈기의 브랜드 '민기자'

야구 칼럼니스트 민훈기 씨는 1인 미디어 '민기자닷컴(www.minkiza.com)'의 대표이자 유일한 직원이다. '민기자'는 경력이 많아지더라도, 데스크가 아닌 현역에서 발로 뛰는 기자로 남고 싶다는 의미를 담은 브랜드다. 사실 민기자닷컴은 국내 유명 포털사이트와의 계약 과정에서 탄생했다. 포털사이트 쪽에서 사업자 등록 후 계약하기를 원했던 것. 탄생 이유야 어쨌든 민기자닷컴은 이제 민 씨에게서 떼놓을 수 없는 브랜드가 됐다.

민 씨는 칼럼니스트의 정체성을 표출할 수 있는 가장 좋은 방법으로 브랜드 만들기를 꼽는다. 누구나 블로그, SNS 등을 활용해 1인 미디어를 운영할 수 있는 시대가 도래해 모두에게 데뷔 기회가 많아졌다. 그 틈바구니 속에서 살아남으려면 자기만의 콘텐츠와 브랜드의 존재가 절실하다고 민훈기 씨는 강조한다.

고규홍의 브랜드 '나무편지'

나무편지는 고규홍 씨의 홈페이지 '솔숲닷컴(www.solsup.com)'의 회원들에게 무료로 발송되는 일종의 약식칼럼이다. 일주일에 한 번, 매주 월요일에 발송되는 이 칼럼을 받아보는 이가 어느새 만 명 가까이 넘었다. 이 칼럼을 받아보면 고 씨의 부지런함과 정성에 감복할 수밖에 없다. 스스로 잠재적 고객층을 확보해가는 것이다.

고규홍 칼럼니스트에게 나무편지는 칼럼 및 저서 집필의 자료가 되기도 한다. 보통 답사를 다녀온 다음 주 월요일이면 칼럼을 보내기에 자료 정리도 자연스레 되는 것이다. "한마디로 취재수첩인 거죠. 나무편지가 제 모든 활동의 기반이라는 생각이 들어서 허투루 할 수 없어요."

뿐만 아니라 자신의 칼럼에 대해 곧바로 피드백이 오기 때문에 칼럼 구상에 큰 영향을 미친다는 것이 고 씨의 설명이다. 이처럼 고규홍과 나무편지는 떼려야 뗄 수 없는 분신과도 같은 존재다.

나만의 브랜드로 오래 버티자

브랜딩의 필요성을 인식하기 시작한 1~2년 차 칼럼니스트들은 막막함을 토로한다. 치열한 경쟁에서 앞서 나가기 위해 뭔가 해야 할 것 같은데 귀찮고, 머리 아프다.

"계속 열심히 노력하면 칼럼을 더 잘 쓸 수는 있을 것 같은데, 브랜드 구축은 어떻게 하는지 하나도 모르겠어요."

브랜드를 쉽게 만드는 방법을 3일 동안의 스케줄로 구성해 봤다. 오늘부터 시작해 보자.

월요일: 정체성 고민하기

브랜드는 자신의 정체성을 고스란히 드러낼 수 있어야 한다. 그동안 내가 쓴 칼럼들을 살펴보며, 나의 정체성과 장점 등을 꼽아 보자. 그 다음엔 정리한 내용을 바탕으로 몇 개의 키워드를 적어 보자. 키워드가 정체성이다.

예: 스노우캣-귀차니즘 / 김어준-독설

화요일: 키워드를 바탕 삼아 쉽고 기억에 남는 브랜드 네임을 몇 가지 지어 보자. 브랜드 네임은 한번 들으면 누구나 쉽게 알 수 있어야 한다. 대중 혹은 발주처의 눈높이에 맞게 브랜딩 해야 효과적이다. 이미지가 떠오르면 더 좋다. 나중에 로고나 일러스트 등으로 표현할 수도 있다.

예: 임경선-캣우먼

수요일: 주변 사람들에게 브랜드 네임과 이미지 등을 보여주며 투표에 붙여 본다. 선정된 브랜드 네임과 이미지를 활용, 홈페이지나 블로그를 만든다.

※ 블로그 관리할 때 꼭 기억해야 할 4가지

1. 포스팅은 다다익선 – 일기를 쓰듯 매일 1개 이상 써보자.
2. 조회수보다 고정 팬이 중요 – 남 얘기 말고, 내 얘기를 할 것.
3. 신비주의? No. 소통주의? Yes. – 친절하게 댓글을 달아라. 블로그는 소통의 도구다.
4. 사진 한 장을 올려도 신중하게 – 과도한 셀카, 연예인 병은 방문객을 끊는 지름길이다.

21

선배와 동료에게
묻고 또 물어라

    질문이 어려운가? 무엇인가를 묻고자 마음먹을 때마다 긴장이 되고 겁이 나는가? 그렇다면, 무엇인가를 물어보았다가 '그것도 모르냐'는 핀잔을 듣는 것이 두렵기 때문일 수 있다. 혹은 남들에게 허점을 보이는 것을 걱정하고 있을지도 모른다.

    질문을 잘하지 못하는 사람은 궁금한 것이 생겨도 이런저런 이유를 핑계로 계속 미뤄두곤 한다. 그러다가 때를 놓친다면 그처럼 아까운 일이 없다. 게다가 질문을 두려워하는 사람이 혼자 일하는 직업을 택하게 되면 정말이지 큰 문제가 생긴다. 여럿이 일한다면 자연스럽게 공유했을 만한 간단한 정보조차 알지 못해서 일에 부정적 영향을 주는 경우가 있기 때문이다.

질문은 답을 얻기 위해 가장 먼저 할 일이다

칼럼니스트라면 질문에 능해야 한다. 호기심이 생기는 것이 생기면 바로바로 메모를 해 두었다가 빠른 시일 안에 답을 얻는 습관을 들이자. 질문과 검색, 학습을 통해 칼럼니스트로 살아가기 위한 정보를 축적하자. 특히 처음 칼럼 쓰기를 시작하는 시기라면 더욱 그래야만 한다. 최선의 답을 얻는 비결은 별다른 게 없다. 그저 묻고, 묻고, 또 묻는 것이다. 단번에 알게 되는 정답이란 존재하지 않는다.

질문하기의 중요성을 강조하면 이렇게 묻는 예비 칼럼니스트가 꼭 있다.

"제 질문이 너무 엉뚱하고 바보 같으면 어쩌죠?"

우리나라 학생들은 다른 나라 학생들에 비해 질문하기를 어려워한다. 그럴 수 있다. 학창 시절 동안, 질문이 아니라 정답을 말하기를 요구받았으니까. 그렇다면, 글쓰기 강의실에서 이런 질문은 바보 같이 보일까?

"글을 쓸 때 음악을 듣는 게 나은가요? 안 듣는 게 나은가요?"

이런 질문에 정답이 있을까? 어떤 사람은 철저한 무음 상태에서 글이 잘 써진다고 한다고 답할 것이다. 또 누군가는 배경음악과 사람들의 수다 소리가 집중에 도움이 되기에 일부러 카페를 찾는다고 할지 모른다. 당신의 엉뚱한 질문을 통해 사람들은 긴장을 풀고 각자가 애호하는 글쓰기 환경에 대해 즐겁게 대화를 나누게 될 것이다. 누군가는 자신의 경우를 예로 들어 당신의 글쓰기에 팁을 줄 수도 있다.

"저는 논리정연하고 건조한 톤의 글을 쓸 때는 어떤 음악도 듣지 않는데요. 문체에 리듬감을 주기 위해 음악을 골라 들을 때는 있어요. 톡톡 튀고 재치 있는 톤을 원할 때는 일렉트로닉 뮤직을, 엄숙한 톤을 원할 때는 장엄한 바로크 음악을 듣기도 해요."

여러 가지 유의미한 질문들

글쓰기에 관해 여러 가지 질문을 해 보자. '초보 칼럼니스트에서 관록 있는 칼럼니스트로 성장하기까지 O년'이라는 나름의 목표를 정해 두고, 그 기간 동안은 매일 1개씩 질문을 하자는 계획을 세우는 건 어떨까?

칼럼니스트라면 글쓰기에 관련된 질문뿐 아니라, 원고의 가격, 일의 보수에 대해서도 알아야 한다. 칼럼 분야에서 누가 영향력이 있는지, 계약 조건은 어떠해야 하는지, 새로운 글쓰기 흐름은 무엇이지, 저작권법의 변화와 새 규정은 무엇인지 등에 대해 늘 업데이트를 해 둬야 한다.

그렇다면 이런 정보들을 얻을 수 있는 루트는 무엇일까. 업무와 직접관계가 있는 정보라면 얻을 방법은 무궁무진하다. 서점이나 도서관에 들러 관련 분야의 단행본을 살펴보자. 내가 쓸 칼럼의 분야를 다룬 전문잡지도 큰 도움이 된다. 도서관 정기간행물실에는 판매되는 잡지뿐만 아니라 협회보, 기관지, 사보 등이 있으니 더 좋다.

인터넷도 답이다. 인터넷의 경우, 검색력이 좋을수록 더 많은 정보를 찾을 수 있다. 예컨대 '만화'로 검색해 만화 협회 사이트의 정보를 보다가 게시판에서 '만화가들의 모임' 링크를 타고 갈 수도 있다. 만화 읽기 모임을 찾을 수도 있고, 만화가들의 권익을 위해 법, 규정 자료를 모아놓은 자료방을 찾을 수도 있다. 웹 세계는 무궁무진하므로, 시간과 노력을 들여 정보를 거두는 자가 승자다.

질문이 있다면 게시판을 이용하자. 커피, 만화, 영화, 요리 등 어떤 분야건 관계자, 애호가들이 모이는 커뮤니티가 있을 것이다. 전문 분야를 다루는 커뮤니티라고 해서 우물쭈물할 필요는 없다. "우리 모두 한때는 초보였다"는 점을 기억하자. 정보와 지식을 가진 베테랑들은 초보에게 아낌없이 나누고 답해 주려 할 것이다. 대신 이 경우, 자신이 가진 정보도 공유하는 매너를 보일 것.

"호러 영화에 대해 밀도 있게 분석해 놓은 책이 있을까요?"

"페르시안 요리에 대해 공부하고 싶은데 관련 자료가 부족합니다. 도움을 받을 수 있는지요?" 등 질문은 무궁무진할 것이다.

곤란한 질문들

만약 일과 직접 관련이 없는 질문의 경우는 어떻게 해야 할까. 현실

적인 문제와 비공식적 정보들, 이 경우는 쉽지 않다. 예컨대

"잘 나가는 칼럼니스트는 얼마를 받나요?"
"영화 전문지 기자 출신이 아닌데, 영화 칼럼니스트로 데뷔할 수 있는 루트가 있을까요?"
"진행하던 일이 중도에 결렬되었을 경우, 이미 진행된 노동에 대한 대가를 받을 수 있나요?"
"1년 평균 수입은 얼마나 되나요?"
"신문사나 잡지사에 내 포트폴리오를 돌려도 될까요?"
"의뢰를 받을 때, 모든 내용을 메일 등으로 보관해야 할까요?"

물어보려고 해도 주위에 관련 분야를 아는 사람이 없어 답답한 경우도 많다. 실례되는 질문이라 꺼려질 수도 있다. 특히 사람들은 돈에 대해 말하는 것은 꺼려한다. 하지만 정확한 정보를 알지 못할 경우 손해를 볼 수도 있다는 사실을 인지하면, 부끄럽고 어려워도 질문을 해야 한다는 생각이 든다. 예컨대, 다른 사람들이 모두 적게 받을 거라고 여기며 고료를 적게 불렀던 사람이 실상을 알고 후회하는 것을 본 일이 있다.

전문 포럼 등의 게시판에서 익명으로 질문을 할 수도 있다. 하지만 대답도 익명일 때, 답하는 사람이 어느 정도의 전문지식을 지니고 있는지 알 수 없다는 단점이 있다. 자칫 정보의 신뢰도가 떨어지는 것이

다. 때문에 신뢰할 수 있는 곳을 찾는 것이 중요해진다. 강의, 세미나, 스터디, 멘토링 등이 해결책이 될 수 있겠다.

강의, 스터디, 세미나… 투자는 가치가 있다

교육뿐 아니라 동료를 얻을 수 있는 강의와 세미나, 스터디. 각각의 직접 효용은 일반적으로 강의〉세미나〉스터디일 테지만 비용도 그에 비례한다. 이곳들에서는 내가 공부하는 분야에 대한 전문 지식을 얻을 수 있을 뿐 아니라, 바보처럼 여겨지는 질문도 할 수 있다. 다만 회사에서 교육비를 지원받을 수 있는 회사원과 달리 프리랜서는 모든 비용을 스스로 지불해야 한다. 그러므로 매달 수입에서 재교육을 위한 비용을 따로 보관해 두는 것도 괜찮은 방법이다.

스터디 그룹을 만들면 비용이 좀 절감된다. 또한 강의, 세미나 등과 다른 효과를 얻을 수도 있다. 예컨대 정식 강의에서 하기 어려웠던 질문들을 맘 놓고 할 수도 있는 것. 스터디 그룹의 경우 마음을 완전히 열고 서로의 정보를 공유하는 마인드가 중요하다. 이 시간을 통해, 자신의 지난 경험을 되돌아보고 평소 잊고 지냈던 고민들도 허물없이 나누자. 새로운 책을 선정해 공부하기도 하고, 새로운 방법을 고안해 일에 적용해 보기도 한다. 공통의 관심사가 생기면 작은 책자를 내거나, 사이트를 여는 방향으로 확장해 나가기도 해 보자. 지급을 고질적으로 미루는 거래처 등을 리스트로 만들어 공유하는 것도 좋다. 관련 법

규를 개정하는 움직임을 보이는 것도 좋다. 게다가 다른 동료들도 나와 같은 어려움을 겪는다는 것을 알고 그것을 나눌 때, 혼자 일하는 외로움과 막막함이 다소 사라진다.

혼자 일하는 사람이라면, 믿을 만한 멘토를 두는 것은 커다란 안정감을 준다. 멘토와 오랜 기간 관계가 지속 되면, 어리석어 보이는 질문도 맘껏 할 수 있다. 고민이 생길 때 의논을 부탁할 수도 있다. 업계 경험이 많고 사려 깊은 멘토만 한 지지자가 있을까.

믿을 수 있고 사려 깊은 멘토의 힘

프로젝트가 막혔을 때, 동료나 거래처와 갈등상황이 됐을 때, 장기적 위기에 처했을 때, 분노를 참지 못할 때, 우울감에 빠졌을 때, 자신에 대해 의심하게 될 때, 관련 분야에 한계를 느낄 때 멘토는 용기를 불어넣고 대안을 제시한다. 더 나아가 멘토는 업계의 영향력 있는 지인을 멘토에게 소개시켜 줄 수도 있다.

반드시 자신이 칼럼을 쓰는 분야의 멘토만 의미 있는 것은 아니다. 영화 칼럼니스트가 디자인 업계의 베테랑에게 조언을 구할 수도 있다. 사람 사는 일이 다 매한가지다. 자신의 분야에 적용해 이해하고 적용하면 된다. 오히려 같은 분야의 멘토보다 나을 수도 있다.

동료, 선배들과 알고 지낼 때 하면 안 될 행동들

1. 일거리 구걸하기: 보험이나 물건을 팔아달라고 졸라대는 친구나 친척을 떠올려 보라. 누가 반기겠는가.
2. 다른 필자들 폄하하기: 뒷담화를 나누면 금세 친해지는 듯한 착각이 든다. 대신 당신이 가십을 즐기는 사람으로 보이는 걸 감수한다면.
3. 답장 안 하기: 마감에 쫓겨도 간단하게 답장을 하라. 연락이 안 되는 상태로 남아있지 말 것.
4. 내 고민만 이야기하기: 소통도 우정도 쌍방향이다. 잘 들어주는 동료로 기억되자.

22

초심과 열정 말고
필요한 것

오래 글을 쓰려면 쉼 없이 동기부여를 해야 한다. 물론 이것은 시지프스의 바위와 같다. 낙담과 의욕의 롤러코스터다. 매일 아침, 스스로를 밀어붙이지 않으면 칼럼니스트로 살아가기 어렵다. 어떻게 하면 매일매일 신이 나서 글 쓸 수 있을까. 우선 일이란 무엇인가, 생각해 보아야 한다.

칼럼니스트 A의 경우를 보자.

"처음 맡은 칼럼은 영 내키지 않는 것이었습니다. 칼럼의 컨셉은 '찬반양론'이었고, 만약 내가 황희 정승처럼 '이도 옳고 저도 옳다'는 포지션을 취하는 것은 용납되지 않았습니다. 어쩔 수 없었으므로, 찬반 중 하나의 포지션을 취했고, 그에 따라 근거자료를 모아 글을 썼습니다. 내 견해와는 조금 달랐지만요. 물론 독자들의 반박과 네티즌의 악플을 받았습니다. 기분은 엉망이 되었지만, 초보였으므로 금세 기운을 낼 수 있었습니다. 그런 식의 연속이었습니다. 그러다 보니, 에디터가 제시한 컨셉이 제 욕구와 다르면 괴롭습니다. 예전처럼 글을 쓸 때 흥분되지 않으므로, 그 모든 것을 이겨낼 힘이 없어요."

해결1 : 비슷한 처지의 동료들과의 모임으로 의욕을 되찾은 경우

칼럼니스트 A는 이외에도 여러 가지 문제에 봉착해 있었다. 부모님은 프리랜서 대신 안정된 회사에 입사하라고 권했다. 더 많은 돈을 벌기 위해 전업을 할까도 생각했다. 바리스타 자격증이 있으므로 대출을 받아 카페를 열까도 생각했다. 하지만 다른 일을 시작하기 위해 일정 기간 노력하며 깨달았다.

"초보 때와 달리 나는 글쓰기에 열정을 쏟아 붓지 않는다. 업계에 지쳤다는 이유로. 이제 웬만큼 수준급이라는 자만으로. 내가 원한 것은 안정이 아니라 성장이었는데. 발전하지 않는 글쓰기로는 지속하기 어렵지."

A는 있는 돈을 긁어모아 중남미로 여행을 떠났다. 1년의 유랑 후 돌아온 A는 다시 신 나게 일하고 있다. 그에겐 쉼과 다시 보기가 필요했다.

"칼럼니스트는 혼자 일하는 직업이에요. 그러다 보니 다른 사람의 도움이나 격려, 꾸지람이 개입되지 않을 확률이 높아요. 스스로 자신의 일을 직접 체계화하는 게 습관이 되다 보니, 매 단계마다 스스로 목표를 재설정하고, 그 목표를 달성하기 위해 할 일들을 알아서 리스트업해야 해요. 문제는 그러지 않더라도 누구도 지적해 주지 않는다는 거죠. 회사에는 1년마다 고과평가가 있고 선배의 지적도 있지만, 칼럼니스트는 아무도 그렇게 해주지 않죠…. 그게 제일 무서운 거예요."

A는 이제 몇 명과 그룹을 만들어 주기적으로 만나 목표를 점검한다. 일러스트레이터, 그래픽 디자이너, 카피라이터, 출판 마케터까지. 이들은 모두 프리랜서다. 매달 한 번 만나서 그달의 목표를 서로 체크한다. 목표는 다양하다. A의 이번 연도 계획은 글쓰기 관련 강의 3개 수강과 단편 소설 10편 쓰기, 칼럼 묶어서 내기다. 많은 듯하지만, 동료들의 응원 속에 하나하나 단계를 밟아 나가고 있다.

게임을 클리어하듯, 목표를 이뤄가다 보니 에너지가 생긴다. 같은 답답함을 가지고 있던 동료들을 찾고, 그룹으로 묶어 서로를 격려하게 된 것이 전환점이 된 것. 그래픽 디자이너가 독립 잡지를 내고, 일러스트레이터가 에코백 브랜드를 만드는 동안, 뒤처지고 싶지 않아서다. 힘든 일이 생기면 그룹 동료들과 의논하고, 다른 분야의 사례를 통해 도움을 받는다. 의견을 교환하다 보면 객관성이 생겨서, 내 일을 처리할 때 좀 더 현명한 판단을 하게 된다고 느낀다.

해결2: 규율 없이는 자율이 없다

헤밍웨이는 알아주는 술고래였지만, 대단한 숙취로 괴로울 때도 새벽이면 책상에 앉아 연필을 깎고 원고지를 폈다. 그에게 자유는 규율 덕에 얻는 선물이었으므로.

혼자 일하는 칼럼니스트에게 가장 필요한 것은 규율이다. 세간의 짐작과 다르게 프리랜서들은 굉장히 성실하고 시간 관리에 철저하다. 비가 오든 눈이 오든 피곤하든 싫증이 나든 집안에 우환이 있든 그들은 정해진 시간에 책상 앞에 그날의 업무량을 채운다. 어차피 일을 맡기는 측에서는 그가 언제, 얼마큼 일하는지는 관심이 없다. 제때 송고하면 그만이다. 그러므로 마음 내키는 대로 일할 자유가 있다.

그러나 대개의 칼럼니스트들은 그렇게 하지 않는다. 평일 내내 게으름을 부리다가 주말 이틀 동안 숨도 안 쉬고 쓸 수도 있지만, 평일 동안 매일 4시간씩 나눠 일하고 주말에는 여가를 즐긴다. 그래야 오래, 즐겁게 일할 수 있다는 것을 알기 때문이다. 물론 처음부터 그랬던 것은 아닐 수도 있다. 하지만 잘 살아남기 위해, 더 나은 직업인이 되기 위해 자신을 닦아세우고 이런저런 시행착오를 거치는 동안에 자신만의 탄탄한 규율을 만든 것이다.

강요하는 사람이 없어도 주기적으로 목표를 세우자. 매주 원고를 마감하면 되는 일을 하고 있다면, 단행본 내기나 학위 등의 장기 목표를 세우자. 행여 목표를 수정하게 되더라도, 그동안의 노력이 모두 자신의 내공이 되므로 손해 볼 건 없지 않은가.

고용되어 일하지 않는 사람은 자신을 도전의 레이스 속에 던져 넣을 필요가 있다. 늘 자신만의 큰 목표가 있다면, 행여 새로운 기고 거리가 주어지지 않아 시간이 비더라도 초조해하지 않는다. 외부 자극이 없더라도, 읽고 쓰고 배울 거리가 넘쳐나기 때문이다.

칼럼니스트는 완벽하게 '자기 자신'으로 일할 수 있고, 살아갈 수 있는 흔치 않은 직업이다. 글 속에 나를 드러내며, 내 이름이 바로 브랜드다. 인생의 시간과 노동의 시간이 일치하는 것이 가장 이상적인 삶이라고 볼 때, 그에 꽤 근접하다. 달콤하고 환상적인 가치와 자유를 누리기 위해, 지지부진함과 게으름 등을 버리고 자신의 길을 헤쳐 나가자.

칼럼니스트를 빨리 달리게 만드는 3가지

1. 후배: 바짝 쫓아오는 후배를 보면 정신이 번쩍 난다. 쫓아오기 전에 멀찌감치 앞서나가자.
2. 호언장담: 여러 사람에게 선언하자. "올해 새 책을 내겠어.", "매주 한 편의 칼럼을 블로그에 올리겠어.", "올해는 새로운 분야에 도전하겠어." 창피해서라도 뭔가 시작하지 않을까.
3. 생계: 배우 윤여정 씨가 《무릎팍 도사》에서 한 말을 기억하는가. "배우가 연기를 제일 잘할 때는 돈이 필요할 때다. 난 그때 정말 급전이 필요했다." 돈 벌 이유를 만들자. 더욱 노력하게 될 것이다.

23

칼럼니스트의
여러 가지 타이틀

『청춘을 위한 나라는 없다』와 『열정은 어떻게 노동이 되는가』라는 책이 재밌길래, 저자 한윤형을 웹에 검색해 봤다. 한국일보에서는 그를 '자유기고가'로 표기하고, 경향신문에서는 '칼럼니스트'로 표기한다. 무엇이 맞는 것일까.

많은 칼럼니스트들이 자신이 기고하는 매체 측의 선택, 혹은 필자 자신의 정체성 규정에 따라 평론가, 리뷰어, 이론가, ○○ 전문가, 자유기고가 등의 명칭을 사용한다. 독자로서는 명칭에 따른 혼동을 느낄 수도 있을 것이다. 일반적으로 신문, 잡지 등에 발표되는 글의 성격은 필자의 전문분야나 역할, 활동방식 등에 따라 미묘한 차이를 나타낸다. 이 차이에 따라 바이라인에 이름과 함께 명기되는 타이틀이 달라진다.

2~30년 전에는 평론가가 가장 일반적인 명칭이었다. 당시만 해도 시사, 문학, 영화 등 특정 분야에서 고도의 전문성을 가진 사람들, 즉 해당 분야의 평론가, 교수, 학자, 기자 등에 의해 기고됐기 때문에 이 명칭에 부담을 느끼는 사람은 많지 않았다.

그러나 현재 칼럼니스트들은 자의 반 타의 반으로 ○○ 이론가, ○○ 비평가, ○○ 칼럼니스트, ○○ 서평가 등으로 등으로 불린다. 비슷한 의미의 명칭이지만 약간씩 차이가 존재한다. 때문에 어떤 필자들은 '나는 평론가라기보다는 애호가다.'라는 등의 입장 표명을 통해 자신의 역할을 정확히 규정하려는 모습을 보이기도 한다. 예컨대 이경기 씨는 약 25년 전 영화 잡지 〈스크린〉에서 '영화 평론가'라는 다소 무거운 명칭 대신 '영화 칼럼니스트'라는 명칭을 사용하기 시작했다. 당시는 '칼럼니스트'라는 명칭의 사용이 흔하지 않을 때였지만 그는 "영화잡지의 수습기자로서 '평론가'라는 묵직한 단어를 달고 쓰기가 부끄러웠다"고 회고한다.

칼럼니스트라는 명칭이 전문가와 애호가의 경계에 있다고 판단해 이를 사용하는 필자도 있다. 유정우 씨는 자신을 클래식 음악 '평론가'보다는 '칼럼니스트' 정도로 불러주기를 원한다. 물론 필력의 측면에서는 해박한 전문지식을 바탕으로 클래식 전공자만큼의 해석, 비평 능력을 발휘하고 싶어 한다. 그러나 음악 전공자로서가 아니라 음악 애호가로서 글쓰기를 시작한 만큼, 독자들과 동등한 애호가의 위치에서 소통의 다리 역할을 하고 싶기 때문이다. 그는 작품의 내적 완성도에 집중하는 비평보다는, 독자의 입장을 고려해 글을 쓰고 싶다고 생각한다.

매체 현장에서 널리 쓰이는 칼럼니스트, 평론가, 서평가 등에 관해 살펴보면 다음과 같다.

평론가 critic

평론가의 역할은 비평과 이론 연구라 볼 수 있다. 비평이 분석적 글쓰기라고 한다면 논문은 이론연구로서 학술적 글쓰기다. 비평이 역사적 사례에 견주어 현재의 대상, 상황을 분석해 주관적 견해를 객관화하려 한다면, 이론은 현재의 대상, 상황을 보편적 가치로 분석해 학술적으로 개념화한다는 차이가 있다. 이를 기준으로 비평가는 언론 쪽에, 이론가 theorist 는 학계 쪽에 적을 두고 있는 이로 구분할 수 있겠다. 이 둘의 역할을 하나로 묶거나 대표하는 명칭이 바로 평론가다.

물론 글쓰기의 성과물을 기준으로 볼 때 비평가가 이론을 내놓기도 하고 이론가가 비평을 쓰기도 한다. 그러므로 이 같은 역할 나누기는 무의미할 수도 있다. 그러나 글쓴이의 정체성이 성과물에 대한 외적 기준을 만들 수 있기 때문에 이를 규정하기 위한 노력도 필요하다. 관용적으로는 '○○ 비평가'와 별다른 차이가 없이 쓰인다.

칼럼니스트

전통적으로는 칼럼니스트라고 하면 특정 지면에 고정란을 둔 시사 비평가를 뜻했다. 각종 사회문화적 현안에 대해 비판적인 시각을 드러내고 나름의 대안을 제시하는 역할도 했다. 개념대로라면 문화생태계 내 외부의 정치적 지형이나 문제에 대해 시론적 평가와 대안을 내놓는 역할을 한다. 그런데 현재 우리의 문화적 환경에서 칼럼니스트는 좀 더 다른 의미로 사용된다. 대중문화사적 트렌드 또는 문화 소비 현상을 중심으로 문화나 산업, 작품 등에 대해 대중적 필치의 글을 발표하는 이들을 통칭한다.

서평가

아직 널리 쓰이지는 않지만 몇몇 매체에서 사용되고 있는 명칭이다. 과거 서평가의 역할은 말 그대로 특정 작품에 대한 소개와 감상 정도를 적어내는 수준에 머물렀다. 그러나 최근에는 자기계발, 독서치료, 논술 등의 이슈가 맞물리면서 북코치 등과 함께 문학적 평가에서 실용적 개념으로 확장해 사용된다. 즉 예술성, 작품성, 산업성을 중심으로 한 제한적 논의보다 삶의 가치와 의미, 실리적 용도에 입각한 논의가 더 필요해졌다. 이 밖에 특정 사안에 대해 지속적 논평을 제공하는 논평가 커뮤니케이터, 작품 및 전문 잡지 등에 대해 알기 쉽게 설명하는 해설가 퍼블리시스트 등도 등장했다.

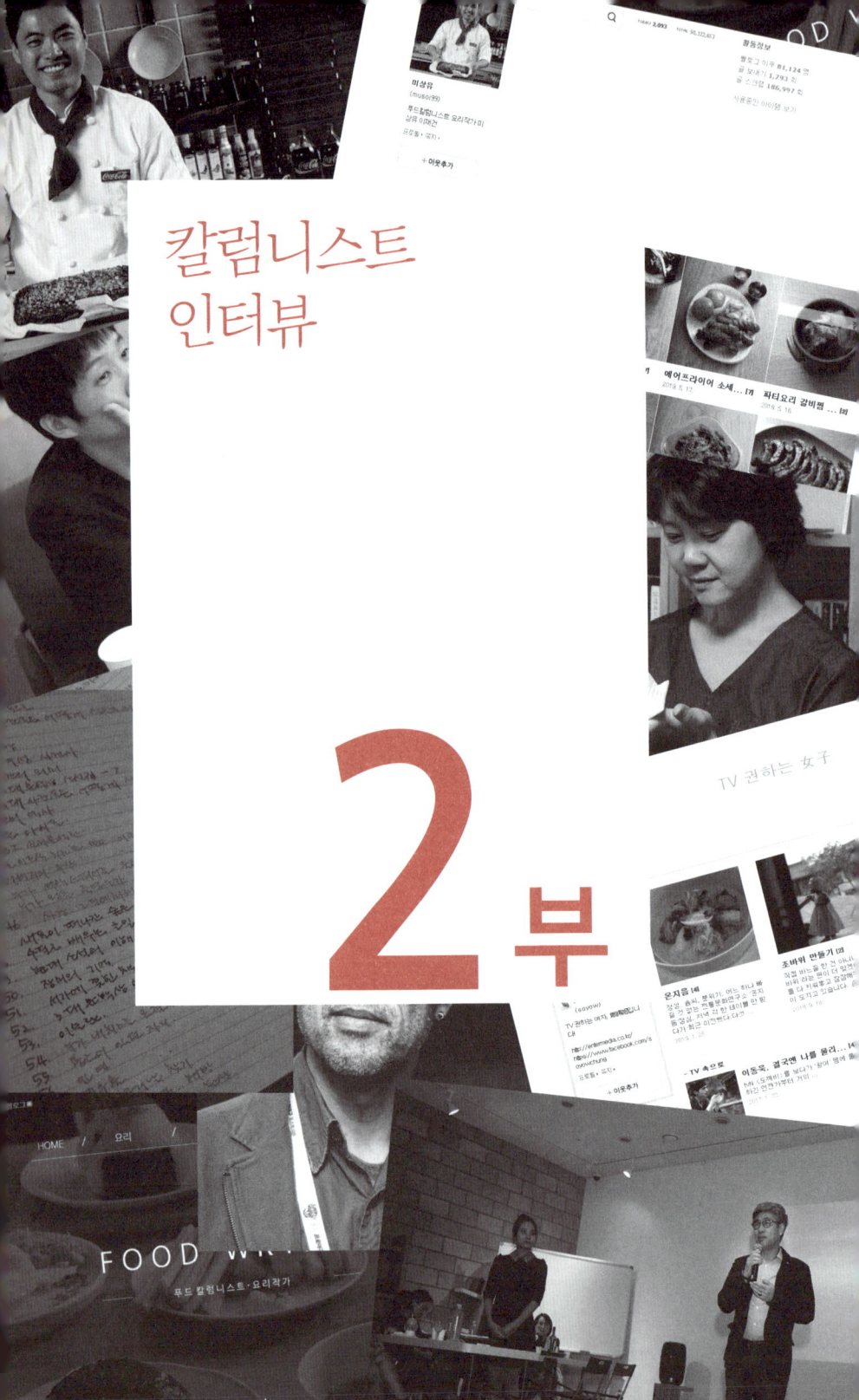

칼럼니스트 인터뷰

2부

인터뷰

칼럼니스트,
그들의 이야기

각 분야에서 맹활약 중인 15명의 칼럼니스트들의 이야기를 직접 들어보았다. 그들은 어떻게 현재의 길로 접어들었으며, 보다 나은 글을 쓰기 위해 어떤 노력을 하고 있을까? 그리고 후배들에게는 어떤 이야기를 해줄까?

> # 이것이 비평가의 각오다

대중음악 칼럼니스트 **차 우 진**

그는 비평을 '더듬거리는 것'이라 표현한다. 개인이 작품에 대해 평할 수 있는 부분은 일부에 불과하므로, 코끼리의 코와 다리와 엉덩이를 열심히 더듬거려야 한다고 말이다. 내가 만지는 것이 정확히 무엇인지는 모를 수 있지만, 어차피 창작자도 그 작품의 전체를 알지 못하는 경우도 많다. 그러므로 남들보다 조금 더 '잘 더듬는 사람들'이 평론가라고 믿는다.

"글 쓰는 사람은 살인 빼고 다 해 봐야 해"

음악 칼럼니스트라서 그런지 차우진의 학창시절이 궁금합니다. 왠지 밴드 생활을 했을 것 같기도 하고요.

맞아요. 고등학교 때 밴드를 했었어요. 보컬이어서 공사장이나 고가 도로에 가서 소리를 지르기도 했어요. 한번은 유명 청바지 매장에 들어가 바지를 갈아입고 자연스럽게 가격표를 떼고 나왔어요. '난 글을 쓰는 사람이 될 거니까 경험이 많아야 한다'는 생각이었나 봐요. 술, 담배를 하고 머리를 길렀는데 대학 입학했더니 다들 삼수생으로 보더라고요.

대학에서는 글을 쓰기 시작하셨나요?

학부에서는 나중에 음악 웹진 〈웨이브〉를 창간하게 된 선배들과 몰려다녔어요. 군대 제대 후에 무심히 잡지를 보다가 음악 칼럼 필진을 모집한다는 공고를 보고 지원했는데, 덜컥 붙었어요. 그게 만화 잡지 〈오즈〉였어요. 크라잉넛, 노브레인, 언니네 이발관, 델리 스파이스 등 인디씬 뮤지션을 소개하는 연재 기사를 쓰기 시작했죠. 음악 칼럼니스트가 되겠다고 고집한 것은 아니었지만, 좋아했던 것, 환경, 그리고 데뷔했던 글까지 모두 음악 칼럼이었어요. 그런데 처음 글을 쓸 적에는 마니아 수준은 아니었어요. 원래는 소설가가 되고 싶었거든요.

음악 공부를 따로 하신 건 아닌가요?

처음엔 글을 쓰려니 내공은 부족한데 모르는 티를 내기 싫은 자존심 때문에 글에 멋을 부리기도 했죠. 〈웨이브〉 선배에게 보여줬더니 감상문이라고 욕을 하더라구요. (웃음) 제대로 쓰려면 음악에 대해 깊이 알아야 했고, 그래서 공부를 시작했어요. 처음에는 선배들을 찾았지만, 다들 바쁘잖아요. 결국엔 스스로 공부할 수밖에 없었어요. 블루스와 소울 관련 원서를 번역해 공부하고, 댄스 음악을 알려고 수많은 음반을 들었어요. 악기별 소리와 세계 각지 음악을 모은 CD를 듣고 또 듣고 하면서 자연스럽게 전문 용어에 익숙해졌어요. 그렇게 공부 후 처음 쓴 칼럼이 '쿨 12집' 앨범 리뷰였어요. 초기 칼럼이 재미있다는 독자들도 있었지만, 그렇게 했다가는 지금의 저는 없었겠죠.

취직을 하신 적도 있으시죠?

대학 졸업 후에는 모바일로 책을 파는 벤처회사에 취직했지만, 첫 시작은 순탄치 못했어요. 사장이 7~8개월 치 월급을 떼먹고 날랐죠. 이후 2002년 네이버에 계약직으로 입사해 매거진 서비스 기획 일을 맡았어요. 블로그 서비스 도입 때는 직접 음악 블로그를 운영하면서 버그 리포트를 썼어요. 네이버에서 일하면서도 〈웨이브〉 일은 계속 했어요. 선배들이 나중에는 아예 편집장을 맡겼어요. 그러면서 저를 찾는 매체들이 생기기 시작하더라구요. 음악칼럼을 쓰는 사람들이 많이 없을 때라 의뢰가 정말 많이 들어왔어요.

네이버는 탐나는 직장이에요. 그만두시고 후회하신 적은 없으신지.

번듯한 대기업이죠. 하지만 혼란스러웠어요. 웹에 대해서도 잘 모르겠고, 기획서도 못 만들겠더라구요. 회사를 다니면서 계속 〈웨이브〉에 글을 썼어요. 한 마디로 겉돌았죠. 그러다 2005년에 퇴사했어요.

연애 하세요, 여러분

현재의 칼럼니스트 차우진 씨에게 직장생활 경험이 도움이 되나요?

아주 많아요. 회사를 다닌 경험이 큰 자산이 된 것 같아요. 조직 안에서 서비스를 기획·운영해본 경험, 조직이 일하는 방식부터 결정하는 방식을 조직 안에서 입체적으로 한 경험 모두 다 도움이 되더라고요. 조직을 상대로 일감을 받고 소통하는 저에게는 아주 큰 무기죠.

모든 경험은 글쓰기뿐만 아니라 일에 도움이 돼요. 여러분, 연애 열심히 하세요. 연애 못하면 일도 못해요. 연애를 하면 인간관계와 일, 세계를 보는 관점이 달라지거든요. 직장 일은 고용주와 연애하는 거고요, 작가는 글과 연애하는 거예요.

퇴사 후 바로 칼럼니스트로 활동을 시작하셨나요?

아니요. 또 취직을 했죠. 텐아시아의 전신인 〈매거진 t〉 기자가 됐어요. 2년여 동안 기자로서 살면서 훌쩍 성장했죠. 엔터테인먼트 업계에 대해 시각이 넓어졌고요. 이전에는 바깥에서만 봤는데, 이제는 깊숙이 들여다보게 되었죠. 편견이 없어지고, 시야도 넓어지고 생각이 정리가 되더라구요. 제대로 된 글을 빨리 써내는 훈련을 하게 된 것도 큰 수확이었어요.

그런데 다른 사람의 이야기를 들려주기만 하는 일에 회의가 들었어요. 그래서 다시 회사를 나와 온라인 서비스 기획·콘텐츠 기획 분야의 회사에 이력서를 넣었죠. 그러는 중에도 이틀에 한 번은 원고 청탁이 들어왔어요. "굳이 회사를 들어가지 않아도 기회가 있겠다."라는 생각이 들었어요. 이력서 쓰기를 그만둬 버렸죠.

선배들의 조언이 있었나요?

큰 도움이 됐죠. '차우진이 방송에만 나오지 않았을 뿐 음악 글을 쓴다는 게 많이 알려져 있다', '대중음악과 문화에 집중해 프리랜서로 글을 써보라'고 했죠. 팝 칼럼니스트 김태훈 씨는 2년만 버텨보라고, 그러면 이 시장에서 살아남을 수 있는지 감이 올 거라고 하더라고요. 그 다음에도 모른다면 접고 회사를 가든 사업을 하든 다른 걸 하라고요. 본인도 소니 그만두고 2년 지나고 되겠구나 싶어 올인했대요.

그럼 음악 칼럼니스트로서 본격적으로 몰입한 건 언제부터예요?

2009년이 기점이었어요. 프리랜서 칼럼니스트로서 본격적으로 시작했죠. 우선 블로그에 그동안 기고한 원고를 정리해서 올렸어요. 제 관심사, 잡담도 쓰고요. 그리고 비평이 무엇인지에 대해서도 고민한 시기였어요. 김현의 『비평론』 같은 옛날 책들을 꺼내 들었어요. 그러다 보니 콘텐츠 기획에 대한 청탁이 들어오기 시작했어요. KT뮤직(현 올레 뮤직)에 다니는 선배가 준 일감도 그중 하나였어요. "네이버에서 기획도 해봤고 음악 글도 쓰니까, 우리 일도 할 수 있을 것 같다. 네가 외주로 맡아서 기획하고 운영하면 좋겠다"는 청탁이었어요. 웹사이트를 기획하고, 매일 다른 내용의 콘텐츠를 올리고, 직접 글을 쓰고 필진을 관리했어요.

당시 한 달에 몇 편의 글을 기고하셨어요?

회사를 관두면서 '모든 월간지에 내 이름을 올리겠다'고 다짐했어요. 한 달에 40편가량 기고했어요. 〈지큐〉, 〈아레나〉, 〈데이즈드〉, 〈보그〉, 〈에스콰이어〉, 〈엘르〉 등 라이선스 월간지 대부분에 썼죠. 주제도 음악, 미국 드라마, 영화 등으로 다양했죠. 홍대의 24시간 카페에서 밤을 새워 일했는데, 그땐 두 시간 자도 즐겁더라고요.

제.대.로 쓴다는 것

혹시 칼럼을 쓰면서 충격 받거나 부끄러웠던 적이 있다면요?

대학 시절 처음 평론 대상이었던 그룹 보컬리스트에게 '내가 왜 이런 평을 받아야 하는지 모르겠다'는 내용의 항의 메일을 받았어요. 선배들처럼 멋있게 쓰고 싶어서 일부러 시니컬하게 썼는데 망한 거죠. 심지어 정말 애정하던 뮤지션이었는데. (웃음) 물론 두 차례 메일을 주고받으면서 오해는 풀렸지만요. 그래서 지금도 치열하게 고민해요. '~일 것이다'라고 쓸지, '~이다'로 쓸지 요즘도 고민해요. 소리를 어떻게 묘사할지, 비유를 얼마나 쓸지, 효과에 대해 설명하는 게 맞는지, 이건 어떤 음인지 세세히 확인하죠. 잘 알지도 못하면서 쓴다는 말을 안 들으려면, 제대로 써야 해요.

제대로 쓴다는 건 뭘까요?

여러 가지가 있겠지만, 우선은 스스로 생각하면 돼요. 어떤 노래가 좋으면 그게 왜 좋은지 끈질기게 파고드세요. 연애할 때 애인의 어떤 점을 좋아하는지 계속 생각하잖아요? 샤이니의 앨범을 듣는다고 해봐요. 내가 가사를 좋아하는 건지, 멜로디 라인을 좋아하는지, 보컬톤을 좋아하는지, 멤버들의 외모를 좋아하는지 계속 자문하세요. 이렇게 자신의 선택들을 탐구하면 '어떻게 살아야 하나'에 대한 답을 얻을 수도 있지 않을까요?

칼럼 「워드비트」 등을 보면 가사에 특히 집중하는 것 같아요.

'노랫말에 대한 편견을 깨고 싶다'는 생각에 쓰기 시작했어요. 음악과 가사를 구분하는 사고방식이 불만스러워요. 흔히 '요즘 가사는 엉망이다.', '예전 가사들은 정말 아름다웠지.'라는 말을 해요. 그런 반응은 가사와 음악을 분리하는 지점에서 발생하는 오해거든요. 시대에 맞는 감수성이 있기 때문에 80년대와 현재 음악계를 동일 선상에서 비교할 수도 없고요. 음악과 가사는 절대 구분할 수 없다고 생각합니다. 크레용팝의 '빠빠빠'를 보세요. 오늘날 음악과 가사를 구분하는 일은 점점 어려워지고 있어요. 음악을 시대적으로 해석하고, 편견이 깃들지 않은 제대로 된 가사 평론을 쓰겠다는 게 제 다짐이에요.

글의 소재와 주제로서의 음악과 취향으로서의 음악을 구분하시는 지요?

특별한 구분은 없어요. 저는 음악 감상과 평론 작업을 동시에 해결해요. 노래가 좋아서 듣다 보면 할 말이 생겨나는 거지, '이 곡으로 글을 써야겠다.'라고 작정하고 듣는 경우는 없어요. 늘 음악을 틀어놓고 생활하다가 문득 떠오르는 것이 있으면 메모를 하고, 그 메모를 바탕으로 글을 써요.

많이 바쁘실 텐데, 잡지 〈빅이슈〉 등에 재능기부를 하시더라구요.

재능기부를 하는 건 그 매체들이 추구하는 가치에 동의하기 때문입니다. 그리고 개인적으로는 그 콘텐츠들은 나름대로 써먹을 수도 있구요. 〈웨이브〉와 〈스트리트 에이치〉는 인터뷰를 동시에 진행해 서로 다른 버전의 칼럼을 쓰는데요, 그 칼럼들을 모아 단행본을 낼 수도 있죠.

많이 알려져 있다 보니 음악 글을 쓰고 싶어 하는 후배들의 쪽지나

메일도 많이 받으실 것 같아요.

후배들에게는 늘 좋은 상태를 유지하라고 말하고 싶어요. 좋은 사람을 만나고 싶다면 나부터 좋은 사람이 돼야 하잖아요? 내가 좋은 사람이라고 여기는 사람이 나를 좋아하는 것도 중요하고요. 또 좋은 사람을 보는 안목도 필요하죠. 문장이 좋고 나쁘고를 떠나서요, 스스로가 좋은 사람이어야 의미 있는 글을 쓸 수 있어요.

또 하나는, 경제, 사회, 과학, 철학 등 모든 주제를 관통하고 있는 시대적 관점을 파악해야 한다는 거예요. 대중문화는 다른 주제들과 얽혀 있어요. 제 경우 학부 때 여성학과 사회과학 공부를 많이 했어요. 소설을 쓰려면 심리학이 필요해서 프로이트, 라캉을 공부했고요. 딱히 나의 현재와 상관이 없는 분야라 할지라도, 잡다한 분야에 관심을 가지고 그 관심을 유지하면 글쓰기에 도움이 돼요.

모든 칼럼니스트는 하나의 브랜드가 돼야 한다

차우진을 롤모델로 삼은 후배들도 많을 텐데요.

닮지 말고 달라지라고 하고 싶어요. 다른 시선으로 세상을 바라보세요. 그래야 논리적이고 설득력 있는 글을 쓸 수 있는 기반이 생겨요. 스스로가 하나의 '브랜드'가 돼야 해요. 그러려면 늘 잡다하게 읽고 봐야 해요. 그리고 또 하나. 블루오션을 잘 찾으세요. 새로운 분야, 남들이 아직 보지 못한 분야를 먼저 찾아 선점하세요. 그렇다고 자신의 취향만을 생각하는 외골수는 안 돼요. 칼럼니스트는 스스로의 폭을 넓히는 일을 멈추지 말아야 해요. 만약 회사를 다니고 있다면 무턱대고 그만두지 말고 칼럼 기고와 병행하는 게 좋고, 만약 그만뒀다면 눈을 낮추는 게 필요해요. 회사 다닐 때와는 다른 세상이 보일 겁니다.

10년 후의 차우진은 어떤 모습일까요?

프리랜서나 직장인이나 결국 닿아야 할 지점은 '기획자'라고 봐요. 기획력이 관건이에요. 앞으로 학위를 따려고 맘먹었는데, 앞으로 조직을 굴리는 능력이 필요할 것 같아서예요. 40대 중반쯤 써먹을 일이 있을 것 같아서요. 비평에 더 집중해 선배들과는 다른 지점을 찾아보려는 마음이 있거든요.

당장의 계획은, '안 팔리는 책'을 한번 써보려 해요. 홍대 인디 씬이나 한국 여성 음악가의 10년을 갈음하는, 지금까지 한국에서는 없었던 이야기를 써보려구요. 널리 읽히지는 않을지 모르지만, 제대로 된 음악 비평서를 내고 싶어요. 그다음에는 에세이든, 사진기든 여행기든 다른 장르를 쓸 수 있을 것 같아요. 저는 더 치열하게 살 거예요. 쌓아놓은 자산도 없고, 퇴직금도 없잖아요. 치열하지 않을 이유도 없고, 잃을 것도 두려울 것도 없어요.

차우진

　　　　1999년부터 잡지에 글을 썼고 2001년부터 음악웹진 [WEIV] 운영에 손을 보태고 있다. 〈씨네21〉, 〈한겨레21〉, 〈GQ〉, 〈나일론〉 등의 매체에 음악 및 방송에 대한 글을 썼고, 쓴다. 『아이돌』, 『한국의 인디레이블』, 『자전거, 도무지 헤어나올 수 없는 아홉 가지 매력』 등의 단행본에 참여했다. 『청춘의 사운드』를 집필했다. 여전히 '대중음악평론가'라는 말이 어색하지만, 비겁해지지 않겠다고 마음먹고 있다. 음악 산업과 온라인 생태계에 특히 관심이 많다.

● 시베리아 횡단열차　http://nar75.blog.me

살아보니, 악바리가 아니어도 되더라고요

TV 칼럼니스트 **정 석 희**

딸아이가 좋아하는 가수의 콘서트 티켓이 매진됐다. 콘서트에 갈 수 있는 방법은 라디오 프로그램에 사연을 보내 당첨되는 것뿐. 그녀는 딸아이를 위해 든 펜으로 콘서트 티켓을 얻을 수 있었고, 그 사연을 눈여겨 본 방송국 관계자에게서 원고 청탁을 받게 됐다. 그 정도면 타고난 글솜씨가 아닌가 싶은데, 전공은 무용이었고, 책 좋아하고 글 쓰는 건 본인 세대에서 흔한 일이었다고 겸손해한다. 하루하루 즐겁게 살다 보니 여기까지 왔다며, 그저 자신은 운이 좋았을 뿐이라는 정석희 칼럼니스트. 그녀를 만나 그간의 이야기를 들어보았다.

저도 했는걸요, 누구든 할 수 있어요

전업주부로 생활하다가 TV 칼럼니스트가 됐다는 이력이 무척 흥미롭습니다. 요즘은 블로거들도 TV 리뷰를 많이 하는데요, 그때만 해도 별로 없었죠?

저는 운이 좋은 편이라고 할 수 있어요. 본격적인 IT 시대로 접어들 무렵이 1999년도인데, 그 틈새가 저의 상황과 잘 맞은 거죠. 아이들 학교 보낸 후 집안일 얼추 끝내고 나면 주부는 시간이 많이 남잖아요. 그때 전 TV를 봤어요. 예전엔 재방송이 아니면 방송을 못 봤는데, 인터넷 시대가 되니까 다시 보기를 할 수 있는 거예요. 그리고 그땐 블로그가 생기기 전이라 개인 홈페이지가 있었어요. 컴퓨터를 배우고 홈페이지 만드는 방법을 배웠지요. (지금도 컴퓨터에 이상이 생겼다 싶음 다 제가 해결할 정도예요.) 다시보기 기능을 이용해서 영상 캡처를 하고 글을 올렸어요. 너무 재밌는 날은 밤에 잠도 안 자고 홈페이지를 꾸몄지요. 당시 사회 리더나 예술가들은 거의 다 자기 홈페이지가 있었어요. 제가 그때 40대였는데, 홈페이지를 갖고 있던 사람들 눈에는 40대 아줌마가 홈페이지 관리하는 모습이 꽤나 신기해 보였나 봐요. 그래서 〈매거진 t〉라는 잡지가 창간될 때, TV에 관해 글을 써보지 않겠냐는 제안이 들어온 거예요. 그러면서 자연스럽게 TV 칼럼니스트가 됐죠. 그때가 첫 애가 대학 입학했을 때, 둘째가 고등학생 때였어요.

결혼 전 글 쓰는 직업이셨나요?

전공은 무용이에요. 우리 세대라면 공감할 테지만, 우리 학교 다닐 때 책도 많이 읽고, 글도 많이 썼어요. 일기도 교환해서 보고요. 결혼하고는 평범한 전업주부로 살았죠. 그러다 라디오에 사연이 당첨되면서 방송국에서 원고 의뢰가 몇 번 들어왔어요. 그러면서 제 홈페이지도 방송국에 있던 분들도 보게 되고 그게 일로 연결이 된 거예요.

연예인이 아니라 사람이 재미있다

TV가 왜 재미가 있으셨나요?

저는 연예인의 사생활에는 관심이 없고, 사람을 관찰하는 것이 재밌었어요. 누가 시켜서 한 것도 아닌데 TV 드라마를 보고 글을 쓰는 것이 너무 좋았어요. 좋아서 한 일인데 그게 지금 제 일이 됐죠.

내용의 컨셉과 제목, 수위 조절 등 직접 하시나요?

제목은 매체에서 정해요. 가령 '엔터미디어'에 쓴 글은 포털 사이트 다음에서 관리해요. 논란의 여지가 있을까 봐 자극적인 제목을 달지 말라고 부탁해도 자극적인 제목을 다는 경우가 종종 있어요. 네이버에 연재하는 경우에는 제가 쓰고 싶은 대로 쓰고요.

칼럼 연재의 경우, 계약을 하나요? 그렇다면 계약은 1년 단위인가

요?

네이버 칼럼은 계약서를 썼지만, 고정으로 하는 매체들은 거의 계약서를 따로 쓰지는 않지요.

혹시 원고료를 공개해 주실 수 있나요?

저는 일주일에 원고 두 편 정도 쓰고 있어요. 원고료는 정말 천차만별이에요. 그래서 제가 생각하기에 한 가정의 가장이 오로지 칼럼만 쓰면서 먹고살기란 힘들 것 같아요. 혼자 산다면 어느정도는 먹고살 수 있겠지만요. 또 이 분야의 특성상 "다음 주부터 원고 그만 쓰세요." 이런 일도 흔하거든요. 아무래도 전업 칼럼니스트로 먹고사는 건 힘든 점이 더 많겠죠.

다음이나 네이버 등 포털 사이트에 글을 쓰면 댓글에 민감해질 것 같아요. 댓글을 보세요?

네. 봐요. 가끔 항의성 글을 받을 때가 있는데, 타당하다고 생각하면 답장을 쓸 때도 있어요.

어떤 성격이 칼럼니스트로 활동하는 데 도움이 될까요?

칼럼니스트에 적합한 사람이 따로 있다고 생각하지 않아요. 정말 다양한 사람들이 글을 쓰거든요. 제겐 주부로 살았던 시간이 방송활동에 도움이 많이 되는 것 같아요.

글 쓰는 일 이외에 TV 출연도 하시지요?

종종 방송 패널로 나서죠. 글 쓰는 게 직업인데, 방송이 주가 되면 모양새가 이상할 것 같아 많이 하지는 않으려고 해요. 하지만 함께 방송하는 팝 칼럼니스트 김태훈 씨는 방송도 정말 잘해요. 다재다능하신 분이죠. 그분과는 〈매거진 t〉 초기 필진을 같이 한 인연이에요.

칼럼니스트로 살아가면서 어떤 점이 좋고 싫으시던가요?

프리랜서로서의 장점이 분명 있는 것 같아요. 회사에 소속되어 "어디 가서 취재해 와라."라는 오더를 받으면서 일한다면 지금처럼 신이 나지는 않겠죠. 그런데 프리랜서로서 제가 좋아하는 일만 하게 된 점은 운이 좋은 것 같아요. 신이 나서 쓴 글은 독자가 알아봐요. 작가가 재미없어하며 쓴 글은 독자들도 지루하게 받아들여요.

단점은, 딱히 없네요. 언제까지나 이 일을 계속 하리라는 보장은 없지만, 그동안 재미있게 즐기며 일했기 때문에 더 이상 일이 들어오지 않는다 해도 미련이 남지 않을 것 같아요. 그때가 오면 또 TV를 보면서 무언가 하고 있겠죠. (웃음)

칼럼을 보면 정석희 님과 대화를 하고 있다는 느낌을 받아요. 아마 많은 독자들이 그렇게 느낄 것 같아요.

저는 기본적으로 누군가에게 도움이 되는 글을 쓰고 싶어요. 예를 들어 A라는 사람에 대해서 제가 글을 쓴다고 했을 때. 내 글을 보고 사람들이 A라는 사람에 대해 몰랐던 점을 알게 되어, 결과적으로 A라는 사람에게 도움이 되면 좋겠다는 마음으로 써요. 가령 CF가 잘 안 들어올 것 같은 역할을 기꺼이 맡아서 혼신의 힘을 다해 연기한 사람이 있는데, 사람들이 그 점을 잘 모르는 것 같다 싶으면 알려주고 싶잖아요? 그런 게 제 글쓰기 동기예요.

제 가치관은 정직과 소통이에요. 그리고 다른 사람들이 놓치는 이야기를 쓰겠다는 것. 물론 무엇을 어떻게 쓰면 클릭수가 올라가는지, 방법은 저도 알아요. 클릭수가 올라가면 저나 매체에 도움이 되겠지만, 그렇게까지 하고 싶지 않아요. 글은 정직해야 한다고 생각하거든요. 그래야 소통도 할 수 있는 거니까.

많은 사람들이 TV 칼럼니스트를 동경하고, 또 되고 싶어 합니다. 어떤 특별한 경험을 해야 할까요?

현재에 충실하고 긍정적인 생각을 하며 살아가면 충분할 거 같아요. 제 삶을 드라마로 만들면 정말 재미없는 드라마가 될 거예요. 재미가 없을 만큼 무난했지만, 그래도 역경이 없던 적은 없었죠. 역경이 왔다 해도 그게 끝이 아니라는 것을, 이만큼 살아보니깐 알 것 같아요. 예전에 이런 생각 많이 했어요. "사람한테는 기회가 세 번은 찾아온다는데, 도무지 나한테는 그 기회란 놈이 안 오는 거 같아." 지금 생각해보니, 기회가 왔죠. 언제? 내가 준비가 됐을 때. 나 혼자 재밌자고 컴퓨터 배우고 홈페이지 만들어서 이것저것 올리던 중에, 누가 "

한번 써 봐" 해서 된 거거든요. 내가 집에서 아무것도 안 하고 있었다면, 기회가 왔을까요?

글쟁이로서 장래의 계획이 있나요?

그런 건 없어요. 앞일은 모르는 거니까. 미래 또는 앞으로의 계획보다는 현재에 충실하면서 살아요. 그 점에 관해 김창완 씨 인터뷰가 기억에 많이 남는데, 김창완 씨는 "시간이 되는 대로 한다."라고 말해요. 뭘 일일이 다 따지면서 일을 하냐고 말씀하셨어요. 저는 내일 당장 이 일을 그만두더라도 제 삶을 즐겁게 살기 위해 노력할 것 같아요. 나를 원하는 곳이 있고, 시간이 되면 일하면 되는 거죠. 악바리 같은 근성은 없어요. 살아보니 억지로 한다고 해서 다 되는 건 아니더라고요.

정석희

칼럼니스트, 대중문화 평론가로 불리는 정석희는 극구 자신의 칼럼을 '**시청소감**'이라고 말한다. 〈다음〉과 〈네이버〉에 고정 칼럼 연재, 인터넷 뉴스 〈10아시아〉, 〈엔터미디어〉에 글을 썼다. 매주 MBC KTV 《문화소통 4.0》, 평화TV 《가톨릭 미디어를 말하다》에 출연하여 재미있는 TV 이야기를 들려주기도 했다. 가르치거나 폄훼하지 않고 TV가 주는 메시지를 편안하게 해석하려 하는 일명 'TV 권하는 여자'.

- TV 권하는 여자 http://blog.naver.com/soyow

매일 매일 블로그를 하면 칼럼니스트가 될 수 있을까

푸드 칼럼니스트 이 재 건 (미 상 유)

블로그에 글을 올리는 것만으로도 칼럼니스트가 될 수 있을까? 대답은, 그렇다. 푸드 칼럼니스트 '미상유', 이재건 씨가 그 증거다. 블로그에 매일 자신이 만든 요리의 레시피를 올렸던 그는 파워 블로거를 거쳐 여러 매체에 요리 칼럼을 기고하는 전문 칼럼니스트가 됐다. 뿐만아니라. 자신의 요리 레시피들을 수록한 단행본도 출간했다. 전문적으로 음식 사진을 촬영하기도 하고, 때로는 요리 강의도 한다. '요리'를 테마로 종횡무진 다채로운 활동을 펼치고 있는 것.

한때 미상유에게 요리는 앞이 깜깜해 어디로 가야할 지 모른 채 방황할 때 방향을 알려주던 한 줄기 빛과 같았다. 제대 후 '뭐 해먹고 살지?' 하며 막막했던 시절 우연처럼 가야 할 길을 비춰준 것도 요리, '잘 먹고 살 수 있을까?'를 고민하던 시점에 다양한 길을 열어준 것 역시 요리였다. 그래서 오늘도 그는 '많은 사람들이 읽으면서 위안을 얻을 수 있는 글, 아삭하고 말랑하고 고소한 글을 쓰고 싶다'는 꿈을 즐겁게 요리 중이다.

빠른 피드백은 온라인 연재만의 감칠맛

이력이 참 독특해요.

그렇죠? 대학 때 전공은 컴퓨터였어요. 운동하는 것도 좋아해서 무술도 잠시 했고요. 한때는 미친 듯이 판타지 소설을 쓰기도 했죠. 푸드 칼럼니스트로 글을 쓰게 된 건 정말 우연이었어요. 원래 요리를 배웠던 적도 없고, 기껏 할 줄 아는 것이라고 해 봐야 라면이나 볶음밥 정도였으니까요. 말씀드렸지만 전 그냥 판타지 소설을 쓰고 싶었던 20대 청년이었답니다. 닉네임 미상유는 무술하는 소설가가 되고 싶었던 시절 만든 필명이에요. '미학(美學)과 몽상(夢想), 그리고 사유(思惟)'의 줄임말이지요.

2004년에 시작한 블로그가 푸드 칼럼니스트로의 길을 열어주었죠?

남자들은 군대 제대하고 나서 먹고 싶은 게 많거든요. 그렇다고 다 사 먹을 만큼 주머니 사정은 안돼요. 그래서 직접 만들어보자고 요리를 했는데 생각 외로 맛있는 거예요. 마침 싸이월드에 '페이퍼'라는 블로그 서비스가 처음 생겼는데, 다른 사람들이 자기가 만든 요리 레시피를 올리더라고요? 가만 보니 나도 할 수 있겠다 싶어요. 그래서 30만 화소 핸드폰 카메라로 조리하는 과정, 완성된 음식 사진을 찍고 김치찌개, 미역국 등 진짜 흔한 요리들부터 하나둘 레시피를 올리기 시작했어요. 그런데 반응이 괜찮더라고요. 요리 문외한이다 보니 진짜 간단하게, 꼭 필요한 이야기만 썼는데 그게 먹힌 건지 '따라 하기 쉬워서 좋아요' 하는 댓글 반응이 많았어요.

온라인에 글을 쓰면 좋은 점이 '피드백'이에요. 바로바로 반응이 오니까 매일 글을 올리는 것에 탄력이 붙어요. 매일 한 개 이상의 글을 꼭 올리다 보니, 블로그 규모가 점점 커졌고 칼럼 의뢰가 하나둘 들어오기 시작했어요.

에잇, 모르는 게 약이다!

요리를 배운 적이 없어서 생기는 어려움이 있었나요?

요리에도 기본적으로 지켜야 하는 것들이 있는데 그런 걸 전혀 몰랐기 때문에 당연히 시행착오도 많이 겪었어요. 하지만 제겐 도리어 장점이 됐던 것 같아요. 규칙에 얽매이지 않으니까, 불가능이 없었던 거죠. 오만가지 재료를 다 섞기도 하고, 또 도구도 다양하게 활용하고요. 그래서 누구나 따라 할 수 있는 정말 간단하고 손쉬운 요리 레시피를 만들어 낼 수 있었던 것 같아요. 간장 계란밥이나 스팸초밥 같은 것은 별다른 재주가 필요 없잖아요. '자취생 요리', '5분 편의점 요리'처럼 제목만 들어도 쉽게 느껴지는 것들이고요. 혼자 사는 사람들이 늘어나는 경향, 밥 챙겨 먹을 시간도 없이 사는 게 바쁘지만 건강은 중요하게 여겨지는 흐름을 타고 제 요리 칼럼이 주목받은 것 같아요.

타겟 독자가 확실한 글이군요.

요리를 해 보셨으면 알 거예요. 평소에 잘 사용하지도 않은 양념과 도구, 재료를 사야 해서 요리 자체를 포기하게 되는 경험들이 있잖아요. 저는 독자들이 한밤중에 제 글을 읽고 벌떡 일어나서 요리를 했으면 좋겠어요. 피로에 지쳐 퇴근해서도 아주 빠르고 간단하게 맛있는 요리를 해먹고 잘 수 있었으면 좋겠어요. 그래서 집에 있는 도구와 요리재료, 양념으로도 맛있는 밥을 만들어 먹을 수 있도록 글을 쓰려고 해요. 제 목표는 복잡하고 어려운 요리를 쉽고 간단하게 재탄생시켜 누구나 쉽고 빠르게 따라 할 수 있는 초간단 레시피 1만 개를 만드는 거예요.

지금 정말 다양한 활동을 하고 있으니, 시작은 미약했으나 끝은 창대하세요. (웃음)

블로그가 제 직업을 만들어 줬죠. 지금은 꾸준히 요리 칼럼을 쓰고 레시피 자료들을 모아서 책도 계속 집필하고 있어요. 요즘도 새로운 컨셉으로 책을 준비하느라 여러 가지 시도를 하고 있죠. 또, 식품 관련 기업의 레시피 개발에 자문으로 참여하기도 하고 신제품 리뷰를 의뢰받기도 해요. 백화점이나 기업체에 특강의 형식으로 요리 강의도 하고요. 요즘은 메뉴판에 들어갈 음식 사진 촬영 의뢰도 들어와서 그 일도 하고 있습니다.

푸드 칼럼니스트라고 해서 요리하고 글만 쓰는 것이 전부가 아니네요?

네. 노력만 한다면 칼럼니스트들은 그 분야 내에서 여러 활동을 할 수 있어요. 푸드 칼럼니스트가 음식에 대한 정보를 전달하는 방법은 활자매체를 통하는 것 이외에도 강연, 방송 등 여러 가지가 있죠. 그리고 요리를 하면서 혹은 누군가의 요리를 먹으면서 맛보는 다양한 음식에 대한 경험은 기업의 신제품 개발 등에 피드백을 주는 형태로도 활용될 수 있으니까요.

글이든 요리든 원칙은 '쉽고 빠르고 간단하게'

글을 쓰는 것도 블로그 포스팅, 제품 리뷰, 칼럼, 레시피 소개 등 다양한데요. 글의 종류마다 쓰는 방법이나 원칙 같은 게 있나요?

어떤 글을 쓰느냐에 따라 표현하는 방식이나 문장들이 조금 달라져요. 간단하게 레시피만 소개할 때는 최대한 핵심을 찾아내서 필요한 것만 설명하죠. 제품 리뷰나 음식 재료에 대한 이야기를 써야 할 때는 그 맛이 느껴지는 단계별로 표현하기도 하고 스토리를 활용해서 비유하기도 하고요. 맛을 연상하게 하는 거죠.

그리고 블로그 글은 최대한 심플하게 써요. 쉽게쉽게 읽혀야 하니까 긴 문장보다는 짧은 문장으로 나눠서, 수사나 비유보다는 '맵고, 달고, 짜고, 시고' 하는 것처럼 기본적인 표현 그대로 쓰는 편이에요. 하지만 모든 글, 요리에 공통적으로 적용되는 원칙은 있어요. '누구나 따라 하기 쉽고, 이해하기 쉬워야 한다!'는 것.

신제품 리뷰를 의뢰받는 경우에는 기업에서 기대하는 광고효과도 무시하기 어렵잖아요. 그럴 경우에 대한 고유의 기준이 있나요?

있어요. 처음에는 빡빡하게 기준을 세우고 칼같이 쳐냈어요. 그런데 점점 시간이 지나면서 내 입맛이 보편적이고 절대적인 기준이 아니며 맛을 느끼는 데도 개인차가 있다는 것을 깨닫게 됐죠. 그래서 나의 개인적인 기준에 대중의 선호도 등 다양한 부분까지 고려해서 리뷰를 하게 됐어요. 하지만 정말 아니라고 생각이 되는 것들은 중간에 돌려보내기도 합니다.

조심스런 질문입니다만, 몇몇 파워블로거들의 공동구매 사건이 있었잖아요.

그때 블로그에 대한 애착도 좀 떨어지고 회의감도 많이 들었어요. 당시에 모 기업이 수익금을 자선단체에 기부한대서 간단하게 리뷰만 몇 개 올려줬고, 이후에 리뷰비로 약 15만 원 정도를 받았거든요. 그런데 그때 공동구매 사건이 터지면서 기사 말미에 제 이름까지 올라간 거죠. 모르는 사람들이 블로그에 욕설을 남기고, 비방하고. '정말 한순간에, 의도치 않게 매장될 수도 있는 게 블로그구나' 했어요.

블로그 때문에 힘든 일을 겪었음에도 여전히 모든 일의 가장 중심에는 블로그가 있겠죠?

맞아요. 블로그는 제가 글을 쓰는 데 필요한 데이터가 축적되는 보고이자 다양한 일을 연결해주는 매개체예요. 그래서 그런 사건이 있은 후에도 마음 좀 추스르고 다시 시작했죠. 지금도 하루에 한 개라도 꼭 포스팅을 하려고 하죠. 무엇보다 블로그는 제가 원하는 것, 잘하는 것들을 보여줄 수 있고 다양한 시도를 해볼 수 있는 저만의 1인 미디어니까요.

블로그 활용 비법을 조금만 공개해 주신다면요.

사람들은 어떻게 블로그에 들어올까? 그걸 고민해 보세요. 사람들은 대부분 검색을 통해서 블로그에 들어와요. 저는 실제 칼럼 청탁도 그렇게 들어온 경우가 많거든요. 가장 중요한 건 태그를 잘 걸어두는 것이에요. 제목도 마찬가지로 사람들이 찾을 법한 단어들로 써야 검색에 자주 노출이 되고요. 레시피를 찾는 사람들은 만드는 방법이 궁금할 테니까 제목이나 태그 키워드에 '닭볶음탕 맛있게 만드는 법', '김치찌개 맛있게 끓이는 법' 이런 식으로 넣어주는 거죠. 같은 패턴으로 꾸준히 올리게 되면 검색 순위에서도 상위에 올라가게 되는 것 같아요.

전문가가 아닌 입장에서 스스로 전문성을 기르고 작가로서의 길을 닦아 오신 셈인데요, 이 일을 시작하려는 사람들에게 조언을 해주신다면요?

글을 써서 먹고사는 일이 쉬운 일은 아니에요. 저도 다른 활동과 병행하기 때문에 어느 정도 수입을 유지하는 편이죠. 하지만 자기 의지만 있다면 계속 할 수 있는 일이니까 포기하지 말고 꾸준히 했으면 합니다. 글을 쓰는 일을 통해서 할 수 있는 일들이 생길 거예요. 저도 벌써 10년째 이 일을 하고 있는데요, 꾸준히 하면 결국엔 알아봐줍니다.

이재건

2004년 말, 맛있는 요리를 먹고 싶어 인터넷을 보고 따라 하기 시작한 요리는 어느새 생활의 일부가 되었다. 복잡하고 어려운 요리를 쉽고 간단하게 재탄생시켜 누구나 쉽고 빠르게 따라 할 수 있는 레시피들을 만들고 있다. 또한 감성을 울리는 사진을 찍고, 글 쓰고, 요리하며, 자유로운 영혼으로 여행을 다니고 싶은 청년이기도 하다. 2006년부터 신문 및 잡지 칼럼에 기고하였고, 《출발 모닝와이드》, 《LIVE맛SHOW》 등의 방송에 출연하기도 했다. 현재는 백화점 문화센터 강의, 기업 쿠킹클래스 강의 등의 강의를 하며 요리 레시피 개발 및 컨설팅도 하고 있다. 저서로는 『총각 요리사 미상유의 간단저렴 국민 술안주』, 『그 남자의 레시피, 자취 요리』가 있으며 올댓 자취요리 어플, 올댓 술안주 어플을 출시하기도 하였다.

● 맛있는 남자 이야기 http://blog.naver.com/musoi99

활자와 활자 사이를 유랑하는 인생이 꿈이었네

북 칼럼니스트 **금 정 연**

춤을 좋아하던 아이는 춤을 추며 살아가고, 음악을 좋아하던 아이는 음악을 하며 살아가야 행복하다. 좋아하는 일은 계속해서 머릿속에 그리고 꿈꾸다가 결국 그 일을 하며 평생을 살아가는 삶을 대부분의 사람들은 바란다. 어린 시절 늘 책을 끼고 지냈고, 좀 더 커서는 '프리랜서가 꿈'이라 말하던 청년이 있었다. 책을 읽고 그 책에 관한 글을 쓰겠다는 꿈을 이루고, 유영하듯 살아가는 남자. 바로 북 칼럼니스트 금정연이다.

"우선 나는 매문을 하고 있다. 매문은 속물이 하는 짓이다. 속물 중에서도 고급 속물이 하는 짓이다. (시인 김수영의 말은 인용) 말하자면 나는 그나마 '고급'이란 말을 좋아하는 속물이고, 속물에게는 숫자가 필요하고, 숫자를 맞추려면 원고를 써야 한다."
-『서서비행(생계독서가 금정연 매문기)』 중

뻔한 질문부터 드릴게요. 책을 언제부터 좋아하셨나요?

아버지께서 만화가셨고, 작은아버지는 책방을 하셨어요. 딱히 부자도 아니었고 그렇다고 영 못사는 것도 아니었는데 희한하게 갖고 놀 장난감이 별로 많지 않았어요. 그저 제게 주어진 환경에서는 장난감보다는 책이 더 많이 있었던 거죠. 자연스럽게 책이 제 놀잇감이 되었던 것 같네요.

'꿈꾸는 대로 살아가게 된다'는 말이 있잖아요. 작가님이 현재 하시는 일이 작가님의 꿈이었나요?

초등학교 때 장래희망을 물으면 '프리랜서'라고 했었어요. 근데 지금 저 프리랜서로 살고 있잖아요. 그 부분은 맞는 것 같아요. 물론 딱 꼬집어 북 칼럼니스트를 이야기한다면… 그건 아니에요. 책을 읽으면서 자연스럽게 소설을 쓰겠다는 꿈이 생긴 셈이니 '북'이란 점에서는 맞고요. 어렸을 때부터 글을 자주 썼어요. PC통신이 처음 생겼던 중학생 때는 '중2병' 같은 테마를 글로 풀어내기도 하고요. 그러면서 누군가에게 보여지는 글을 쓰는 것에 익숙해지고, 재미를 느꼈죠.

북 칼럼니스트로 일을 하게 된 건 어떤 계기에서였나요?

군대에 있을 때 책을 많이 읽었어요. 그 기록을 남겨두자는 생각에서 알라딘 블로그에 서평을 써서 기록하기 시작했죠. 그 이후 제대하고 한 3년간 서평을 많이 썼어요. 알라딘에 MD로 다니면서는 업무로 바빠서 서평을 거의 못 썼지만, 직업적 특성으로 꾸준히 책을 접하긴 했죠. 본격적으로 북 칼럼니스트로 활동을 하게 된 건 회사를 그만두고부터예요. 그간의 경력 덕분인지 몇몇 곳에서 의뢰가 들어왔고 먹고 살아야 하다 보니 가장 잘할 수 있는 일을 하게 된 셈이죠.

북 칼럼니스트로서 주로 쓰는 글은 어떤 것들인가요?

주로 서평을 많이 쓰죠. 물론 책과 관련된 다른 이야기들을 쓸 수도 있지만요. 의뢰가 들어오는 글들은 신간에 대한 서평이 주를 이루고요, 때론 어떤 주제에 어울리는 책들을 추천하는 형식의 글을 의뢰받기도 하고요. 90퍼센트는 책 관련 글이고요, 10퍼센트는 기타 등등이에요.

서평과 독후감, 비슷한 것 같으면서 다르거든요. 그 차이는 뭐라고 생각하세요?

서평에는 개인적인 감상 이상의 것이 분명 있어야겠죠. 책을 둘러싼 상황이나 정보일 수도 있고. 독후감은 내가 이 책을 봤는데 어떤 느낌이었다는 내용, 즉 감상의 기록인 반면에 서평은 보다 객관적이라고 할 수 있는 정보가 들어가죠. 대부분의 서평은 독자가 이 책을 읽고 싶다거나 읽지 않고 싶다거나 하는 판단을 할 수 있게 도와주는 방향성을 제시해요.

저의 경우에는 그 책과 연관성이 있는 다른 책의 인용구를 함께 소개하며 더 많은 정보를 제공하고 또 다른 시각을 끌어내죠. 서평에 담기는 내용은 개인의 감상만이 전부가 아니라는 점에서 독후감과 다른 것 같아요. 그러니까 북 칼럼니스트로 활동하려면 주관적 감상을 넘어서는 내용을 쓸 수 있어야겠지요.

좋은 소재는 언제나 일상 속에 있다

작가님의 서평은 다른 서평들과 다른 '무엇'이 있는데요.

어느 글이든 그렇겠지만, 서평 역시 정해진 틀은 없어요. 사회적 독서의 중요성을 말씀하시는 로쟈 이현우 선생님은 "책의 내용이 독자에게 나침반처럼 방향을 제시할 수 있어야 한다"고 말씀하시거든요. 그래서 서평 역시 그 책의 중심 생각을 촉발시키는 방식으로 쓰시는 편이고요. 또 정혜윤 피디님은 책의 한 부분과 비슷한 영화의 한 장면을 연결한다든지 하는 식으로 특유의 감성적인 접근을 하시고요.

일상적인 내용을 다룬 에세이 같다는 느낌이 들었어요.

네. 일상적인 에세이 느낌의 서평은 저만의 방식인 셈이에요. 서평이라고 책 얘기만 쓰는 것, 너무 지루하잖아요? 책의 주제와 관련된 일상의 소재들을 하나둘 이야기하면서 슬슬 그 책을 보여주는 거예요. 마치 캐리커처처럼 말이에요. 책을 상기시킬 수 있는 특징을 잡고 글을 풀어나가는 게 하나의 스타일일 수 있어요. 제 경우는 그렇게 그 특징을 일상 속 소재들로 푸는 것이고요.

서평의 효용은 독자가 새로운 문을 열 수 있도록 돕는 것

작가님 칼럼에는 다른 책들에서 건져 올린 인용구가 무척 많아요. 특별한 이유가 있나요?

그건 제가 서평을 통해 추구하는 바이기도 한데요. 한 권의 책 안에서 감상을 끝내기보다는 다른 책들과의 관계성 속에서 또 다른 감상을 끌어내고 싶어요. 인용문과 인용문, 책과 책을 마치 레고 블록처럼 쌓아서 읽는 사람들이 저마다의 결과물을 만들어낼 수 있도록요. 글 속에 인용을 함으로써 새로운 이야기들, 타인의 새로운 시각을 끌고 들어와서 또 다른 시선의 문을 열고 싶은 거예요. 물론 그 시선의 문이 서평을 쓴 칼럼니스트의 것과 동일한 결과물일 수도 있어요. 하지만 때로 독자만의 새로운 시각으로 전혀 다른 문이 열릴 수도 있거든요.

끊임없이 책을 읽고, 그것에 대해서 쓴다는 일이 쉽지만은 않을 것 같아요.

짜증 나죠. (웃음) 매번 책에 대해서만 쓴다고 생각해 보세요. 물론 언제든 책을 이야기하고 싶지만, 책에 대해서 글을 쓰는 건 그만하고 싶기도 해요. '대해서'라는 부분을 좀 떼고 싶은 거죠. 좀 더 넓은 세상에 대해서 이야기하고 싶은 욕심이랄까요. 실제 우리가 살아가는 생활 속에서 마주하는 주제들을 다루고 싶어요. 그렇다고 사회 고발 같은 무거운 것 말고 편하게 읽을 수 있는 에세이 형식으로요. 궁극적으로는 소설을 쓸 생각이고요.

책에 대해서는 그만 쓰더라도 평생 책을 쓰고 책을 이야기하는 일상을 살아가실 것 같아요. 금정연에게 책이란 무엇일까요?

달팽이가 제집을 지고 가는 것처럼, 내가 지고 가야 하는 어떤 것? 부담일 수도 있고 저의 보호막일 수도 있고요. 좋기도 하지만 나쁘기도 한 것 같아요. 때론 불태워 버리고 싶을 만큼 부담을 느껴요. 책이 다 없어지면 제가 어떤 모습으로 살아가고 있을지 궁금하기도 하네요.

아니, 벌써 은퇴를 고민하시는 거예요?

북 칼럼니스트로서의 생활에 은퇴는 늘 고민해요. 가득 차버린 책상 서랍을 정리하듯 지금까지 쌓아왔던 것을 제로로 돌리는 일이지만, 무언가를 새롭게 시작할 수 있다는 이야기도 되잖아요? 그러니까 무엇인가를 그만 두는 것은 도리어 설레고 기분 좋은 일이에요. 지금껏 쌓아왔던 책에 '대한' 이야기들을 치우고 서평의 소재로 삼아왔던 일상의 이야기들로 차곡차곡 쌓아 가면, 그게 종국엔 제가 좋아하는 한 권의 책이 될지도 모르잖아요.

금정연

　　　　북 칼럼니스트. 활자유랑자. 생계독서가. 서울에서 태어나 한양대학교 국어국문학과를 졸업하고 인터넷 서점 알라딘에서 인문 분야 MD로 일했다. '글자들의 뒤를 쫓으며' 현재 여러 매체에 책에 관한 글을 기고하고 있다. 지은 책으로는 『서서비행(생계독서가 금정연 매문기)』, 공저로는 『아까운 책 2013(탐서가 47인, 편집자 42인이 꼽은 지난해 우리가 놓친 명저들)』이 있다.

● 신체강탈자의 오후　http://blog.aladin.co.kr/poptrash

인생의 답은 길 위에 있다, 여행에서 얻은 것을 공유하는 게 여행자의 의무다

여행 칼럼니스트 채 지 형

채지형은 모든 인생의 답이 길 위에 있다고 굳게 믿는 여행가다. 세계의 골목을, 전통시장을 돌며 사람들과 이야기를 나눈다. 그들에게서 다시 잘 살아갈 삶의 철학을 얻어 돌아온다. 그러므로 그에게 여행은 또 다시 떠나야 할 이유가 된다. 여행에서 얻은 에너지를 공유하는 것이 앞서 길을 나섰던 여행자의 의무라 여기기에 여행 칼럼니스트가 됐다.

그런데 그는 여전히 회사에 다니는 직장인이기도 하다. 방랑자가 매일 출퇴근을 한다니 신기하지만, 그의 일사랑은 여행사랑 못지않다. 강연, 기고, 대중 매체 출연 등을 직장 생활과 병행하는 열혈 일상을 엿보았다.

일탈이 일상이 되는 순간의 쾌감

1996년도부터 2004년까지 기자생활을 하시다가 돌연 세계 일주를 시작하셨어요.

세계 일주가 제 버킷리스트 1위였거든요. 지금 당장 죽는다면 뭐가 제일 안타까울까 생각하니 세계 일주가 떠오르더라고요. 그렇게 무작정 떠나게 됐죠. 반드시 여행 서적을 출간하겠다는 생각으로 세계 일주를 간 건 아니에요. 사실 칼럼 연재 한 건을 계약하고 여행을 갔었는데요. 그건 뭔가를 계속 쓰기 위한 원동력이었죠. 〈트래비〉에 여행 칼럼을 연재하면서 글을 놓지 않았고, 그게 여행의 큰 힘이 됐어요.

이를 바탕으로 『지구별 워커홀릭』도 출간하셨고요.

여행 후 1년간의 세계 일주를 정리하자는 심정으로 책을 써 나갔어요. 컨셉을 수없이 바꾸고, 내용을 계속 고쳐가면서 큰 공을 들였죠. 다행히 타이밍이 잘 맞아 책이 사랑을 많이 받았어요. 그 뒤로 잡지, 사보 등 많은 곳에 칼럼을 기고하게 됐죠. 그러다 보니 매체에도 출연하게 되고, 강연도 하게 되고 일이 스르르 풀리더군요. 이쪽 업계는 꼬리에 꼬리를 무는 형국으로 일이 들어와요. 그래서 어떤 지점에서 출발하든 제대로 해놔야 나중에 후회를 안 해요.

어릴 적부터 여행을 좋아했나요?

아버지가 여행광이세요. 초등학교 3학년 때 버스를 한 대 빌려 일가친척 모두 태우고 여행간 적도 있어요. 생고생에 익숙하죠. (웃음) 이런 영향으로 대학생이었던 1994년도에 처음 유럽여행을 떠났고, 당시 친구의 도움으로 책을 내게 됐어요. 그게 『유럽일기』였죠.

여행 중 가장 힘들었을 때는 언제인가요?

여행의 매일이 '꽃천지'는 아니었어요. 여행이 일상이 되는 순간 슬퍼지더라고요. 슬럼프가 왔죠. 여행의 본질은 일탈일진대, 그 일탈의 맛이 사라져버린 거죠. 그런데 좀 있다 보니, 그렇게 일탈이 일상이 되는 순간의 쾌감도 있더라고요. 여행이 인생의 한 페이지가 되는 맛이랄까요. 여행을 가면 숨 쉬는 게 자유로워져요. 내가 살아있다, 자연 속에 있다, 시간 속에 있다, 길 위에 있다는 생생한 현장감이 있어요. 그러면 내가 미물이고, 이 거대함 속에서 꿈틀거린다는 자각이 오고 그러면 모든 것에 감사를 느끼지요.

사진가로도 활동하고 계시지요?

사실 사진을 정식으로 배운 적은 없어요. 사진이란 것에 대해 아주 천천히 보이지 않는 매력 속으로 나도 모르게 끌려들어 갔어요. 길 위에서의 그 설레는 마음을 주체할 수가 없어서 그것을 보존하기 위해 사진을 찍었어요. 글만으로는 부족했거든요. 여행, 글, 사진이라는 테마는 각자 떼려야 뗄 수 없을 정도로 제 인생의 키워드예요. 셋 중 무엇이 우선이라고 할 것도 없을 정도 올 어라운드 플레이어죠.

단, 저는 단순히 예쁘고 아름다운 풍경을 찍기보다는 이야기가 있는 사진을 찍겠다는 생각이 있어요. 사진전을 할 때 사진 옆에 그에 관련된 이야기를 붙여놓기도 하는 것도 그러한 이유 때문이에요.

글을 쓰기 위해 책상에 앉을 때 어떤 다짐을 하시나요?

쉽고 재미있게! 저는 글의 소재도 거창한 것보다는 누구나 쉽게 접할 수 있는 것들을 선정하고, 문장을 짧고 간결하게 쓰려고 해요. 보다 더 많은 사람들이 내 글을 보고 공감할 수 있도록 노력하는 거죠. 하지만 무조건 평이한 글은 의미가 없겠죠. 읽는 맛이 있어야 하기에, 다양한 단어를 찾기 위해서 소설, 시를 많이 읽어요. 좋은 어휘, 좋은 문장을 발견하는 재미가 쏠쏠하죠. 소설을 보고 기억에 남는 단어나 표현을 제 칼럼에 꼭 적용해 봐요. 독자들이 제 글을 보며 지루해하지 않도록 문체를 면밀히 살피죠.

첫 문장에 목숨 걸고, 밤을 하얗게 새우고

문장에 신경을 많이 쓰시는군요.

저는 첫 문장에 목숨 걸어요. 짧으면서도 임팩트 있고, 호기심이 동하는 문장이 나오면 그 글은 다 쓴 거죠. 또 칼럼을 포함한 모든 글쓰기의 가장 큰 미학은 '빼기'인 것 같아요. 정갈하면서도 정보와 감성을 동시에 전달하는 문장. 이게 제가 추구하는 글이에요. 이 부분은 딱히 노하우가 없는 것 같아요. 많이 쓰고, 많이 봄으로써 자신만의 공식을 만드는 거죠. 본문을 쓸 때는 다른 사람이 하지 않은 나만의 이야기를 많이 쓰려고 노력해요. 그리고 제가 욕심이 좀 많아요. 제 글 재미없다는 소리 들으면 부아가 치밀어요. 그래서 밤새 문장을 다듬고 또 다듬죠.

여행 작가로 활동하시던 와중에 회사에 입사하셨더군요.

이전에 기자 생활만 하다 보니 '일반 직장인들은 어떤 과정을 통해 일할까'라는 궁금증이 생겼어요. 그리고 새로운 일, 새로운 사람을 만날 수 있을 거라는 생각에 입사를 결정했죠. 회사라는 조직에서 괴로운 일도 있었지만 재미있는 일들이 그보다 더 많아요. 일은 재미있어야 해요. 제 성격에 재미없었다면 당장 그만뒀을 거예요.

시간 관리의 룰이 있나요?

'주중에는 회사에 다니고 주말에는 여행한다'가 모토예요. 글은 아침에 주로 쓰고, 버스 타면 무조건 책 읽고. 두 가지 일을 병행하면서 건강도 지키기 위해 시간을 촘촘하게 사용하려고 노력해요. 시간 관리에 관한 책을 수십 권은 본 것 같아요. 그렇다고 계획된 것을 모두 지키진 못해요. 계획을 깨는 재미도 쏠쏠하니까.

불안감은 그것을 하고 있을 때 비로소 사라진다

칼럼니스트는 어떤 사람이어야 할까요?

지닐 게 많은 사람이지요. 어떤 현상을 종합적으로 생각할 수 있는 능력은 기본이겠고요. 다양한 것들을 엮어서 하나의 독특한 키워드로 제시하는 게 재미있는 칼럼이에요. 그러려면 남이 하지 않은 이야기, 디테일을 잡으려는 노력은 필수죠. 그래서 사람은 늘 아이 같은 호기심을 유지해야 해요. 내가 사용하는 물건, 대하는 사람에 애정을 가지고 호기심을 발동시킨다면 누구나 충분히 좋은 글을 뽑아낼 수 있어요.

여행을 싫어하는 사람에게 말해 주세요. "여행은 ○○○○라서 좋다!"

우리는 일평생 한정된 공간에서 살아가요. 떠나지 않으면 그 안에서 죽고요. 여행을 하면 삶을 알아요. 사람을 알고요. 제게 여행은 인생 공부 그 자체예요. 또 여행 칼럼을 쓰면 또 한 번 그곳으로 여행을 가는 것 같은 기분이 들어요. 글을 읽는 독자와 여행지에서의 느낌을 공유하는 것도 정말 행복하죠. 무언가를 쓰는 것, 기록하는 행위 자체가 저에겐 일생의 즐거움이죠. 저에게는 '여행=글쓰기'라는 등식이 성립해요.

여행 작가가 되고 싶어 하는 사람이 많습니다. 직장인들의 꿈 1순위가 여행 작가라고도 하고요. 어떤 준비가 필요할까요?

원한다면 지금, 당장, 무조건 썼으면 좋겠어요. 하루에 30분씩이라도 꾸준히 쓰세요. 그렇게 하다 보면 책을 낼 수 있는 자료가 모이거든요. 불안감은 뭔가를 하지 않기 때문에 생기는 거잖아요? 늘 글을 쓰고 있되, 기회가 오면 꽉 잡으세요. 기왕이면 글을 쓸 때 누구를 위해, 무엇을 쓸 건지 정해놓으면 좋아요. 어쨌든 쓰세요. 쓰는 것만이 살길입니다!

채지형

10년간 IT 산업의 중심지에서 기자생활을 하다가 스스로에게 안식년을 주기 위해 1년간 세상 곳곳을 누볐다. 현재 (사)한국여행작가협회 정회원으로 활동하고 있다. KBS FM 《사랑하기 좋은날》《출발! 해피FM 이광용입니다》 등 각종 라디오 프로그램에서 여행 코너를 진행했으며, 신문과 잡지에 여행과 삶에 대한 따뜻한 글을 싣고 있다.『지구별 워커홀릭』,『어느 멋진 하루 Travel & Photo』,『까칠한 그녀의 Stylish 세계여행』,『여행 작가 한번 해볼까?』,『넌 이번 휴가 어디로 가?』,『Nowhere』 등 다수의 책을 냈다.

● 명랑쿠키의 신나는 세계여행! http://www.cyworld.com/seeuontheroad

1년에 60번 비행기 타는 남자

야구 칼럼니스트 **민 훈 기**

백발이 되어서도 현장을 누비고 싶다는 '현장형 칼럼니스트' 민훈기. 야구팬이라면, 혹은 LA다저스의 류현진 중계라도 들었던 사람이라면 그의 이름이 익숙할 것이다. 그는 선수 출신이 아닌 최초의 해설가이자 스포츠지의 첫 해외 특파원이다.

스포츠광이었던 민훈기는 역사학을 공부하던 유학 시절 생활비를 벌기 위해 잠시 기자생활을 하고자 맘먹는다. 아내가 건네준 모집 공고는 그의 인생을 완전히 바꾸어 놓았다. 놀이 삼아 독일 월드컵 기록지를 만들던 사내아이는 그렇게 메이저 리그 야구를 현장에서 보며 기록하는 전문 기자가 되었다. 약 30년 동안 연간 60번 가까이 비행기를 타며 현장을 누볐음에도 현장에서 뛰는 후배가 부러워 과감히 사표를 썼다는 그는 오늘도 야구장에서 선수들과 함께 호흡하고 있다.

기자는 죽는 날까지 현장에 있어야 한다

예전 인터뷰를 보면서 처음 알았어요. 처음에는 사회부 기자로 시작하셨다고. 그리고 사회부 기자로 LA 이민국에서 주는 상까지 받으셨다고요.

미국 지사이긴 했는데 꽤 영세했어요. 그때 사회부 4면하고 스포츠 1면을 맡았어요. 아침에 출근해서 스포츠 한 면 만들고 나서 사회부 일을 하는 형식으로 일을 배웠죠. 지금 생각하면 하루에 정말 많은 걸 배우고 익혔어요. 원고지 40장씩 쓰고 그랬는걸요. 사회부 취재는 주로 이민국, 법정, 경찰국에서 했어요. 워낙 그 당시는 사건도 많았으니까. 그러다 보니 상을 받을 기회도 있었어요. 그러다 1990년 창간한 〈스포츠 조선〉에서 함께 일해보자고 연락을 하셔서 귀국했었죠. 물론 곧 미국으로 돌아가야 했지만.

곧 미국으로 돌아가신 이유가 박찬호 선수의 LA다저스 입단 때문이죠?

처음에는 미국 생활을 했던 경험 때문이었죠. 그렇게 미국으로 가서 풋볼, 야구, 농구 가리지 않고 취재했어요. 그러다 박찬호 선수가 미국에 오면서 야구를 중점적으로 하게 되었고, 뒤에 박세리 선수 같은 LPGA 선수들이 오면서 골프를 취재했죠. 그 이후 봉중근, 서재응 같은 우리 선수들이 많이 오게 되면서 박찬호 선수를 중심으로 야구만 취재하게 됐죠.

특파원으로서의 각오도 남달랐겠어요.

제가 첫 해외 특파원이어서 신경이 많이 쓰였죠. 공부를 많이 했어요. 한국이란 나라에서 온 기자도 야구를 잘 안다는 평가를 받도록. 그래서 열심히 어울리고, 미국의 취재 관행을 배웠어요. 바빠서 다른 일에는 신경 쓸 겨를이 없었어요. 가끔 몰상식한 사람을 만나기도 했는데 뭐 그런 사람은 어디를 가도 있으니까. 일 년에 50~60번 비행기를 타야 시즌이 끝나요. 워낙 땅이 넓어 메이저리그 선수들은 평균 4만 5천 킬로미터에서 많은 6만 킬로미터를 이동하거든요. 그걸 따라다니다 보니 취재보다는 오히려 비행기 예약하고 호텔 잡고 이런 점이 힘들었어요. 한국에서는 훨씬 더 취재하기 편하죠. 단지 한국에서는 야구부 부장 출신이라고 대우해주는데, 그런 건 좀 부담스러워요.

박찬호 선수와 특별하실 것 같아요. 평전도 쓰셨더라구요. 그런데 기자라는 특성상 늘 좋은 기사만 쓸 수는 없을 텐데.

하하. 애증의 관계죠. 함께 외국 땅에서 고생한 사이니까. 박찬호 선수 말고도 미국에 가 있던 선수들 같은 경우는 좀 남달라요. 우선 한국 선수들이고 그 중 특히 박찬호 선수 같은 경우는 '이 선수가 반드시 성공해야지.' 하면서 경기 외적인 부분은 많이 도와주기도 했어요. 그런데 공은 공이고 사는 사잖아요. 그래서 박찬호 선수는 제게 배신감도 느꼈다는 이야기를 한 적도 있어요. (웃음) 솔직히 박 선수가 못할 때는 기사를 쓰면서도 어쩐지 미안한 마음이 들기도 했어요. 하지만 칭찬만 쓸 수는 없으니까요. 그래도 서로 속내 깊이 이해하는 면이 있어요. 만나면 잘 통하고. 오랜 세월 잘 지냅니다.

그렇게 바쁘신 와중에서도 마이너리그에서 뛰는 우리 선수들의 기사도 쓰셨던데요.

그 선수들이 얼마나 고생하는지 제가 잘 아니까, 그래서 그 부분에 대한 조명이 늘 아쉬웠어요. 그래서 저라도 이야기해주고 싶었어요. 올해는 방출도 되고 하는 바람에 우리 선수들이 많이 없어졌지만, 앞으로도 계속 그런 부분은 쓰려고 생각해요.

〈스포츠조선〉에서 14년이나 특파원 생활을 하다 2006년 그만 두셨죠.

그런 게 있어요. 조직 문화에서는 기자도 연차가 쌓이면 현장과 멀어져요. 발로 뛰어 취재하고 글 쓰는 것보다 후배들 글 검토해 주고 계획 짜주는 게 전부가 되죠. 저는 현장에서 일할 때 가장 행복한 사람이에요. 그래서 행복하게 살기 위해 퇴사를 결심했어요.

퇴사하시고, 칼럼을 쓰시면서 해설도 하셨잖아요. 기자 출신으로는 최초로 알고 있어요.

네이버와 계약해서 칼럼 연재하고 다른 쪽에서 글을 쓰고 있었는데, 처음 국내 프로야구 중계를 제의받았죠. 그때는 국내 야구에 대해 잘 몰라서 거절하고 케이블에서 메이저리그 중계를 했어요. 1년 정도 하다 본업으로 돌아왔는데, 2회 WBC 대회 때 친한 후배의 갑작스런 제의에 얼떨떨한 채로 처음 시작했죠. 그 후 국내 중계가 들어왔고 한국 들어온 지 5년 정도 된 시점이라 '한번 해 보자' 싶었죠.

기자 출신으로는 최초인데 텃세는 없었어요?

솔직히 불편한 시선이 느껴지기는 했지만, 특별히 대놓고 차별하거나 하는 점은 없는 것 같아요. 대신에 정말 제가 잘해야 하죠. 그래야 기자 출신 후배들이 전문가로서 잘해나갈 수 있으니까.

해설위원은 방송사 전속 아닌가요?

해설위원들은 대부분 전속이 아닌데, 전속처럼 활동을 하죠. 그런 규칙 아닌 규칙도 한번 바꿔 보고 싶었어요.

민훈기님의 인생에는 '처음', '도전'이라는 단어가 참 많은 것 같아요.

제가 좀 무모한 사람이라고 생각은 해요. (웃음) 새로운 게 좋고. 부당하다 싶은 건 꼭 싸워야 직성이 풀리고. 결국은 도전하지 않으면 아무것도 이뤄지는 건 없는 것 같아요. 그래서 여러 가지 일을 하고 있는

데, 그래도 '기자'라는 이름이 가장 좋아요.

기자의 본령은 소통과 나눔

'1인 미디어의 시대를 열었다'는 평가를 받으셨어요. 포털 사이트에서 '민훈기의 MLB 전문가 스페셜 코너'를 운영하기도 했고요.

기자는 소통하는 직업이에요. 단순히 취재만 잘하는 것보다 독자와 소통하려는 마음이 중요하다고 봐요. 특파원 시절에는 지면이 부족한 게 늘 아쉬웠어요. 그때 '그럼 블로그에 쓰자'는 생각이 들었어요. 지금은 미투데이, 트위터, 페이스북 등 다양한 소셜 네트워크 채널을 열어두고 있어요. 귀찮지 않냐고요? 전혀요. 질문에 답을 주는 과정에서 제 공부가 돼요. 사무국이나 구단에 묻고 답하며 피드백을 주고받는 과정이 정말 소중해요. 저는 프리랜서잖아요. 시간과 자유가 보장되지만 회사의 보호가 없기에 열정은 더 많아야 해요. '전문가' 타이틀을 달고는 있지만 그것도 영원히 보장되지 않아요. 늘 열어 놓아야 공부가 되죠.

국내 야구에서도 용병선수들의 취재도 많이 하고, 또 관련 책도 내셨잖아요. 그리고 용병선수들도 민훈기 님을 많이 좋아하더라고요.

저 역시 미국에서 오랜 시간 특파원 생활했으니, 그 경험을 통해 외로움이나 문화적 차이 등으로 힘든 외국인 선수들의 마음을 잘 이해

할 수 있죠. 그 친구들 입장에서는 미국 야구와 한국 야구를 모두 이해하고, 그러면서 본인들 이야기를 들어주고 잘 알아준다고 생각해서 편안하게 느끼는 것 같아요. 밖에서 만나면 술도 한잔 하고, 외국 나가면 연락하고.

민훈기에게 야구는 ○○○다. 스포츠 칼럼니스트는 ○○○다?

제일 어려운 질문이에요. 야구 자체를 보면 야구는 예측을 거부하는 드라마, 여백이 많은 중독성이 있는 스포츠죠. 저한테 야구가 뭐냐고 그러면 자연스럽게 삶의 한 부분이죠. 스포츠 칼럼니스트로 살아가는 건, 즐거운 소통과 나눔이에요. 가능한 야구장에서 오래 돌아다니며 글 쓰고 싶어요. 아직도 모르는 게 많아요. 아, 정말 어려워요.

민훈기

1986년에 중앙일보에 입사하여 LA 이민국, 경찰청, 법원 등을 출입했다. 1990년 스포츠조선 미주 특파원을 지내면서 각종 스포츠를 취재하다가 메이저 리그를 비롯해서 박찬호 및 코리언 빅리거들 관련 전담기자로 활동했다. 이후 스포츠조선 야구부 부장을 거쳐 현재는 프리랜서로 전업, XTM, MBC, KBS에서 해설가로 활동하고 있다. 미국 야구의 역사를 총정리한 방대한 양의 저서 『민훈기의 메이저리그 메이저리거』와 『박찬호 124승의 신화』, 프로야구 외국인 선수의 이야기를 다룬 『나의 야구는 끝나지 않았다』등의 저서가 있다.

● 민훈기 블로그 http://blog.naver.com/minkiza

캐드 대신 워드word에 설계하는 여자

건축 칼럼니스트 **서 윤 영**

#1 건축

서윤영은 우리나라에 공업화와 근대화의 바람이 불던 시기이자 늘어나는 서울 인구를 수용하기 위해 변두리에 주택단지가 형성되는 시기에 서울 수유리에서 태어났다. 그리고 서울이 올림픽을 개최함으로써 국제사회에서 성인식을 치르던 때, 대학교에 입학했다. 1994년에는 성수대교가 내려앉았고, 1995년에는 삼풍백화점이 무너졌다. 그즈음 건축으로 전과를 하여 대학원에 입학을 하였는데, 졸업 무렵 외환위기를 맞았다. 우리나라의 건축으로 본 서윤영의 성장기다.

#2 글쓰기

어릴 때는 글쓰기를 지독하게도 싫어했다. 피해 다녔다. 학창시절 제일 싫은 시간은 체육 시간과 '글' 쓰는 시간이었다. "철저히 이과 타입" 이었던 그녀는 27살이 되던 해 수학에서 건축으로 진로를 변경한다. 15살, 운명처럼 건축이 마음에 들어온 이후 첫사랑처럼 건축을 품어온 그녀에겐 꽤 늦은 시작이었다. 3년간 건축대학원 과정을 이수, 졸업 후 건축사무소에 입사했다. 하지만 건축과는 이룰 수 없는 사랑이었을까, 몇 년이 지나 퇴사를 결심했다. 그리고 건축 칼럼을 쓰기 시작했다.

지독하게, 지독하게… 독서의 집짓기

27살은 대부분의 사람에겐 진로를 바꾸기 쉽지 않은 나이일 텐데, 과감한 선택을 하셨네요.

중학교 2학년 어느 순간 '건축가가 되고 싶다'는 생각이 들었어요. 하지만 실력이 모자라서 인지 건축과에 합격을 못 했고, 대신 수학을 전공했지만 건축에 대한 열망은 지우질 못했죠. 27살에야 결국 명지대 건축대학원에 입학했어요. 그 후, 건축사무소에 취업했어요. 주택 설계보다는 공공건물 설계가 주를 이루던 회사였어요. 야근, 철야를 반복하는 바쁜 회사생활을 했죠.

야근과 철야도 많은 건축사무소에서 다시 32살부터 책 읽기를 하셨다고 들었어요.

당시 IMF가 왔어요. 건축사무소에도 구조조정이 있었죠. 그러다 기획실로 부서이동을 하게 되었는데, 설계할 때보다 여유 시간이 많이 생기더라구요. 그즈음 결혼도 했어요. 중·고등학교 때는 책을 굉장히 많이 읽었는데, 20대가 되면 노느라 바빠서 책을 읽을 시간이 없었어요. 그런데 결혼을 하고 보니 연애하면서 썼던 에너지 소모를 안 해도 되더라고요. 그래서인지 다시 책을 손에 들기 시작했어요.

지금까지 얼마나 읽으셨죠?

일 년에 한 70권씩 읽죠. 3년이면 200권 정도 읽었어요. 본격적으로 글 쓰는 작업을 하기 전에는 많이 읽었고, 지금은 그만큼은 못 읽는데, 1년에 50권을 읽으면 2년에 100권을 읽잖아요. 그런 식으로 해서 평균 한 달에 4권 일 년에 50권씩 해서 645권이네요.

굉장히 양이 많아요. 책을 읽는 독특한 방식이 있나요? 속독을 한 다거나.

특별한 방법은 없어요. 전 속독하지 않아요. '책은 마음의 양식'이라는데, 밥을 많이 먹으려고 빨리 먹지는 않잖아요. 마음의 양식인 책을 많이 읽기 위해서 속독한다는 건 아닌 거 같았죠. 자연발생적으로 많이 읽다 보니 빨라질 수 있어도 특별히 속독법을 배웠다거나 그러지는 않아요.

그럼 그 많은 독서량을 기록하시나요?

읽은 날짜, 기억하고 싶은 내용, 페이지, 그리고 다시 읽은 경우는 다시 읽는 것까지 포함해서 기록해요. 아무리 바빠도 꼭 정리를 해야 안심이 돼요.

책을 읽을 때 장르 편식을 하시나요?

저는 인문학, 문학, 사회과학, 건축 이렇게 네 장르 정도만 읽어요. 인문학 중에서는 신화와 미시사를 읽어요. 문학은 클래식을 굉장히 좋아하구요. 일 년에 한 달 동안은 신화만 읽었던 해도 있어요. 그리고 건축문제가 결국 사회문제잖아요. 주택문제와 관련해서 아주 딱딱한 교과서 같은 책들을 읽죠.

T자 대신 펜대를 잡는 삶도 괜찮더라고요

한겨레 신문 칼럼 의뢰는 회사를 통해 받으신 건가요?

기획실 근무라는 게, 회사 홍보기사를 쓰고 건축가가 지은 건물에 대한 설명을 써서 주면 일반인이 알아보기 쉽게 고쳐 쓰고 그런 일들이었어요. 그러다 보니 자연스레 글쓰기 연습을 했던 것 같아요. 회사를 다니는 동안에는 T자보다 펜을 잡는 일이 더 잦아지더니, 급기야 실제로 지어진 건물보다 책 속에 지어진 집이 더 많게 된 거죠. (웃음)

원래는 미즈넷에서 활동하고 있었는데, 한겨레에서 칼럼 의뢰 전화가 왔어요. 이전에 건축 칼럼 쓰시던 분이 연재를 중단했기에, 새 칼럼니스트를 찾고 계셨대요. 이리저리 찾아보시다가 미즈넷에서 절 보신 거죠. 결과가 좋아서 항상 칼럼 중 항상 3위 안에는 들었답니다. (웃음) 그렇게 칼럼이 유명해지고 출판사 두어 군데에서 출판 의뢰가 들어왔죠.

처음 쓴 칼럼이 기억나세요?

건축에 관한 이야기는 아니었어요. 하루는 십 원짜리를 모았어요. 장을 보다 보니까, 십 원짜리를 저금통에 가득 모았는데, 그 당시 '십 원짜리를 유통합시다, 은행에 가지고 오시면 바꿔드립니다.' 하는 캠페인도 했었어요. 그래서 집 옆에 우체국에 십 원짜리를 바꾸려고 갔는데, 직원이 심드렁하게 보면서 바쁜데 왜 이런 걸 갖고 왔냐는 표정으로 십 원짜리를 무게를 달아요. 그램으로 달아서 돈으로 바꿔주는 거예요. 너무 황당한 거예요. 저는 십 원짜리 세느라 손에 녹이 퍼렇게 들었는데. 그래서 집에 가서 글을 썼죠.

"우체국이 중세 연금술사 같더라. 노란 십 원짜리가 싯누런 금화 같더라. 무게를 다는 것이 영락없이 중세연금술사 같더라. 악화는 양화를 구축한다고 했는데, 그걸 이제야 알겠다. 악화가 양화를 어떻게 구축하는지." 십 원짜리의 노란색에 착안해 노란 금화로 표현했지요. 그런데 글이 재미있다고 반응이 꽤 좋았어요.

설계하던 시절, 그립지 않으세요?

저는 지금도 제가 건축가라고 생각해요. 설계 안 하고 밖에 나가서 시공 안 한다 뿐이지. 그래서 전 미련이 없어요. 오히려 건축가들은 자기 마음대로 지을 수가 없죠. 건축주의 의견을 따라야 해요. 오히려 글 쓰는 일이 더 자유롭게 창의성을 발휘할 수 있기 때문에 캐드를 다시 잡고 싶은 생각은 없어요. 속이 울렁울렁한데, 누가 등을 딱 치면 오바이트를 하게 되잖아요? 글이 제게는 그랬던 것 같아요. 돌파구 같은, 글을 쓰면서 체증이 내려갔다고 해야 하나.

건축은 인간과 제도를 담는 그릇

자신의 글만의 매력이 있다면요?

건축만이 아니라 역사, 문학, 철학 등 건축과 상관없을 것 같은 이야기까지 함께 모아서 하나의 이야기로 만들어내는 솜씨는 있는 것 같아요. 따지고 보면 전혀 상관없는 두 가지 이야기를 잘 엮어서 풀어내는 게 재미있어요.

예컨대 왜 대기업 사옥의 1층 로비는 언제나 널찍하니 텅텅 비어 있을까요? 왜 엘리베이터는 하루에도 몇 번씩 타는 익숙한 공간인데 왜 탈 때마다 낯설고 어색할까요? 왜 아파트는 실물을 보지도 않고 미리 계약을 할까요? 이런 질문들을 통해 건축을 이야기하는 거죠. 그래서 단행본 『건축, 권력과 욕망을 말하다』에서는 시대의 변화에 따라 새롭게 등장한 인간집단과 제도를 담기 위한 그릇으로서의 건축의 모습을 다방면에서 추적하고자 했어요.

앞으로 무엇을 더 이루고 싶으세요?

일단은 책을 열심히 쓰고 싶고요. 2020년 정도까지 현역에서 열심히 활동하고 싶어요. 2020년에 52살이 되는데, 일 년에 두 번 정도 확실한 목표를 잡고 해석을 하고 싶어요. 교수님은 '너는 비평을 하고 싶은 거니?'라고 하시는데요. 이전까지는 '해석'이란 분야 자체가 없었죠. 해석은 다른 지평의 것을 가지고 와서 분석연구 하는 건데요. 건축은 총체적인 문화현상, 사회현상이기에 분석연구를 해야 한다고 생각해요. 나아가 '건축 해석가'라는 말도 듣고 싶어요.

해석의 특성상 다방면을 잡식성으로 공부해야 돼요. 지금 꾸준히 자료를 모으고 DB화하는 것도 모두 '건축 해석가'로 나아가기 위해서예요. 그렇다고 '이번 주엔 이 주제다.' 라는 식으로 자료를 모으지는 않아요. 책을 읽고 칼럼을 쓰면서 그때그때 자료를 축적해 두는 방식이죠. 이건 예쁜 구슬 사 모으는 것과 같아요. 오랜 세월 모아둔 색색 가지 구슬을 이렇게, 저렇게 끼워서 예쁜 목걸이를 만들겠다는 거죠. 그저 놀이처럼 즐겁고 기쁘게, 자료도 모으고 글을 쓰는 거죠.

서윤영
(주)아키플랜, (주)무영종합건축에 근무했으며, 그때 느꼈던 단상과 경험들을 글로 쓰기 시작했다. 이후 『세상에서 가장 아름다운 집』(2003, 궁리), 『집우집주』(2005, 궁리), 『우리가 살아온 집, 우리가 살아갈 집』(2007, 역사비평사), 『건축, 권력과 욕망을 말하다』(2009, 궁리) 등의 저서가 있다.

뻔한 영화만 보면
그 인생도 뻔해져요

영화 칼럼니스트 이 경 기

질문 하나. 가나에서 1년에 출시되는 영화는 몇 편일까. 아니, 가나 영화를 본 적이 있는지부터 묻는 게 순서겠다. 가나는 매년 60편의 영화를 제작하는 아프리카 영화 강국이지만, 그 사실을 아는 한국인은 거의 없을 것이다. 우리나라에 공개되는 해외 영화를 나라별로 따져보면 30개가 채 안 되기 때문이다.

'대한민국 1호 영화 칼럼니스트'로 알려진 이경기 씨는 '뻔하지 않은 영화'를 독자에게 소개하려는 목적의식을 지녔다. 잘 알지 못하는 나라, 이국의 가치관과 풍물, 사람들의 생활을 생생하게 체험하는 것은 영화만이 줄 수 있는 참 매력이라 여기기 때문이다. 책장 하나가 넘칠만한 양인 600권의 책을 저술하는 게 목표라는 이경기 칼럼니스트는 얼마 전 68번째 책을 출간했다. 놀랄만한 열정과 생산력이다.

한국의 'IMDB'를 만들겠다는 일념

1988년에 칼럼니스트 활동을 시작하셨어요. 그야말로 '개척자'이신데요. 참고 자료나 레퍼런스가 많지 않아서 어려웠을 것 같은데요.

해외 신문, 매거진을 주로 참고했었지요. 영화 쪽으로는 〈LA 타임즈〉가 유명했었어요. 그 외 〈시카고 트리뷴〉, 〈엔터테이먼트 위클리〉, 〈토탈필름〉 등을 자료로 삼았습니다.

그 시절의 답답함 때문에 『세계 영화 대백과』(2011) 발간의 동기가 되었나 보네요. 기획에만 10년, 집필에만 3년이 걸린 대작업이었다고 들었어요.

네. 해외 정보가 탐이 났었죠. 영화 글 쓰는 사람들이라면 누구나 세계적인 인터넷 데이터베이스 구축의 꿈이 있을 거예요. 제게는 '한국의 IMDB(세계적 영화 정보 사이트)를 만들겠다'는 장기적 계획이 있습니다. 『세계 영화 대백과』는 그 전초전이라고 보시면 될 것 같아요. 이 책은 원고만 3만 5천 편, 물리적으로는 A4용지 3만여 장으로 이뤄졌어요. 초기 기획부터는 10년이 소요됐는데, 책을 낼 곳을 구하러 스무 군데 이상을 돌아다녔어요. 출판사들은 '손익분기점을 넘지 못할 것'이라며 거절했고요. 다행히도 한 곳에서 약 1억 원을 지원해 주셔서 출간할 수 있었어요.

다양한 외국어로 된 자료들은 어떻게 번역하셨나요?

독어, 일어, 불어, 중국어 등의 외국어 번역 등에 5천만 원 정도가 필요했어요. 어쩔 수 없이 사비도 꽤 들였죠. 아파트를 저당 잡히기도 했어요.

꿈 때문에, 고되고 힘든 시기였겠습니다.

힘들었던 건 돈 문제는 아니었어요. '괜한 짓을 하는 것은 아닌가.'라는 의구심이 찾아올 때 가장 힘들었어요. 주변에서는 다들 가당치 않은 일이라고, 이게 가능할 거면 진작 누군가 하지 않았겠냐고 말렸지요. 그래도 영화를 사랑하는 사람들에게 가장 필요한 작업을 내가 하고 있다는 사실을 상기하며 힘을 냈습니다. 사명감이 가장 큰 에너지가 됐어요.

칼럼니스트의 제1 자질은 호기심

영화를 고르는 기준이 궁금합니다. 특히 제3 세계 영화에 관심이 많으시죠.

저는 일부러라도 제3 세계 영화를 많이 보려고 해요. 영화제에서도 잘 알려진 국가 외에 독자가 쉽게 접하지 못하는 영화를 보려고 노력하지요. 다른 때에도 볼 수 있는 영화라면 굳이 영화제에서 고를 필요는 없다고 생각해요. 저는 낯선 국가 이름을 발견하면 심장이 뛰어요. (웃음) 나이지리아에서 1년에 900편가량의 영화가 제작된다는 사실을 아세요?

또 다른 이유는, 칼럼니스트로서의 차별적 정체성 때문이에요. 유명한 영화들은 그 누구라도 칼럼을 쓸 수 있어요. 공개된 자료도 아주 많고요. 하지만 관련 자료가 빈약하고, 독자에게도 낯선 제3 세계 영화 칼럼을 잘 쓰기는 쉬운 일이 아니에요. 그러므로 그게 제 의무라고 생각하지요. 개인적으로는, 그들의 영화를 보면서 인간으로서 관점이 다양해지고 시야가 넓어지는 장점이 있었어요.

글을 쓰기 위해 영화를 보는 방법이 따로 있나요? 영화 칼럼니스트 지망생들은 영화 칼럼니스트들이 쓰는 특별한 극장용 펜이나 노트가 있을 거라고 상상할지도 몰라요. (웃음)

특별한 노하우랄 건 없고, 기본적인 방법들이에요. 극장에서 영화를 볼 때에도 쉴 새 없이 메모, 메모, 메모죠. 다른 필자들의 경우에도 별다른 건 없을 거예요. 열심히 보고 와서, 열심히 자료를 찾아보는 수밖에는요. 집필 시에는 관련 책들을 여러 권 참고해서 완성도를 높여요. 예컨대, 프러포즈하는 장면을 서술할 때 '프러포즈 시에 장미꽃을 주는 이유'에 대해 관련 자료를 찾아서 보강합니다. 심리학 서적을 참고하기도 하고요.

영화는 무궁무진한 재료를 다루고, 삶과 세상의 전방위적인 면을 그리는 것이다 보니 영화 칼럼니스트의 자료도 전방위적인 것일 수

밖에 없어요. 심리학, 사회학, 정치학, 경제학 등 다방면의 책을 가까이 두고 써야 합니다. 그중 저는 음악, 심리학 쪽이 특화된 필자고요.

자료 수집을 할 때 특별한 노하우가 있으세요?

특별한 것은 없고요. 가령, 참고서적을 볼 때 스피드를 높이기 위해 목차부터 봐요. 이번 칼럼 주제가 '증오'라고 한다면, 심리학 서적을 열어서 '분노의 이유' 챕터를 읽어요. 주제가 '프랑스 요리'라면 세계의 요리를 망라한 서적을 열어서 프랑스 편을 보고요. 글을 쓰기 위한 독서는 철저히 발췌독이 되어야 하죠.

주로 '칼럼니스트'로 소개되는 편이세요. 평론가와 칼럼니스트를 나누는 기준이 있을까요?

평론가는 자기 생각이 많이 들어간 평론을 쓰고요. 칼럼니스트는 자기 생각이 어느 정도 절제된 칼럼을 쓴다고 생각해요. 칼럼니스트의 글이 평론가의 글에 비해 보다 객관적이지요. 예를 들어 영화《설국열차》에 대해 말한다고 했을 때, 평론가가 상층계급과 하층계급이 철저히 나눠진 사회 속에서 가진 자의 횡포에 대한 공감을 일으키는 글쓰기를 한다면요. 칼럼니스트는 '전 세계의 빈부 격차가 심한 상황이지만 상하층 모두 만족시킬 수 있는 방안은 없다.' 정도로 견해를 밝히는 거죠. 즉 칼럼은 좀 더 큰 틀의 사회적 현상과 외부 견해를 '기사 톤'으로 전달해야 한다고 봐요.

칼럼니스트라는 직업은 만족도가 꽤 높을 것 같아요.

가장 큰 장점은 역시 '자기만족'이죠. 저는 대기업 임원이 하나도 안 부러워요. 거짓말이 아니에요. 꾸역꾸역 입사해서 사장까지 올라갔다 쳐 봐요. 퇴사하면 자신에게 남는 것은 아무것도 없어요. 그 무엇도 온전한 '내 것'이 아니니까. 알고 보면 다 조직의 것이라고요. 그런 사람이 회사 밖으로 나오면, 경쟁력이랄 게 없어요. 이전의 경쟁력은 조직의 뒷받침에 기반을 둔 것이었으니까.

하지만 칼럼니스트는 오로지 자신의 경쟁력으로 A부터 Z까지 책임져야 먹고살 수 있어요. 연차가 높아질수록 경쟁력이 높아지지 않으면 도태되니까 끊임없이 경쟁력을 갈고닦을 수밖에 없죠. 책에 '이경기' 이름 세 자는 자랑스러움이기도 하지만 무서운 책임감이기도 하거든요. 이런저런 활동을 하더라도 나중에 '그 사람 뭐 하는 사람이야' 물으면, 역시 '글'밖에 없어요.

단점도 있나요?

아무래도 돈이 안 된다는 것? (웃음) 옛말에 '명예를 얻는 사람은 재물을 탐하지 말라'고 하잖아요. 이왕 내가 좋아하는 일을 택했다고 하면, 내가 이걸로 큰돈을 벌겠다는 욕심은 없어야겠지요.

영화 칼럼니스트의 제1 자질이 뭘까요? 후배들에게 조언을 부탁드려요.

호기심! 호기심 많은 사람이 글을 잘 써요. 책도 그렇고 영화도 그렇고 젊을 때는 여러 작품을 많이 보면서 시야를 넓히는 게 중요해요. 제가 고등학교 2학년 때 배창호 감독님 강의를 들었는데, 한 학생이 그분께 질문을 했어요. "제가 앞으로 어떤 걸 준비하면 될까요?" 감독님이 뭐라셨는지 아세요? "사람 죽이는 것만 빼고 다 해 봐라." 저는 그 생각에 전적으로 동의해요.

일을 사랑하더라도 때로 지겨워지는 순간이 오지요. 매너리즘에 빠질 때가 있었나요? 그럴 때 어떻게 극복하셨어요?

《아메리칸 사이코》라는 영화를 보면, 크리스찬 베일이 연기한 남자 주인공이 벤처 회사 2세예요. 그런데 회사 가서 손톱 손질만 하면서 시간을 죽여요. 남들이 모두 부러워할 만한 재력을 갖고 태어났는데, 자신은 그게 무료한 거예요. 하루는 거래처에서 명함을 받아요. 그런데 문득 그 명함이 반짝이는 걸 보고 불쾌해져서 명함 준 사람을 유인해서 살해해요. 그 이후에는 광기가 폭발해 연쇄살인을 저지르죠. 좀 과격하게 이야기했지만(웃음) 요점은 사람은 누구나 일상 속에서 자신만의 스트레스 푸는 건전한 방식이 있어야 한다는 거예요. 그게 뭐가 됐던지, 확실한 해소책이 없다면 글을 오래 쓰기 어려워요. 저는 사우나도 좋아하고요. 산에 가서 욕을 하기도 해요. 다 덮어놓고 오래오래 잠을 자보기도 하고요. 가끔은 아주 야한 에로영화를 봐요.

글판의 리베로

칼럼 연재 시에, 클라이언트의 의견을 얼마나 반영하시는 편인가요?

당연히 최대한 반영해요. 글을 의뢰하는 사람이 원하는 걸 못 맞춰 준다는 건 필자로서의 능력이 부족한 것입니다. 작년에는 한 철강업체에서 기고요청이 들어왔었어요. 영화를 다양하게 추려 보면서 여자 주인공이 용접공인 영화를 골라서 글을 썼어요. 철강 분야에 대해 지식은 적었지만, 최대한 공부를 해서 그 매체를 읽을 독자의 흥미를 유발하고자 했지요. 칼럼니스트는 어떤 소재, 주제로 원고 청탁이 와도 쓸 수 있는 '리베로'가 되어야 합니다.

에디터의 원고 수정에 대해서는 관대하세요?

'내 문장 토씨 하나도 틀리지 않게 그대로 실어라, 아니면 원고 안 보내겠다' 하는 건 미련한 거예요. 가끔 제 원고가 부족하다고 하면 '편집자님이 알아서 잘 고쳐 주세요.'라고 넘기기도 해요. 그런데 제가 절대로 굽히지 않는 건 이런 거예요. 제가 지금 20대 같은 글을 쓸 수가 없어요. 인간과 세계를 조망하는 시선 자체도 다르고요. 또 제 나이에 맞게 글이 원숙해져야 한다고 생각해요. 글 분위기를 갑자기 발랄하게 하려는 과욕을 부리지는 않으려 해요.

이루신 것이 많지만 이루실 것도 많죠. 영화 칼럼니스트로서의 새로운 꿈이 있으세요?

제 소망은 2권 분량의 『세계 영화 대백과』를 브리태니커 백과사전처럼 30권 분량으로 개정 및 증보하는 것이에요. 나아가 이 책을 인터넷과 연계해 정보 서비스를 시작하는 것입니다. 미국 헐리웃 위주의 정보를 제공하는 IMDB를 능가하는 영화 전문 사이트를 오픈해서 수익 모델을 만들고 싶어요. 우리나라도 텍스트 콘텐츠의 유료화가 필요한 시점이라고 생각합니다.

이경기

1985년 영화 전문지 기자로 입사해 시사 주간지, 일간지, KBS-2FM '영화 음악실' 구성 작가 겸 캐스트 진행을 맡았다. 각종 월·주간지에서는 영화, 음악, 방송, 뮤지컬, 출판, 연극 등을, 일간지에서는 정치, 경제, 체육부, 문화부를 담당했다. 1988년부터는 '국내 1호 영화 칼럼니스트'로 활동하면서 전방위 글쓰기에 전념하고 있다. 『아카데미 영화제 65년사』, 『시네마 클래식』, 『세계 영화 대백과 사전』 등 영화 및 영화 음악전문서 등 누적 65권 출간으로 국내 최다 영화 전문서 및 에세이 출간기록을 보유하고 있다.

쓸 필요 없는 말들을 가려내기 위하여

음악 칼럼니스트 **유 정 우**

클래식 애호가가 가장 사랑하는 숫자가 무엇일까. 아마 93.1일 것이다. 클래식 라디오 채널 93.1의 명실상부한 인기 프로그램 《장일범의 가정음악》, 그중에서도 인기가 좋은 코너는 격주 금요일로 방송되는 '오페라 세상만사'다. 이 코너에서는 그 어떤 심각하고 어려운 오페라도 해박한 지식을 기반으로 한결 유쾌하고 재치있게 재탄생한다.
패널 중 한 명인 유정우 칼럼니스트는 여자 역할을 포함해 1인 5역도 거뜬히 해낸다. 유머감각과 순발력을 갖춘 그의 애드립을 듣노라면 '개그콘서트'가 따로 없다 싶다. '무슨 칼럼니스트가 이렇게 연기력이 좋으냐'는 청취자 문자가 쏟아지는 이유다. 그의 본업을 알고 나면 놀라움은 더 커진다. 유정우 씨는 강북삼성병원에서 흉부외과 교수까지 지낸 의사다.

새로운 기준을 제시하고 싶어서

본업이 의사신데 음악 칼럼니스트로서의 활동은 어떻게 시작하셨는지 궁금합니다.

처음엔 그야말로 순수한 취미생활이었어요. 유년기에 집에 있던 클래식 음반을 듣기 시작했고 국내외의 클래식 전문지를 모조리 사 모으면서 독학을 했어요. 저는 음반보다는 실황공연을 보는 게 좋더라고요. 그래서 자연스럽게 현대 연주자들에 대한 관심이 많아졌죠.

90년대부터는 음악 동호회 활동을 했는데, 해설을 달고 평을 하면서 알음알음 알려지기 시작했어요. 그러다가 잡지 〈객석〉에서 청탁을 주신 겁니다. 워낙 좋아하는 잡지라 영광스러웠죠. 이후 음악기획기사, 음반평론, 비교평론 같은 기사들을 일간지에 기고하게 되면서 칼럼니스트로서의 활동을 시작했습니다.

평론을 쓰겠다는 생각을 가지고 계셨었나요?

80년대까지 활동하시던 원로 평론가분들의 글은 일본의 영향을 많이 받은 탓에 개념적인 것이 많았어요. 뜬구름 잡는 내용이 많았죠. 또 검증된 거장들의 연주에 대해서는 칭찬을 했지만 카라얀이나 번스타인 같은 신참 연주자들의 연주에 대해서는 인신공격하듯이 감정적인 욕들을 많이 썼죠. 중요한 건, 그분들은 카라얀의 연주를 현지에 가서 한 번도 들어본 적이 없었다는 거예요. 그런 것에 대해서 거부감이 원체 많았어요.

평론활동을 시작하게 된 계기에는 일본 스타일의 원로평론가들에 대한 반발과 새로운 우리만의 기준을 제시하겠다는 욕심이 있었기 때문이었어요. 마침 그때가 새로운 평론가들을 찾고 있던 시기라 우연치 않게 제가 시작하게 되었지요.

1년에 두 차례 정도 공연을 보러 해외원정을 가신다고 들었어요. 칼럼을 쓰기 위해 가시는 건지요?

젊은 해설가나 칼럼니스트라면 클래식 음악의 본고장인 유럽의 음악이 어떻게 돌아가는지는 계속 알려야 된다고 생각해요. 단적인 예로, 5월에 바그너 200주년 연주회가 있었는데 표도 구하기 힘든 세 가지 음악회를 다 봤어요. 그 음악회에 딱 세 명의 가수가 섰는데 그 중 한 명이 한국인이란 것은 대단한 사건이에요. 그런데 저랑 동행했던 한 명의 평론가 이외에는 음악 평론계에 있는 분들이 아무도 오지 않았어요.

베를린 필에 대해 정당한 평을 하려면 적어도 베를린에 가서 몇 번은 들어봐야 하는 거 아니에요? 중요한 건, '내가 쓸 필요가 없는 말'을 가려내는 거예요. 그리고 그건 일단 직접 가서 들어봐야 가능한 일이고요.

녹음의 완벽을 넘어서는 현장의 불완전함

평을 쓸 때는 반드시 현장에서 듣고 나서 써야 한다는 것이 철칙인가요?

유럽을 자주 가게 되면서 연주가 친구가 생겼어요. 그 친구로부터 현장의 뒷이야기들을 들으면서 쓸데없는 환상이 깨지고 본질이 보이기 시작하더라구요. 바이로이트 페스티벌에 2001년 처음 갔다 돌아와서 이전에 써놨던 바이로이트에 관한 글들을 다 삭제했어요. '내가 완전히 거짓말을 써놨구나.'라는 생각이 들었어요. 음반만 듣고 쓴 글이니까. 틀린 이야기는 아니지만 자기 체험이 담겨있지 않고 간접체험으로만 쓰니까 그 글들이 부끄러웠던 거예요. 그때 이후로 오디오를 다 팔아버리고 컴퓨터로 듣고 있어요. 듣고 싶으면 진짜 연주회장에 가서 들으면 되니까요. 해외공연 원정을 가보면서 느낀 게 그거예요. '현장이 가진 불완전함이 클래식 음악의 감동을 만들어낸다'. 연주의 완벽함을 뛰어넘는 현장의 감동은 다른 분야의 공연예술에서도 마찬가지 아니겠습니까?

혹 비전공자로서 칼럼니스트로 활동을 하시는 것에 대한 부담감은 없으신가요?

아마도 전공자들은 아마추어 해설가나 평론가를 상당히 못마땅해하고 있겠지요. (웃음) 그런데 저 같은 사람은 애호가로서 느꼈던 목마름을 잘 알아요. 음악 애호가로서 느꼈던 시행착오들을 기억하고 있죠. 그렇기에 청중들의 어떤 정보를 알고 싶어 하는지를 파악해서 그

것들을 최대한 메워주려 노력해요. 또 청중들이 연주자가 보완할 점을 더 잘 알고 있는 경우도 많아요. 청중이 되어보지 않고 무대 위에서만 있어본 연주자들은 모르는 점들이죠. 그래서 저는 청중과 연주자 사이의 다리 같은 역할이 되고 싶어요.

비전공자로서의 장점이 분명 있네요.

그렇죠. 우리나라에서는 '클래식=고급음악'이라는 강박, '클래식은 공부해야 들을 수 있는 음악'이라는 오해가 많아요. 하지만 이 장르도 오래전에는 일반적으로 즐기던 음악이었잖아요. 저는 클래식도 엔터테인먼트 중 하나라는데 중점을 둬요. 제가 가장 강조하는 것은, 주눅 들지 말라는 것! 유럽 사람들도 아리아 가사를 잘못 알아듣는 경우가 있어요. 옛날 말이니까. 고전이라 그들도 100프로 이해 못 하는 거죠. 그래도 그냥 좋으니까 듣는 거예요. 그래서 강의할 때 수강생들에게 절대 졸지 말아야 할 부분과 졸아도 괜찮은 부분을 짚어 주기도 해요. 직장인들, 퇴근하고 공연 보러 가면 얼마나 피곤해요. 좀 졸 수도 있죠. 하지만 돈과 시간이 아까우니까 꼭 들어야 할 부분은 꼭 들어야겠죠.

'평론가'라는 직함에 대해서는 어떠신지요.

아무렇게나 불러도 상관없긴 하지만 평론가라는 직함은 상당히 부담스러워요. 저도 악곡을 보고 분석을 하긴 하지만 전공자들처럼 책임 있는 분석을 하긴 어렵다고 생각해요. 그런데 우리나라 같은 경우엔 저 같은 아마추어 해설가가 필요하다는 생각은 있죠. 왜냐하면 전공자들과 애호가 그룹 간의 교류가 거의 없는 상황이기 때문이에요.

우리나라에서 음악을 전공한 분들은 레슨과 연주를 병행해야 생존할 수 있는 게 현실이에요. 따라서 전공자들이 애호가들의 갈증을 풀어줄 여유가 별로 없어요. 게다가 전공자들보고 해설하라고 하면 깊은 얘기가 돼서 너무 어려울 거예요. 대중이 이해하기 쉽게 설명해 달라고 하면 쓸데없이 변죽 울리는 얘기들만 합니다. 애호가들의 갈증을 이해 못 하는 거죠. 그런 부분에서 애호가 출신의 아마추어 평론가나 해설가들이 장점이 많다고 봐요.

어려운 질문 하나 드릴게요. 우리나라에서 음악 칼럼만 써서 먹고 살 수 있을까요?

저는 본업이 따로 있지만, 제 후배나 또래들 중에 이것만 하면서 먹고사는 사람이 있습니다. 물론 글로만 먹고사는 것은 아니고 멀티 플레이어죠. 잡지나 신문 기고는 기본이고, 강좌를 맡아서 하고, 간혹 방송출연을 합니다. 클래식 음악 칼럼니스트로만 생활을 하려면 독신자들은 가능해요. 심지어 여행하는 것까지 가능하죠. 애호가들과 함께 인솔자 자격으로 여행할 수 있는 기회가 있어요. 하지만 원고는 단가가 낮기 때문에 양으로 승부해야 해요. 중앙지는 음악 전문기자들이 있어서 객원으로 기고하기가 쉽지 않고요, 신문, 잡지, 인터넷 매체 가리지 않고 수많은 데 원고를 써야 합니다. 방송 출연 요청이 들어와서 고정적으로 오랫동안 출연할 수 있게 되면 인지도를 높이는 데 도움이 돼요.

또 한 가지 방법이 있어요. 방송작가를 겸하는 거죠. 클래식 음악 방송은 클래식 음악을 아는 사람이 하는 게 좋으니까요. 그런데 의외로 경쟁이 심한 편이에요. 멀티플레이어로서 클래식 음반 쪽에도 관여하고, 방송작가, 강의나 해설, 여행 관련이 동시에 이루어지지 않으면 생활이 힘들어요. 그리고 책을 써야죠. 전업이라면 방송과 더불어 책이 꼭 필요해요. 베스트셀러가 될 수는 없어도 스테디셀러만 되도 먹고사는 데 지장이 없지요.

유정우
90년대 후반부터 오페라 동호회 활동을 했고 2000년대부터 본격적으로 클래식의 대중화와 재발견을 위한 다방면의 활동을 시작했다. 예술의 전당 아카데미 정기 강좌 〈유정우의 오페라 살롱〉을 비롯해 KBS 라디오 《신성원의 문화읽기》, 《황정민의 FM대행진》, 《장일범의 가정음악》과 KBS 1TV 《명작스캔들》 등에 고정 패널로 출연했다.

흔들릴 때마다 묻는다,
"당신은 왜 칼럼을 쓰고 싶습니까?"

심리학 칼럼니스트 **강 현 식 (누 다 심)**

히틀러와 같은 전쟁광에게는 대체 어떤 심리가 존재하는 것일까. 일본의 사무라이들은 왜 마지막 순간에 장렬한 자살을 선택할까. 세계사 속 사건을 들여다보면 인간의 심리에 대해 궁금해지는 것이 한두 가지가 아니다. 그럴 땐 누다심의 칼럼을 읽으면 된다. 각종 사건을 일으키는 사람들의 알 듯 모를 듯한 속내를 엿보는 재미가 쏠쏠하다. 그들을 통해 나와 타인, 세계를 이해하게 된다.

'누다심' 강현식 칼럼니스트는 모든 사람이 심리학과 재미있게 놀기를 간절히 바란다. 그 순수한 열망을 실현하기 위해 택한 도구가 글이었다. 대중매체 출연, 심리상담, 심리학 강좌, 웹툰 자문위원 등 다방면의 활동들도 모두 같은 목적이다. 누구나 다가갈 수 있는 심리학. 세

상 밖으로 나온 심리학.

'누다심'이라는 필명이 재미있어요.

제가 2002년에 고려대학교 심리학과에 편입했어요. 공부를 하다 보니 학생들 사이에 정보 이기주의가 팽배해 있더군요. 상대평가로 성적을 매기게 되니, 서로 정보를 공유하려 하지 않았어요. '나만 성적을 잘 받으면 된다'는 생각들이 참 아쉬웠죠. 여럿이 모여서 배움을 나누는 가운데 발생하는 시너지 효과를 기대하기 어려웠고요.

그런데 저는 다르게 생각했어요. 모든 사람이 정보를 공유하고, 그 가운데 가장 열심히 한 사람이 A+를 받아야 진짜 성적이라 생각했죠. 그래서 제가 가지고 있는 심리학 정보를 카페에 올리기 시작했고, 그러면서 이 필명을 고안하게 됐어요. '누구나 다가갈 수 있는 심리학을 꿈꾸는 이', 누다심은 그렇게 탄생했어요.

정보는 공유되며 진화해야 한다는 신념

처음부터 심리학도는 아니었네요.

그렇죠. 1997년 제대할 당시 연예인 마약 사건 등 다양한 심리적 문제들이 표면화되기 시작했어요. 심리학에는 그때부터 관심을 가지기 시작했고, 여기까지 오게 됐어요. '심리 치료 공동체 운영'이라는 대전

제 아래 심리학 관련 활동을 이어가다 보니 책을 쓰게 되고, 어느새 칼럼니스트가 되어있더군요.

어떤 과정을 통해 책을 출판하게 됐나요?

1997년도에 심리학을 공부하기로 결심한 뒤 학사 편입을 위해 심리학 공부를 시작했어요. 그런데 딱히 정보를 얻을 수 있는 루트가 없더군요. '그렇다면 내가 만들면 되지' 싶더군요. 제가 성격이 좀 그래요. 그래서 2002년 '심리학을 공부하는 사람들'이라는 카페를 만들었어요. 이후 싸이월드 카페로 이전하면서 잡지 〈페이퍼〉에 심리학 정보를 연재했고, 한 출판사가 이를 눈여겨보고 연락을 해 왔습니다. 마침 석사 공부가 마무리 단계여서 제의를 수락하게 됐죠.

《컬투의 베란다쇼》에도 출연하셨어요. 그 외 라디오 등 여러 매체에 출연하셨고요. 심리학자 적성 프로그램 운영, 입시 강좌, 심리학 콘서트, 집단 상담, 웹툰 자문 등 활동 폭이 굉장히 넓습니다.

인생의 원칙이 하나 있어요. "사람들에게 심리학을 널리 알리겠다." 이 원칙과 부합된다면 뭐든 가리지 않고 합니다. 먼저 제안이 들어오면 '내가 할 수 있는가'를 우선 생각하지요. 제가 추구하는 방향과 프로그램의 의도가 같은지를 따져본 다음 행동 여부를 결정합니다.

웹툰「닥터 프로스트」의 이종범 작가가 자문을 부탁했을 때도 마찬가지 생각이었어요. 웹툰이 드라마로 제작되면서는 드라마 자문도 맡고 있는데요. (그럼 돈을 더 받으시나요?) 그렇지는 않아요. 안 받아요. 이 드라마는 국내 최초의 심리학 드라마고, 제가 기여할 부분이 있으니 기쁜 마음으로 받아들이는 거죠. 이런 활동으로 인해 심리학에 대한 대중의 인식이 올바른 방향으로 바뀔 수 있다면 보수에 상관없이 뭐든 할 의향이 있습니다.

글이 물 흐르듯 쉽게 읽힙니다. 어릴 때부터 글쓰기에 재능이 있으셨어요?

저는 제 이름 뒤에 '작가'라는 타이틀이 붙을 줄은 생각도 못 했는 걸요. 책을 내고 나서도 그런 생각은 꿈도 못 꿨죠. 제가 '작가'란 자각을 못 했어요. 그런데 어느 날 한 모임에 제 책을 읽은 친구가 이러는 거예요. "작가님 실제로 뵈니 너무 기뻐요." 그제야 '아, 내가 작가구나' 했죠. 제 이름 박힌 책이 서너 권 쌓이고 나서야 작가의 정체성을 받아들인 셈이에요.

어려운 것을 쉽게, 쉬운 것을 깊게

2011년 『아빠양육』을 출간했어요. 역사, 육아와 심리학을 접목한 책을 많이 쓰는데, 특별한 이유가 있나요?

대중들이 주로 관심을 갖는 분야를 통해 심리학을 알리고 싶었어요. 역사 및 육아 정보에 대한 대중들의 욕구에 부응해 두 분야를 택한 거죠. 특히 두 아들의 아버지로서 육아에 대한 관심도 많았고요. 사실 방송 출연, 웹툰 자문, 강연 등 다양한 활동을 하는 이유도 그거예요. 심리학을 세상에 널리 알리기 위해 유용한 방법이라서 하는 거예요. 다른 수단이 생긴다면, 그것도 열심히 하겠죠.

누다심 칼럼의 힘은 무엇인가요?

저는 글을 쉽게 쓰려고 노력합니다. 사실 심리학이 굉장히 전문화된 분야이기에 본격적으로 파고들면 대중의 관심을 잃기 십상이거든요. 그래서 누구나 읽고 이해할 수 있을 만한 난이도로 써요. 그래서 많은 분들이 "쉽고 재미있다"고 말씀해 주시죠. 또 칼럼은 전문적인 지식을 일반 독자들에게 전달하는 통로 역할을 하잖아요. 전문지식을 누구나 쉽고 재미있게 접할 수 있는 글. 제 칼럼의 힘은 여기에 있다고 생각해요.

글의 소재를 택할 때에도 대중이 잘 아는 것을 택하시더라고요.

네. 만약 사회 심리학 이론 중 '나이브 리얼리즘$^{naive\ realism}$'에 대해 쓴다고 쳐요. 나이브 리얼리즘은 사람들이 '나는 아주 객관적으로 보고 판단한다. 다른 사람들도 모두 나와 같을 것이며, 내가 보는 것은 정확한 상황 그 자체이다.'라고 생각한다는 건데요. 이 주제를 글로 쓸 때 저라면 '펠레의 저주'를 도입부에 써요. 펠레의 저주란 축구황제 펠레가 월드컵에서 특정 국가가 선전할 것이라고 예언하면 그 국가는 결국

부진한 성적을 거두고 체면도 못 차리게 된다는 건데요. 펠레는 피파와의 공식 인터뷰에서 '기자들은 내 말 중 틀린 것만을 보도했다'며 강하게 불만을 토로한 적도 있어요.

그런데 재밌는 건요, 펠레의 저주가 어느 정도 사실인지는 실제로 별로 중요하지 않다는 거예요. 사람들은 자신이 믿고 싶은 것만 믿는 경향이 있거든요. 만약 펠레가 아무리 억울함을 토로해도 사람들의 머릿속에는 펠레의 말은 모두 틀리다는 인식이 있으니까 이에 들어맞는 사례만 기억되는 거예요.

집필 동기에 대한 끝없는 고민이 동력

'칼럼니스트는 ○○○○을 가져야 한다.' 라면?

내 글에 대해 소신이요. 말은 쉽게 잊히지만 글은 지워지지 않아요. 그래서 자기가 책임질 수 있는 객관적 사실과 그에 대한 의견이 반드시 필요합니다. 칼럼니스트는 기자와 달라요. 칼럼에는 본인의 소신과 철학이 들어가죠. 객관적 사실을 바탕으로 본인의 주장을 펼칠 수 있는 소신이 가장 중요하다고 봐요.

칼럼니스트의 미래가 밝다고 생각하세요?

저는 칼럼니스트의 미래가 충분히 밝다고 생각합니다. 전과 달리, 그간 일부 계층이 독점했던 정보가 점점 대중화되고 있으니까요. 누구나 지식과 정보에 대해 평등하게 접근할 수 있는 분위기가 만들어지고 있는 거죠. 이런 분위기 속에서 칼럼니스트를 꿈꾸는 후배님들은 자신의 글에 대해 확신을 가질 필요가 있어요. '내가 왜 글을 쓰고 싶은가'에 대해 끊임없이 생각해야 해요. 내가 흔들릴 때마다 삶의 방향을 올바르게 잡아줄 수 있는 것은 결국 '그럼에도 왜 이 일을 해야 하는가' 하는 물음이거든요. 그러니 명확한 주관을 가지고 글을 썼으면 해요.

누다심의 내년과 내후년은 어떤 모습일까요?

심리학 지식을 대중들의 눈높이에서 풀어내는 글을 쓰고 싶어요. 결국 대중들의 이슈에서 벗어날 수 없는 거죠. 그래서 요즘 이슈가 되고 있는 '혼자 사는 사람들'을 대상으로 심리학책을 펴낼까 해요. 그리고 궁극적으로는 '누구도 심리학 지식에서 소외되지 않는 사회'를 만들고 싶은 게 제 목표입니다.

강현식

가톨릭대학교 심리학과 졸업 후 고려대학교 대학원에서 임상 및 상담심리를 전공했다. 우리나라 대중들이 심리학에 대해 정확히 알지 못한다는 사실을 깨닫고, 심리학의 대중화를 꿈꾸기 시작했다. 지은 책으로는 『세상 밖으로 나온 심리학』, 『누다심의 심리학 블로그』, 『심리학으로 보는 조선왕조실록』, 『그 어머니들의 자녀교육 심리』등의 여러 대중 심리서가 있다.

● 누다심의 심리학 아카데미 http://www.nudasim.com

나무에 미친
이 즐겁고 풍요로운 인생

나무 칼럼니스트 **고 규 홍**

늘 곁에 있으면 도리어 그 존재의 소중함을 느끼지 못한다. 가까이에 있는 존재들에게 한결같이 감사하며 사는 사람들은 구도자들뿐이지 않을까. 길가의 꽃, 나무, 바위, 별의 소중함을 모르며 살아가는 우리처럼 고규홍 씨 역시 한때 그랬다. 그러던 어느 날 흔한 나무 한 그루가 그의 눈에 들어왔다. 한겨울에 호젓하게 피어난 목련. 그는 목련의 사연이 슬며시 궁금해졌다. 이 나무, 저 나무의 사연이 알고 싶어졌다. 순간의 호기심이 이끌어준 나무와의 속 깊은 인연. 그렇게 기자생활을 접고 숲 속으로 숨어들어 나무로 인간의 삶을 조망한 지 어언 15년이다. 그동안 '나무 덕후', '나무 인문학자', '나무 칼럼니스트'라는 포지셔닝은 온전히 그의 것이 됐다.

지금은 칼럼니스트로 살아가고 있지만, 자신의 마지막 글은 소설이 될 거라고 말하는 고규홍. '에밀 아자르'라는 필명으로 낸 소설 『자기만의 생』으로 자신의 뛰어난 문학성을 거듭 입증했던 소설가 로맹 가리처럼 자신도 필명으로 새로운 문학 세계를 선보이고 싶다고 했다. 그가 피워 온, 앞으로 피워 낼 나무와 사람의 이야기는 언젠가의 소설 한 편의 단단한 흙이 될 것이다.

———

칼럼을 생동감 있게 만드는 스토리텔링의 힘

우리나라의 나무라는 나무는 전국 방방곡곡을 돌아다니며 연구하고 계십니다. '나무 인문학자' 고규홍과 나무의 첫 만남을 자세히 들려주세요.

저는 '천둥처럼 나무가 내게 걸어왔다'고 표현하곤 하는데요. 그야말로 제 인생에 나무가 불쑥 뛰어들었어요. 어느 날엔 출근길에 문득 나무가 눈에 들어오기에 보이는 나무마다 다 메모를 했더니 그게 한 6~70종류가 넘더라고요. 와, 놀라웠죠. 개나리, 플라타너스, 쥐똥나무…. 마냥 아이처럼 신기했어요. 모르는 나무도 많다는 것을 알았고요. 이 세상의 다양한 사람만큼이나 나무의 종류도 다양하다는 생각을 처음 했어요. 나무를 보면서 사람에 대해 깊이 생각하게 되었어요.

신문사 기자 시절부터 나무 칼럼을 쓰셨던 건가요?

그건 아니에요. 외환위기로 기자들이 구조조정을 당하던 시기, 무모하게 사표를 던지고 나서부터 본격적으로 쓰기 시작했죠. 신문사를 그만두고 잠시 천리포 수목원에 들어가서 지냈던 적이 있어요. 머리도 식히고 그동안의 나도 돌아볼 겸 말이죠. 그때가 겨울이었는데 산책을 하던 중에 어떤 나무에 꽃이 핀 것을 발견하게 됐죠. 가까이 가서 보니까 목련인 거예요! 생각해 보세요, 목련은 보통 4월경, 봄에 피는 꽃인데 겨울에 피다니, 참 신기하지 않아요? 분명 사연이 있는 나무라는 생각이 들더라고요. 그렇게 기자 마인드가 발동해서 그때부터 지금까지 나무의 사연을 취재하고 글을 쓰고 있습니다. 세월이 참 빠르네요.

새롭게 '나무의 사연을 취재'하는 기자가 되신 거군요. 인간 세상과 나무 세상은 어떻게 다르고 또 닮았던가요.

자연 속에 있으면 유유자적 편할 것 같죠? 무엇보다 전국 각지를 돌아다니다 보니 아무래도 몸이 죽겠어요. (웃음) 땅끝마을 해남부터 강원도 고성까지 안 가본 곳이 없어요. 야밤에 야생동물을 맞닥뜨릴까봐 겁도 나고요. 혼자 다니니까 외로움을 견뎌내는 것도 어려운 일이죠. 여관방에 덩그러니 있는 게 싫어서 요즘은 가급적 1박은 안 하려고 해요. 아무리 피곤해도 운전해서 집으로 돌아옵니다.

보통의 전문 칼럼들은 어렵기도 하고 지루하기도 하고 집중이 잘 안되기도 해요. 그런데 선생님의 나무 이야기는 생생하게 읽힙니다.

그게 스토리텔링의 힘이 아닐까 생각해요. 그동안 식물학을 전공하신 교수님들도 나무에 관한 이야기를 많이 쓰셨지만 단순히 과학적인 정보를 전달하는 선이었습니다. 그런데 저는 나무에 얽힌 이야기를 바탕으로 글을 풀어내거든요.

예를 들어 위청신이라는 사람이 우리나라 최초로 천안에 호두나무를 들여왔어요. 그런데 그 위청신이 누구인지 알아보니 나라를 팔아먹은 간신인 거야. 그래서 이 글은 이렇게 시작합니다. '그는 간신이었다'. 그리고 그가 어떤 과정에서 호두나무를 가져오게 되었는지 등의 이야기를 모두 글 속에 담아요. 사람들은 몰랐던 나무의 비하인드 스토리를 듣게 되는 셈이니, 여기에서 재미를 느끼는 게 아닐까요?

나무는 죽어도 죽지 않아요

말씀을 들어보면, 결국 나무와 사람은 함께 가는 것 같아요.

맞아요. 국제 해양법에 보면 '사람이 안 살고, 물이 없고, 나무가 없으면 무인도'라고 규정해요. 사람이 사는 곳엔 나무가 살죠. 그리고 사람처럼 서서 자라는 생명체도 나무밖에 없어요. 결국 사람은 나무에 기대어 살아온 셈이에요. 그렇기에 나무에는 무궁무진한 우리 삶의 이야기가 담겨있는 거죠. 그래서 저는 시골 마을의 오래된 나무에만 관심을 두지는 않아요. 도시에서 사람들의 무관심 속에 버려진 인천 신현동 회화나무나 대규모 개발 때문에 독극물이 주입되어 생사의 갈림길에서 헤매다가 가까스로 살아난 전주 삼천동 곰솔을 조명했어요.

또 이미 사라졌지만 마을 사람들의 기억 속에는 생생한 나무들을 불러와 글을 씁니다. 나무는 죽어도 죽지 않거든요. 사람들의 속내와 기억에 언제까지나 살아있어요.

어떤 이야기를 써야겠다고 설정하고 나무를 찾으신 적도 있나요?

정해놓고 찾아다니지는 않고요. 나름대로 카테고리를 좁혀서 나무를 보기는 해요. 세상의 수백, 수천 종의 나무들을 다 볼 수 있다면 좋겠지만, 현실적으로 불가능하기 때문에 저는 주로 300년 넘은 노거수들을 보는 거지요.

글을 쓸 때도 특정 이야기만을 쓰지는 않아요. 하지만 컨셉을 잡는 방법은 분명히 있죠. 그동안 취재했던 자료들을 엑셀 파일에 모아두는데요. 글을 쓸 적마다 이전에 정리해 둔 카테고리들을 찬찬히 살펴보면 나무가 가진 저마다의 사연들이 각각 분류가 돼요. 집과 연관이 있다거나, 혹은 나무를 심은 사람이 특이하다든지 하는 식으로요. 그렇게 큰 뿌리를 잡고 글을 쓰는 스타일이지요.

나무 중에 특별히 사랑하는 나무나 닮고 싶은 나무가 있으신가요?

감나무는 어디에서나 볼 수 있는 흔한 나무예요. 열매를 얻기 위해 길렀고, 장독대 옆에 심으면 뱀을 쫓아 줘서 아낙들을 지켜 주었대요. 너무 흔해서 존재감은 덜하지만, 태풍에 쓰러지기라도 하면 정말 허전해요. 늘 옆에 있었기 때문이겠죠. 그런 감나무처럼 저도 제가 세상을 떠난 후 누군가 저를 기억해 주면 좋겠어요. 그게 아마도 나무에 관한 글이겠지요.

선생님께 나무란 어떤 존재인가요?

'잠재된 게 없다면 충동이 생기지 않는다'는 말이 있어요. 어릴 적 혼자 집에 머물 일이 많았는데 동네가 외져서 친구도 별로 없었어요. 혼자 나무에 줄을 묶고서 놀곤 했는데, 그때 나무는 제가 유일하게 교감하는 생명체였죠. 그때의 교감이 어른이 되어 발현된 게 아닐까 해요. 나무는 제게 생명과도 같아요. 나무와 관련된 이야기들은 아직도 무한하기 때문에 제가 계속 나무에 대한 글을 쓰며 살아갈 수 있도록 생명을 주는 셈이에요.

'포지셔닝'이 글쟁이의 해답

그렇다면, 칼럼니스트란 무엇일까요?

나무처럼 끊임없이 살아가는 것, 그리고 사람이 사는 땅에 뿌리를 내리는 것. 칼럼은 사실 그래요. 현실을 토대로 하지 않고는 절대로 쓰일 수 없는 글이거든요. 내가 딛고 있는 이 땅에서 독자들이 어떤 아우성을 외치고 있는지 모르고서는 좋은 글을 쓸 수가 없어요. 그래서 나무처럼 사람들이 사는 땅에 뿌리를 내리고 끊임없이 살아가는 푸르른 생명, 그게 칼럼니스트겠지요.

칼럼니스트를 꿈꾸는 학생이 앞에 있다고 해 볼게요. 어떤 말을 가장 먼저 해 주시겠어요?

"너만의 콘텐츠를 가져라." 세상의 모든 것들이 콘텐츠가 될 수 있어요. 눈에 보이는 모든 것을 집요하게 파고들어 보세요. 그리고 그것에 최소 1000일의 시간을 투자하는 겁니다. 제가 처음 나무에 대해 쓰겠다고 할 때 아무도 관심 갖지 않았어요. 하지만 엑셀 파일로 1천5백 개 정도의 나무를 꾸준히 정리했어요. 그렇게 하다 보니 나무가 칼럼의 한 분야로 여겨지게 됐지요. 글쓰기는 특히 은퇴가 허락되지 않는 직업이에요. 얼마나 좋아요? 자신의 콘텐츠를 잘 선택해서 개발하고, 그 콘텐츠를 통해 자신을 포지셔닝한다면 칼럼니스트로 정말 '잘' 먹고살 수 있다고 생각해요.

고규홍

1999년에 일간신문에서 12년 동안 기자 일을 하다가 무작정 길을 떠났다. 그 길에서 나무를 본 후로 이 땅의 큰 나무들을 찾아다니며 나무에 관한 글을 쓰고 책을 냈다. 답사 중에 찾아낸 경기 화성 전곡리 물푸레나무는 그가 직접 천연기념물 지정을 신청, 2006년에 천연기념물 제470호로 지정됐으며, 이어 그가 처음으로 세상에 알린 경남 의령 백곡리 감나무도 최근 천연기념물로 지정됐다. 2000년 봄부터 줄곧 「나무를 찾아서」라는 칼럼을 써서 홈페이지 솔숲닷컴(http://solsup.com)을 통해 나누고 있으며, 한림대와 인하대에서 겸임교수로도 활동 중이다.

● 솔숲닷컴 http://solsup.com

> 파티장에 불붙은 구두를 던져라,
> 고요한 세상에 화두를 던져라

패션 칼럼니스트 **홍 석 우**

계란을 던졌다. 스스로 만든 바위를 깨기 위해. 하고 싶은 일을 하기 위해 스스로 판을 만들어냈고, 매번 도전에 도전을 거듭해왔다. 19세에 패션에 관심을 두기 시작한 홍석우는 20대 초반부터 패션 칼럼을 쓰고 복합문화공간의 효시가 된 데일리 프로젝트의 바잉MD로 활동했다. 어린 나이에 자신이 좋아하는 일에 과감히 뛰어들어 꾸준히 자신만의 경험을 쌓아 온 것. 패션 칼럼니스트이자 자신이 운영하는 패션 블로그의 촬영도 맡고 있는 그는 자신의 작업을 'DIY(Do It Yourself)'라고 표현했다. 패션 칼럼니스트보다는 저널리스트로 불리길 원한다고 했다. 그는 오늘도 끊임없이 화두를 던지고 있다. 보다 많은 사람들이 패션을 이 시대의 문화로 받아들이게 하기 위해서다.

결국 너와 나, 우리 세대의 이야기를 하고 싶은 거예요

대학에선 경영학을 전공했다고 들었어요. 패션 전공이 아니라요.

어릴 때부터 옷을 좋아해서 패션 쪽에서 뭔가를 하고 싶다는 생각은 계속하고 있었어요. 경영학으로 대학에 갔는데 재미가 없더라고요. 그러다 길에서 우연히 사진에 찍혔는데, 이건 재미있는 거예요! 그래서 패션 포토그래퍼 모집에 지원했고, 스트리트 패션 스냅 사진을 찍기 시작했죠. 그때는 아무것도 모르는 하얀 캔버스 같은 상태였는데, 브랜드를 하나하나 알아가는 게 즐겁고 재밌었어요. 그래서 블로그에 글을 끼적이기 시작했어요. 친구들이랑 패션 포털 개념의 '무신사'(http://www.musinsa.com)를 만들어서 칼럼을 쓰기도 하고요. 밤에 글을 올려놓으면 다음 날 아침에 리플이 50개 정도 달렸어요.

당시 패션을 좋아하는 친구들 사이에 무신사가 굉장한 핫이슈였죠. 전방위적인 활동을 했었고요.

무신사를 함께 하던 친구들이랑 외국 것만 동경하지 말고 우리만의 것을 만들어 보자는 이야기를 자주 했어요. 그래서 전시를 기획하거나 웹진을 발간하고, 파티를 열기도 하면서 다양한 분야에 도전했어요. 2006년부터는 제 개인 블로그와 패션에 관련된 정보를 공유할 수 있는 인터넷 카페도 운영했거든요. 그러다 메일을 한 통 받았어요. 복합 패션 문화공간을 운영하는 어떤 분이 제 블로그나 온라인에서의 활동을 3년 동안 지켜봤다고 하시더라고요. 그러면서 제가 가지고 있는 온라인의 콘텐츠를 오프라인에서도 펼쳐보면 어떻겠냐고 제안해 주셨고 그래서 함께하게 됐죠. 그게 복합문화공간 '데일리 프로젝트'(www.dailyprojects.kr)인데요, 거기서 바이어로 활동을 시작했죠.

데일리 프로젝트가 유명해지고 발전했는데, 2년이 지나고 그만두셨어요. 특별한 이유가 있었나요?

충분히 많은 일을 했거든요. (웃음) 패션만이 아니라 카페, 책, 심지어 문구류도 팔았고요. 국내에선 인지도가 낮지만 외국에서 인정받는 젊은 디자이너를 소개했어요. 제가 책을 좋아해서 북 카페도 추진했고요. 어린 나이에 여러 가지를 시도해 볼 수 있는 기회를 준 고마운 공간이었어요. 하지만 저의 최종적인 꿈이 바이어는 아니었기 때문에 자연스럽게 그만두게 됐어요. 2007년 즈음부터 원고청탁이 들어오더라고요. 당시 잡지에서 짧은 코멘트를 하기도 했고, 디자인 잡지 〈지콜론〉에서 다음 해의 패션을 예측하는 칼럼을 써달라는 청탁을 받기도 했고요. 그때부터는 '내가 정식으로 글을 쓰는구나.'라는 자각이 생긴 것 같아요.

블로그 'your boyhood'도 글을 쓰기 위해 시작한 건가요?

아뇨. 옷 좋아하는 분들이 많은데 그들에게 옷을 보여주고 공유하고 싶었어요. 일본의 스트리트패션 잡지는 20년 이상 된 것도 많아요.

나름대로 기록을 남겨야겠다는 생각을 했죠. 외국에도 서울에 이런 문화, 패션이 있다는 것을 알리고 싶었기 때문에 구글에 블로그를 만들고 영어로도 소개를 써놓았어요. 그에 대한 피드백은 굉장히 빨리 왔어요. 이런 사람들 어디 가면 볼 수 있냐고 물어오는 메일도 받고.

토막글에도 문제의식은 있어야 한다

패션 칼럼니스트로 자리를 잡으면서, 스스로 '칼럼니스트'에 대해 정의를 내려 본 적이 있나요?

개인적인 글을 쓰는 것이 아니라 공적인 매체를 통해 사회적인 글을 쓰는 걸 칼럼니스트라고 봤을 때, 제일 중요한 건 계속 화두를 던지는 거라고 생각해요. 자신이 소속되어 있는 영역에서 벌어지는 일들을 관찰하고 그것에 대한 애정과 문제의식을 글이라는 매개를 통해 전달하는 일이죠.

작은 돌멩이를 던져서 조금씩 파문을 일으키며 대중이 그 토픽에 대해 좀 더 많은 생각을 해 볼 수 있도록 이끄는 게 칼럼니스트의 일이에요. '이것은 어떻게 생각해?', '이건 좀 문제 있지 않아?' 등의 질문을 자꾸 던지는 게 칼럼니스트의 역할이라고 생각해요.

패션에 관한 전문적인 식견과 내공을 쌓기 위해 어떤 노력을 하시나요?

아이패드를 들고 다니면서 각국의 패션지를 틈날 때마다 봐요. 그러나 패션지만 보지는 않아요. 책 보는 것만큼 좋은 게 없는 거 같아요. 글 쓰는 사람들은 정말로 많이 봐야 된다고 생각해요. 특히 신문이 좋아요. 신문은 현대사회를 구성하는 모든 토픽이 들어가 있잖아요. 그들의 뷰view가 대중적이고요. 신문을 읽고, 좋아하는 책들을 다양하게 만져보며 접하는 것은 단편적인 정보를 아는 것과는 다른 차원인 것 같아요. 책을 보면서 글이나 이미지만 보는 게 아니에요. 레이아웃과 구성방식, 그리고 왜 이런 것들을 다뤘을까 하는 질문을 스스로 던져볼 수 있어요. 그게 훗날 뭔가를 할 때 일종의 소스가 되기도 하고, 혹은 보편적인 의견을 취합할 때 많은 도움을 주기도 해요.

개인적으로 수필집 보는 것도 좋아하고, IT 업계 인터뷰 같은 것들을 많이 봐요. 스티브 잡스 인터뷰 읽으면, 쓰러지죠. (웃음) 굉장히 자극받고요. 가능하면 다방면의 것들을 보려고 노력해요. 아직은 인터넷 자료보다는 책을 많이 보는 편이고요.

강의도 하고 있는데, 어떤 내용인지 궁금해요.

'한국 패션의 지금'이라는 주제로 문지문화원에서 2009년과 2011년에 강의를 했어요. 한국에서 패션을 문화로 만들어가고 있다고 생각하는 사람들을 초대해 그들의 이야기를 듣고 제가 토크쇼의 사회자처럼 대화를 나누는 형식을 택했어요. 인터뷰를 하고 자료를 찾는 과정이 칼럼 쓰기와 닮은 강의였죠. 수강생이 다양했습니다. 패션에 관심이 많은 학생이 다수지만 미술 전공 대학원생, 아주머니도 계셨고, 언론사에서 일하시는 아저씨도 계셨어요. 그래서 더 재미있었고요. 그때 강의 들었던 수강생이 패션 관련 일을 하고 있다는 얘기를 들었을 때 정말 뿌듯했습니다.

어릴 때부터 다양한 일을 분주하게 해 왔는데, 본질적으로 프리랜서예요. 불안한 적은 없는지.

프리랜서는 소속이 없어서 더 많은 사람과 교집합이 생기는 장점이 있죠. 지금 하고 있는 〈스펙트럼〉이라는 잡지는 '컬쳐 인 서울$^{\text{Culture in Seoul}}$'이라는 컨셉으로 패션은 물론 산업디자인, 사진작가 등 다양한 사람들을 소개하고 있어요. 프리랜서니까 가능한 일이죠.

자유롭게 주제를 고를 수 있다면 어떤 칼럼을 쓰고 싶은가요?

2년 전쯤, 신세계 백화점이랑 같이 작업을 하면서 〈모노클〉이라는 잡지를 만드는 타일러 브륄레라는 분을 만나 인터뷰를 했어요. 그는 '샤넬 브랜드가 얼마나 패션을 잘 만드냐'를 벗어나, '지금 프랑스 국회의 어떤 법안이 통과가 돼서 그것이 샤넬을 포함한 패션계 전반에 끼치는 영향' 같은 것들을 기사로 쓴다고 하더군요. 한국에 특파원을 보내서 '학원 문화'에 관한 10페이지짜리 르포 기사도 쓰고요. 패션을 보다 통합적 시각으로 바라보는 거죠.

물론 패션 그 자체에 포커스를 맞춘 칼럼이 틀린 것도 아니고 그분이 한 작업들이 정답도 아니지만 저한테는 그의 작업들이 더 매력적으로 느껴졌어요. 거시적인 관점에서 그런 것들을 포착해서 취재하고 글로 표현을 할 수 있는 사람이 되고 싶어요. 말하다 보니, 장황한데요? 아주 소박한 꿈입니다.

따뜻한 시선과 적확한 비평

스스로를 패션 저널리스트로 정의하잖아요. 칼럼니스트와 저널리스트는 뭐가 다를까요?

사실 별로 다를 건 없을 수도 있어요. 그냥 정말 개인적인 의견인 거죠. 칼럼니스트가 어떤 단편들에 대한 조각을 요리해서 사람들한테 보여주는 사람이라면, 저널리스트는 그것보다 조금 커다란 현상을 꿰뚫어 볼 수 있어야 된다고 생각해요. 서울에서 벌어지는 어떤 현상들을 기록하고, 관찰자 역할로써 그들과 대화하면서 함께 할 수 있는 것들은 함께하고, 비평할 수 있는 것들은 함께 비평하는 게 저널리스트의 책무라고 봐요. 하지만 그것들을 사적인 영역이 아니라 공적인 영역에서 해야 된다는 거예요. 미디어를 통해서요.

'꿰뚫는 안목'이란 표현이 인상 깊네요. 칼럼을 쓰면서 지향하는 바가 있나요?

두 가지가 있어요. 하나는 제가 사는 도시에 대한 애정이에요. 애정을 가지고, 한국에서 살고 있는 저희 세대를 관찰자로서 관찰하고 소통자로서 대화하는 거죠. 대중매체에서처럼 그들을 단순히 소비하는 게 아니라, '패션으로 하나의 문화로 만들고 있는 사람들이 있다.'라는 것을 계속 상기시키려고 합니다. 패션도 서울에서 발생하는 문화영역 중의 하나라는 것에 대해 계속해서 이슈를 던지는 게 저의 역할이 아닌가 생각해요.

또 하나는, 제가 하는 작업이 수많은 다양한 작업들 중의 하나였으면 좋겠다고 생각하고 있어요. 대기업들이 패션계를 장악하는 현상들을 보면 치가 떨릴 때도 있고, 또 거기에 종속되는 디자이너들과 끌려가는 관계자들을 보면 안타깝기도 해요. 물론 그런 안타까움을 가지고 작업을 하면 저널리스트가 가져야 하는 중립을 잃을 수도 있겠죠. 하지만 그렇기 때문에라도 다양한 작업들이 더 많아져야 한다고 봐요. 각자의 견해를 가진 패션 저널리스트들이 다양하게 활동하게 되면, 제 작업은 그 수많은 작업 중 하나가 될 테니까요.

홍석우의 작업을 한마디로 정의한다면?

두 잇 유어셀프(Do It Yourself)! 언젠가 스스로의 작업에 대해서 정리를 해 본 일이 있어요. 돌아보니 제 작업의 8할은 이거였어요. 계속 계란을 던졌어요. 바위에다가. 뭔가를 하려고 마음을 먹고 스스로 뚝딱뚝딱 만들려고 했던 것 같아요.

저명한 패션 디자이너에 대해, 혹은 본인이 감당하기에 너무 큰 집단에 대한 비평도 하시는지요? 그런 것에 대해 두려움은 없나요?

없다고 하면 거짓말이겠죠? (웃음) 패션 산업은 한 다리 건너면 아는 사람이고 언제고 마주칠 수 있는 사람들이죠. 하지만 늘 스스로 용기를 가지려고 노력합니다. 외국 컬렉션에 대해서 외국 기자들이 쓴 글을 보면 정말 천차만별이에요. 〈뉴욕 타임즈〉의 영향력 있는 기자가 입생로랑을 비평했다는 이유로 그쪽에서 출입금지를 시킨 적도 있어요. 한국에서는 그런 경우는 없죠. 그래서 '한국의 패션 저널리스트는 크리틱을 할 수 없는, 말 그대로 에디터에 불과하구나.' 그런 생각을 하기도 했어요.

제가 좋아하는 단어가 있어요. '따뜻한 시선과 적확한 비평'. 크리틱을 해야 할 부분이 있으면 냉정히 하되, 전체에 대해서는 온화한 시선으로 애정을 가지자는 건데요. 비판을 당한 부분에 대해 순간적으로는 기분이 상할 수도 있지만, 결국 상대도 이해를 할 것이라는 일종의 믿음 같은 것이 있어요. 날카롭게 비평만 하거나 무한한 편애를 표현하는 것도 아닌 균형을 찾는 것이 중요하다고 생각해요.

홍석우가 정의하는 '패션'이란?

패션은 즐겁기 위한 여러 가지 것 중의 하나죠. 저나 다른 디자이너 친구들은 직업이니깐 좀 더 복잡하게 생각하지만, 그게 아니라면 즐기는 것이 가장 좋은 것 같아요. 안달할 필요가 없어요. 그러면 좋아하는 마음이 병이 들 수도 있으니까.

홍석우   패션 포털사이트인 '무신사(www.musinsa.com)'를 통해 칼럼니스트로 데뷔, 데일리 프로젝트의 바이어로 일하며 패션계에 본격적으로 입문했다. 현재 칼럼을 쓰는 일 외에도 스타일리스트, 포토그래퍼 등 전방위적인 활동을 하고 있다.

● your boyhood http://yourboyhood.com

> 기왕에 깔린 멍석 잘 놀기나 해보자는
> 마음으로 시작했어요

미술 칼럼니스트 **김 영 숙**

평범한 주부였다. 재미 삼아 인터넷에 올리던 그림과 글이 그녀의 인생을 아주 다른 방향으로 이끌어 놓기 전까지는. 기고글을 모아 책을 출간한 후 40살이라는 뒤늦은 나이에 대학원에 진학해 다시 공부를 시작했다. 이제는 일간지와 잡지에 칼럼을 기고하며 벌써 열 권이 넘는 단행본을 낸 작가가 되었다. 김영숙 칼럼니스트는 미술을 '밥'이라 표현한다.

'기왕에 깔린 멍석, 잘 놀기나 해보자'는 마음으로

데뷔 이력이 특이하세요. 사이버 주부대학에 연재를 하면서 데뷔하셨다고요?

어느 날 일간지에 난 사이버대학 광고를 우연히 봤어요. 주부 대상으로 온라인 무료강의가 있다는 내용이었죠. 처음엔 그저 호기심이었어요. 남편에게 '우리 집도 인터넷을 하게 해 달라'고 졸랐지요. 그 시절에는 강좌랄 것도 별로 없었고 아줌마들이 게시판에 막 수다를 떨고 (웃음). 그런데 갑자기 그런 걸 하니까 무지 재밌더라고요. 사진과 음악이 링크된 글들도 너무 신기하고요. 그러다가 문득 인터넷에 명화들도 있나 찾아봤어요. 그때 인터넷 검색이라는 것도 처음 해봤어요. 그랬더니 그림이 좍 뜨는 거예요. 그 환희란! 당장 그림 퍼 오는 걸 연습했죠. 검색하고 그림을 퍼다 나르면서, 나중에는 밑에 달린 설명도 해석해서 짤막하게 올렸습니다. 시간이 지나니까 사이버 주부대학 사장님이 직접 전화하셔서는 '게시판을 따로 만들어 줄 테니 그림 이야기만 올려보라'고 하시더라고요.

전업주부에서 칼럼니스트로 변신하면서 두렵거나 막막하지는 않으셨나요?

처음에는 그냥 그림이 너무 좋았어요. 또, 글 올리는 게 재미있어서 큰 고민도 안 했어요. 웹과 서적 등에서 정보를 찾고 한글로 번역해서 올리는 수준이었다가 나중에 방을 만들어 주니까 '기왕에 멍석을 깔아준 것, 제대로 놀아보자' 하고 그때부터 공부를 하기 시작했죠. 그 당시에 이주헌 작가의 글 같은 수필 스타일의 미술책들이 막 발간되고 붐을 타던 시기였어요. 그 책들을 읽으면서 참고해서 제 글을 쓰기 시작했어요. 그리고 몇 달 있다가 출판사에서 연락이 왔어요. 책을 내보는 게 어떻겠냐고요. 그렇게 첫 책을 내고 나니 매일경제에서 칼럼 의뢰가 들어오더라고요. 주당 한 편씩 기고해 달라고. 그 글이 모이니까 출판사에서 두 번째 책을 내자고 하더라고요. 그런데 두 번째 책을 내고 나서부터 좀 두려워졌어요. 말을 함부로 했다가 욕먹는 게 아닐까, 뭣도 모르는 게, 전문지식도 없는 게 이렇게 까불어도 되나, 하는 생각이 들었어요.

그래서 미술사를 공부하게 되었군요.

네. 처음엔 단순히 그림 애호가로서 글을 썼는데, 출판을 하게 되니 '공부를 깊이 해야겠다'는 생각이 들었죠. 마흔에 이화여대 대학원에 미술사 전공으로 입학했어요. 이후 미국 앤드루샤이어 갤러리에서 강의를 하게 됐고, 귀국 후에는 강의와 집필을 병행했어요. 마흔 넘어 인생의 방향이 미술로 정해진 것이지요.

내 글의 8할은 시의 덕

본격적으로 공부를 하신 이후에 글 쓰는 데 있어서 어떤 점들이 달라지던가요?

초창기, 몇 개의 파편적 지식들을 인터넷에서 퍼 가지고 와서 쓸 때만 해도 쉬웠죠. 그런데 공부를 해 보니까 점점 어려워지는 거예요.

미술이란 게 굉장한 학문이더라구요. 초기에는 감상적이고, 주관적이고, 즉흥적이고 기분에 따라 썼는데, 공부를 하고 나서는 항상 조심하게 돼요. 혹시 역사적인 맥락에서 틀리게 해석하고 있는 건 없을까, 잘못 이해하고 있는 것은 없을까 자꾸 반복해서 신경 쓰게 되고. 그러다 보니까 글이 외려 딱딱해지더라고요. (웃음)

나이가 들고 공부가 깊어질수록 독자와의 거리가 멀어지는 작가들도 많잖아요.

맞아요. 그래서 저의 모토는 '아는 사람들만 아는 글이 아니라, 알고자 하는 사람들한테 쉽게 접근할 수 있는 다리 같은 글을 쓰고 싶다.' 예요. 미술공부를 하고 싶어서 두꺼운 책을 몇 권씩 읽어 봐도 너무 어렵잖아요. 특히 갤러리에 비치된 팜플렛들은 더해요. 무슨 말인지 잘 이해가 되세요? 아무 말이나 막 갖다 붙여놓기도 하고, 너무나 현학적이에요. 저는 그런 것들을 지양하는 글을 쓰고 싶어요.

현재는 그런 목표를 어느 정도 성취하셨나요?

아슬아슬한 경계에 있어요. 어떤 때는 나도 모르게 어려운 단어들을 써 버려요. '내가 아니까 남도 알겠지' 하고 넘어가는 부분이 자꾸 생기더라구요. 초심을 안 잊어버리려고 노력은 하는데 대학원 공부를 하고 나서는 제 글이 딱딱하고 어려워지기 시작했어요. 그 대신 정보는 더 정확하겠죠. 그런 글을 더 좋아하는 분들도 있고요. 쓸데

없이 자기 감상 계속 읊어대는 것보다 간단명료하게 쓰는 걸 더 좋아하는 분들도 계세요. 장단점이 다 있어요.

대학 시절엔 시인이 되고 싶어 하셨다면서요. 최근에도 시를 자주 읽으시나요?

요새는 예전만큼 읽지 못하죠. 하지만 글 쓸 때 시 많이 읽은 덕을 굉장히 많이 봐요. 내가 어떤 것을 은유한다거나 표현할 때 직접적으로 시어들을 쓰지 않더라도, 시적으로 변화시키는 스킬이 나도 모르게 무의식적으로 쌓였더라고요. 그래서 글 쓸 때마다 '내가 그때 시를 읽기를 참 잘했어.'라는 생각을 많이 하죠. 그림에 대해 표현할 때 함축과 은유를 더 잘하게 돼요. 소설도 그렇지만 시가 특히 그렇잖아요. 막연하게 느끼기는 하는데 말로 어떻게 설명을 할까 했던 것들이 시에 많이 들어있어요. 시가 내 몸 어딘가에 자연스럽게 가라앉았다가 떠오르는 것 같다고 할까.

시 읽기로 글쓰기를 연마하신 셈이네요.

미술 칼럼뿐 아니라 여러 종류의 글을 쓸 때 가장 중요한 게 문학 작품이에요. 시나 소설이나 수필을 많이 읽어야 글의 기본기가 쌓여요. 그게 안 되어 있으면 미술사를 아무리 깊이 파도, 논문밖에 못 쓸 걸요?

저는 저희 아이에게도 이렇게 말해요. 책 읽기 싫으면 영화라도 보라고요. 작가가 될 것도 아닌데 군이 앉아서『위대한 개츠비』책 붙들고 있을 거 없다고요. 영화 버전이라도 보라는 거죠. "영화를 보면 네가 생각하지 못했던 주제들이나, 우리랑 비슷하게 살아가는 사람들의 모습들이지만 그 안에 네가 체험하지 못한 굉장히 생경한 것들과 느낌들을 체험할 수 있을 거야."라고 말해 주지요.

과연, 칼럼니스트로 밥 먹고 살 수 있을까요?

얻는 게 있으면 잃는 게 있다고 생각해요. 제 또래들 보면 명품 같은 거 많이들 사요. 그런데 나는 글 쓰는 사람이잖아요. 그런 사람들 부러워하면 글 쓰는 것, 안 해야죠. 돈을 많이 못 벌어도 살 수 있는 삶을 만들면 돼요. 그런데 절대 기죽지 마세요. 돈 많아 명품 사는 사람들이 자기 일에 빠져있고 자기 일 열심히 하는 가난한 사람들을 부러워할 수도 있어요.

작가님께 미술은 어떤 의미인가요?

그냥 밥이죠 뭐. 맛이 있건 없건 간에 그냥 눈 뜨면 으레 먹어야 되는 음식. 그걸로 살기도 하고, 때로는 너무 먹어서 살이 찌기도 하고, 무식해지기도 하고, 그러다 배고프면 가장 먼저 찾는 그런 거겠죠.

김영숙

고려대학교 서반아어문학과를 졸업한 후, 주한 칠레 대사관과 볼리비아 대사관에서 근무했다. 사이버주부대학에 연재한 「음악이 있는 그림 이야기」, 「명화와 함께 읽는 그리스 신화」가 많은 누리꾼의 관심을 받았으며, 온라인에 연재한 글이 출판되자, 마흔 나이에 늦깎이로 이화여자대학교 대학원에 입학해서 미술사를 공부하였다. 이후 미국 로스앤젤레스 앤드루샤이어 갤러리에서 미술사를 강의했고, 귀국해 강의와 저술 활동에 열중하고 있다.

화장품, 그 판타스틱한 거짓말과 명백한 진실 사이

뷰티 칼럼니스트 **이 나 경**

화장품 매장에서 샘플을 받으면 브랜드 별로 분류를 하고, 고급스러운 용기보다는 용기에 붙은 성분표를 분석하던 소녀. 연예인보다 화장품에 더 관심이 있던 이 소녀는 자라서 메이크업·헤어·스킨케어 전반의 뷰티 케어를 공부하기 위해 유학길에 오른다. 돌아온 이나경은 온라인상의 뷰티 전문사이트가 전무하던 1999년 '세상은 넓고 화장품은 많다. 똑똑한 화장품 소비자가 되자.'라는 기치로 온라인 뷰티 전문 사이트 페이스메이커(www.ifacemaker.com)를 설립한다.

이후 "'페수' 3년이면 자외선 차단제 성분을 줄줄이 외운다"는 말이 나올 정도로 페이스메이커는 회원 4만 명 이상의 가장 영향력 있는 사이트로 성장했으며 오늘날 1,000여개의 브랜드와 1만여 개의 제품들을 망라한 방대한 정보들과 다양한 제품 리뷰들을 보유하고 있다. 이나경은 2,000

편 이상의 깐깐한 화장품 리뷰와 칼럼을 통해 화장품 업계가 만든 광고와 환상을 소비자들에게 현실적 언어로 전달하는 '화장품 통역가'로서의 역할을 계속하고 있다.

철칙이라 불리는 것들이 별 것 아닐 때가 많죠

처음 활동을 시작할 때는 '뷰티 칼럼니스트'라는 타이틀이 알려지지 않았을 때였죠?

뷰티사이트(www.ifacemaker.com)를 개설한 게 터닝 포인트였어요. 원래는 미국에서 뷰티 및 화장품 전반에 대해 공부를 하고 한국에 돌아와 화장품 회사에 입사했어요. 그런데 공부를 하면서 그렸던 상황과 너무 다른 거예요. 할 수 있는 일들도 제한돼 있고 재미도 덜했어요. 그래서 관둔 후 그동안 공부한 것들을 정리하는 마음으로 사이트를 열었죠. 인터넷 초창기라 심지어 화장품 회사조차도 자사 홈페이지를 가지고 있지 않던 때였어요. 다들 정보에 목말라 있던 시기였죠. 화장품 이름으로 검색을 하면 제 사이트로 연결이 되곤 했어요. 자연스럽게 칼럼 청탁도 받게 됐죠.

화장품 업계가 CF 등을 통해 만든 환상을 깨는 글을 쓰면서 큰 호응을 얻으셨어요.

당시에는 철칙으로 여겨졌던 것들이 있었어요. 아이크림만은 비싼 걸로 써야 한다, 화장품의 질은 가격에 비례한다, 메이크업 베이스는 필수다, 무조건 이중 세안을 해야 한다… 저는 그것들을 하나하나 깨뜨려 버렸어요. 그러면서 약간 '재야 미용인', '언더그라운드 뷰티션' 같은 이미지가 생기기도 했죠.

뷰티 칼럼의 컨셉은 본인이 정하시나요?

대개는 매체에서 정해 줘요. 독자의 흥미를 끌 만한 컨셉 또는 해마다 반복되는 시즌별 뷰티 케어 등을 콕 집어 요청하죠. 그런데 과학과 객관적인 정보에 기반을 둔 제 글과 매체의 요청이 상충할 때가 많아요. 저는 문학적인 글재주가 있어서 칼럼을 쓰는 게 아니라서, 전문적인 내용을 쉽게 전달하고 싶은 욕구에서 칼럼을 쓰거든요. 그런데 현실적으로 매체에선 전문적인 내용을 원하지 않죠. 화장품이 사실 화학이 기본이잖아요? 하지만 사람들은 화학이라는 말을 들으면 거부감이 드나 봐요. 그래서 천연, 환상, 기적 등의 단어를 사용해 달라는 요청을 종종 맞닥뜨리곤 하죠.

한 페이지에 피부과 의사, 뷰티 칼럼니스트, 블로거의 코멘트가 조각조각 실리는 잡지 기사의 경우, 원고료를 얼마나 받으시는지 궁금해요.

에디터들이 도움말 질문지를 보내주면 전 답을 해 줘요. 그럼 에디터가 편집을 해서 기사를 아주 짧게 만들죠. 그런 도움말은 원고료가 전혀 없어요.

전혀요? 놀랐습니다.

전에 일본의 잡지와 방송국에서도 인터뷰를 해 보았는데, 지적 재산권 차원에서 보수를 정말 많이 지급해 줬어요. 일본에는 '코스메라이터'라고 해서 저처럼 활동하는 사람이 많거든요. 저는 앞으로 이쪽 분야에서 일을 할 사람들을 위해서라도 원고료 0원은 안 되겠다 싶어 원고료를 요청하기로 했어요. 요청하면 열에 아홉 정도는 다른 필자를 알아보지만요. (웃음)

원고료만으로 생활하시는 건 아니군요.

한 달에 칼럼을 서너 개 정도 써요. 그러니까 칼럼만으로 생활을 꾸리는 건 아니고요. 1년 중 3개월은 책 쓰는 데 몰입하고, 나머지 9개월 동안에는 사보 칼럼 기고와 강연, 화장품 기획이나 컨설팅 등을 고루 하며 돈을 벌죠. 글쓰기를 좋아하지만 그것만 하는 건 아니에요. 현실과 내가 원하는 것의 균형을 잘 맞춰가며 살아가야 하지요.

하루 일정이 궁금해요.

아침에 일어나면 우선 사이트를 통해 올라온 질문과 상담 신청을 체크하고 오후에 사무실로 찾아온 회원들을 케어해요. 저녁에는 신문, 잡지의 칼럼을 쓰고요, 자료를 정리하죠. 화장품과 함께 눈 떠서 화장품과 함께 눈 감는 하루네요.

소비자들에게 정확한 정보를 알려줘야겠다는 의무감으로 칼럼을 쓰시는 건가요?

요즘은 모든 정보가 공개되어 있죠. 그런데 화장품은 아직까지도 미묘한 데가 많아요. 틀린 정보가 많이 돌아다니고요. 화학 분야라서 논문을 찾기도 해야 하고, 찾아서 봐도 내용이 좀 어렵기도 하고요. 그런데 화장품에 대해 가장 많이 아는 사람들은 모두 화장품 회사에 있거든요. 그 중간 역할을 하는 게 제 임무라고 생각해요. 왜냐면 일단은 저도 소비자이고, 화장품을 정말로 좋아하는 사람이니까요. 그렇다고 화장품 회사를 적으로 두고 싶지는 않고요. 다만 제대로 된 정보를 전달하고 싶을 뿐이에요.

자료는 어떻게 찾으세요?

저는 미국에서 스킨 케어부터 공부했어요. 유럽에 비해 미국은 보다 과학적인 입장에서 화장품에 접근해요. 또 재교육 프로그램이 잘 되어 있어서 졸업 후에도 최신 이론이나 정보를 공부할 수 있고요. 그래서 1년에 한 번 정도 미국에 가서 새로운 자료들을 수집해요. 나름의 키워드를 몇 개 정해서 논문들을 열심히 뒤지죠. 뼈대는 미국에서 보고 오고, 뼈대에 붙일 살은 제가 집에서 다시 공부하면서 이 분야의 지식을 쌓아가는 거죠.

뷰티 칼럼니스트가 되려면 유학을 가는 게 효율적일까요?

뷰티 칼럼의 특성상 정확한 정보를 알려주기 위해선 이론 및 실전이 뒷받침되어야 하는 건 맞아요. 하지만 유학이나 대학원 역시 올바른 선택이 아니면 돈과 시간을 낭비하게 됩니다. 유학이나 대학원이 아니더라도 외국어 공부는 권하고 싶어요. 좋은 정보를 얻으려면 해외 자료를 많이 검토해야 하니까요. 검증되지 않은 블로그 정보가 아니라 구글링 등을 통해 고급 정보에 접근해 글을 쓸 필요가 있기 때문이에요.

해외의 다양한 뷰티 박람회를 참관하면 짧은 시간에 시야를 넓힐 수 있어요. 처음 2~3년은 뭘 봐야할지 몰라 허둥대기 십상이지만, 그러면서 배우는 거죠. 아! 한국에서 주관하는 곳에서 우르르 가는 것보다 개인적으로 가시는 것을 추천합니다.

굉장히 집중해서 살아가는 인상을 받았어요. 사명감도 느껴지고요.

저는 하나만 아는 사람이에요. 필자들 중에 여러 가지를 다 잘하는 사람도 있겠지만, 제 생각에 글 쓰는 사람들을 '오타쿠' 기질이랄까, 그런 게 좀 있어야 하는 듯싶어요. 공부하다 모르겠으면, 저와 비슷한 사람들과 함께 논문 검색해서 의견 교환하고 정보를 나누는데 그런 게 참 재밌어요. 화장품은 다른 분야와 달라서 민감해요. 글에 오류가 있으면 직접적으로 부작용이 있을 수도 있으니까 정확성을 기하려고 늘 노력하죠.

이나경만의 글쓰기 원칙은 '정확성'인가요?

네. 하지만 사람들은 과학보다 기적, 환상을 믿어요. 그런데 화장품은 환상이 아니라 실체이고 과학이거든요. 그래서 제 원칙은 '가장 최신의 정보를 가장 정확하게 전달하자'는 거예요. 또 저는 화장품을 제가 직접 돈을 주고 사서 써요. 그래야 그 화장품에 대해 객관적이 될 수 있거든요.

돈에 흔들리지 않기 위해 끊임없이 공부해야 해요

칼럼니스트로서의 롤모델이 있다면?

지금은 돌아가셨는데 「디어 애비 Dear Abby」라는 칼럼을 쓴 폴린 필립스를 존경하고 좋아해요. 세상의 모든 지식을 박학다식한 분이라서 독자의 갖가지 질문에 답을 명쾌하게 알려주고, 또 그게 전 세계로 번역되어 퍼지잖아요. 애비 할머니는 자기가 아는 게 전부 맞다고 말하지는 않아요. "아차, 내가 다시 조사해봤더니 그게 아니었더라." 하면서 정직하게 인정하고 업데이트를 꼭 해요. 그래서 제 웹사이트와 제 책에 빠지지 않는 항목이 그분을 따라서 Ask Winnie(위니는 이나경의 영어 이름)예요.

어떤 글을 쓰고 싶으신지요.

요리책은 컨셉도 엄청 많고 세분화되었잖아요. 뷰티도 더 나눠졌으면 좋겠어요. '5분 만에 끝내는 스킨 케어', '예비신부를 위한 한 달 만에 하는 스킨 케어', '연령별 클리니컬 스킨 케어' 등 보다 세분화된 책을 쓸 거예요. 독자들이 책장에 늘 꽂아놓는 레퍼런스 북이 되었으면 해요.

마지막으로 한 말씀 부탁드려요.

뷰티 산업은 돈의 유혹을 쉽게 받을 수 있는 분야예요. 무엇에도 흔들리지 않는 단단한 마음이 중요해요. 그러한 마음을 다지기 위해서는 하루라도 공부를 멈춰서는 안 되겠죠.

이나경

국내 최초의 화장품 정보 사이트인 페이스메이커(WWW.IFACE-MAKER.COM)를 운영하고 있다. 워싱턴 주에서 미용 · 에스테틱 · 미용 교사 라이선스를 취득했으며 경복대 피부미용과, 각종 세미나에서 화장품과 스킨 케어에 관하여 강의를 했다. 현재 〈정경뉴스〉, 〈INSTYLE〉, 〈싱글즈〉, 〈뷰띠뿔〉 등에서 칼럼니스트 &뷰티 어드바이서로서 활동 중이다. 지은 책으로는 『화장품 쇼핑의 기술』, 『화장품에 대한 50가지 거짓말』, 『동안 피부 레시피』 등이 있다.

● 페이스메이커 www.ifacemaker.com

나는 언제라도 틀릴 수 있어요

만화 칼럼니스트 **김 낙 호**

한국 웹툰은 지난 10년간 비약적 성장을 이뤘다. 네이버 웹툰의 경우 하루 5개의 연재물, 하루 이용자수 8,000명 정도로 출발했으나 현재 고정 연재물만 150개에 하루 이용자수는 무려 700만에 이른다. 웹툰을 원작으로 삼은 영화, 드라마, 뮤지컬, 광고의 흥행은 이미 익숙한 것이 됐다. 이제는 유럽을 포함한 세계 시장에 '웹툰 한류'가 불 것이라는 예상도 제기된다. 자연스럽게 웹툰을 비롯한 만화 칼럼니스트의 영역도 넓어졌다. 대표적인 이가 김낙호 칼럼니스트다.

Back to the source!

만화 칼럼니스트로서의 출발이 궁금합니다. 이 분야에 관심을 가지

게 된 계기도 알려주세요.

처음엔 PC통신 온라인 동호회에서 감상글을 쓰기 시작했어요. 그러다가 본격적으로 매체에 투고하고 필자로 고용된 것이 1999년, 인디만화잡지 〈오즈〉였습니다. 관심이라면… 어릴 땐 누구나 만화에 관심이 있잖아요. 나이가 들면서 언젠가 버리게 되는 그 관심을 저는 딱히 버리지 않았을 따름입니다.

칼럼니스트마다 정보를 얻는 방법이 조금씩 다를 것 같은데요. 글을 쓰기 위해 정보를 취합하는 과정에 있어 특별한 방법이 있을지요.

정보에 대해 기본적인 접근법을 갖추는 것이 중요합니다. 그게 제 경우는 '백 투 더 소스' 자세입니다. 어떤 정보나 주장을 접했을 때, 그 출처가 되는 원재료를 찾아 참조하는 습관이 자료들의 사실검증, 체계적 축적 등 여러 가지에 도움이 됩니다. 이 자세가 갖춰지면 나머지는 도구 활용의 문제일 따름입니다. 도서관 DB, 통계청, 구글, 위키백과 등을 활용해요.

만화 칼럼니스트 외에도 '미디어 연구가', '문화 평론가' 등의 타이틀을 가지고 계십니다. 굉장히 다양한 소재를 다루는 칼럼니스트이신데요. 광범위한 아이디어들을 어떻게 포착하는지 궁금합니다.

순간을 놓치지 않는 게 중요합니다. 아이디어가 떠오를 때 메모할 수 있도록 늘 대비하고 다닙니다. 글감이나 아이디어를 다루는 노하우라면… 노하우보다는 개성이라고 표현하고 싶은데요. 다루고자 하는 사안의 핵심적 묘미/함의라고 판단한 내용을 설명하면서 시작한 후 그 뒤에야 '그 묘미/함의가 잘 나타나 있는 것이 바로 그 사안'이라고 풀어나가는 식을 좋아합니다. 즉 소재 중심이 아니라 주제 중심의 접근이죠.

칼럼니스트로서 내공을 쌓아가는 일도 만만치 않을 듯합니다. 필자로 이름을 알리면서 부수적인 일도 늘어나고 시간도 부족할 텐데, 그럼에도 전문성을 잃지 않을 수 있는 방법이 있을까요.

전문성에는 두 가지 종목이 있는데요. 하나는 앎의 깊이로, 이건 그냥 공부, 즉 문헌을 읽고, 분석과 성찰을 하는 수밖에 없습니다. 다른 하나는 현실의 맥락이에요. 이건 현재적 사안에 대한 지속적 비평 활동을 통해서 이뤄내야 합니다.

예를 들어 지금 나오는 신간 만화에 대하여 정기적으로 비평글을 지속적으로 생산하지 않으면, 삽시간에 과거의 명작들에 대한 향수나 곱씹으며 정작 오늘날 작품 활동의 맥락들로부터는 손을 놓게 되기 딱 좋죠. 사회 사안도 마찬가지로, 현재적 시사 사건을 소재로 계속 평가하는 활동이 필요합니다.

만화의, 만화를 위한, 만화에 의한

기고 외에 강의, 전시 기획 등 여러 활동을 병행하고 계십니다. 미리 계획을 했던 일인지요. 또 그러한 기회를 얻게 된 과정도 궁금해요.

애초에 제 목표는 '만화 칼럼을 열심히 팔아보자'가 아니라 '더 좋은 만화들이 계속 나왔으면 한다.'였습니다. 따라서 '글이 아니라도 (만약 능력 범위 안이라면) 필요한 활동은 해둬야 한다.'라는 접근이었죠. 틀이 아주 제대로 구성된 만화론 대학 강의가 필요하다고 느끼면 그런 선례를 남기기 위해 대학 강연에 뛰어들고, 제대로 된 만화정보 데이터베이스가 필요하다 느끼면 지원기관에 그런 사업을 만들고, 한국만화의 어떤 본질적 매력을 잘 알려보자고 느끼면 만화전시회 기획에 뛰어드는 식입니다. 그 과정에서 웹진 제작, 대학 강연, 전시회 기획제작, 데이터베이스 구축사업 진행, 정책연구과제 수행, 출판편집기획, 크고 작은 매체 자문위원 등을 매번 필요에 따라서 손댔습니다. 기회란 늘 꼬리에 꼬리를 뭅니다. 하나를 해놓으면, 그것이 계기가 되어 사람들과 연결이 되고 다른 일거리를 구상하게 되고 그 과정에서 말려들어 직접 해 보게 되는 거죠.

칼럼니스트로서 가장 기억에 남는 순간은 언제였나요?

제가 주장하는 바가 반영된 후속 행동이 생겨났을 때입니다. 2000년대 초중반의 대여권 법제화 추진노력의 경우라거나, 작년에 제기된 웹툰 심의 방식 개선 시도의 경우지요. 혹은 행동을 준비하고자 하는 분들이 제 이야기를 귀담아듣고 참조해주셨을 때도 기억에 남습니다. "뉴스서비스를 링크와 재참조 기능을 중심으로 개편해야 한다"는 이야기에 대해 언론계분들이 동조해 주셨을 때도 보람이 있었지요.

'자질'에 대해 질문할게요. 어떤 특정한 성향, 혹은 성격이 칼럼니스트로 살아가는 데 도움이 된다고 보세요?

당연히 가장 필요한 자질은 글로 생각을 전달하는 것에 대한 욕구겠지요. 단, 그저 뱉어내고 싶다는 표현 욕구가 아니라 글 게재 공간의 독자들에게 뚜렷하게 의도한 바를 전해야 합니다. 그러다 보면 지나치게 주관적인 수사나 공감에만 호소하는 식의 표현들을 자연스레 자제하게 될 것이고요. 그리고 좀 더 보편적으로 논리를 공유할 수 있는 방식의 글쓰기를 고민하게 되겠지요. 이런 연장선상에서, 항상 사실에 기반을 두어 주장하고 사실이 반증되거나 수정되면 주장을 고치는 자세도 중요할 것입니다.

"내가 틀릴 수 있다"는 생각을 지니고 있지 않으면 단순히 '우리 편 선동가'가 되기 쉬워요. 칼럼을 쓸 때 필요한 특정 분야의 전문지식 추구 등은 이런 자세를 추구하다 보면 자연스럽게 뒤따라온다고 봐요. 즉, 중요한 건 자세죠.

초보 칼럼니스트가 주의할 점이 있을까요?

칼럼은 '목표가 있는 실용문'임을 잊지 마세요. 특정 작품을 당신도 읽어봐야 한다든지, 이 작품을 즐기는 것은 쓸 만한 취향이니 자신감을 가지라든지, 이 사안은 이런 틀로 바라보고 여러분이 이렇게 동참해볼 수 있다라든지 등 확실한 목표가 있는 글을 써야 합니다. 그저 자신의 감상을 표현하고 싶고 많은 이들과 정서를 나누고 싶을 따름이라면, 창작자가 되는 쪽이 낫습니다.

소재의 '속성'에 주목할 것

자신만의 칼럼 가치관이 있나요? 혹은 글쓰기, 칼럼니스트 롤모델이라든지요.

"이야기가 나올 필요가 있는데, 남들이 잘 안 하고 넘어가는 부분들을 채워 넣자"가 제 칼럼 가치관입니다. 작품 선정도 그렇고, 시사적 내용에 관해 이슈를 선정하는 것도 마찬가지입니다. 다들 논하는 인기 화제작에 한 숟가락 올리는 것을 피하는 편이에요. 한 얘기 또 하는 것, 필요 없잖아요. 그래도 만약, 한다면 꼭 필요한데 누락된 관점을 찾아 나서고자 하지요. 그래서 제가 칼럼니스트로서 폭넓은 인기와는 거리가 멉니다. (웃음)

만화 칼럼니스트를 꿈꾸는 후배들에게 한 말씀 부탁합니다.

칼럼을 쓸 때, '다루는 소재의 특성을 늘 주목하라'는 조언을 해주고 싶습니다. 예를 들어 만화 칼럼이라면, 그것이 '만화'이기 때문에 비로소 효과적으로 드러날 수 있는 부분들을 생각해 보라는 것입니다. 칸 구성이나 그림체 같은 표현적 속성이든, 대중문화에서 만화가 차지하는 취향의 입지든 뭐든 좋습니다. 그저 줄거리만 나열하는 식으로 설을 푼다면 굳이 만화작품을 다룬다는 의미가 부족하겠죠.

만화뿐 아니라 미디어나 시사 칼럼의 경우에도 마찬가지예요. 매체 비평이라면 그런 류의 담론들이 유통되는 미디어 환경의 맥락을 다뤄야겠죠. 시사 비평이라면 단순해 보이는 사안의 이면에 있는 사람들 사이의 딜레마 등 늘 특유의 어떤 속성들이 바로 그 소재를 다루는 이유이자 의미입니다.

김낙호

진보넷의 온라인 만화 동호회 '아가툰'을 구심점으로 해서 결집된 웹진 〈두고보자〉의 초대 편집장. 앙굴렘 한국만화 특별전 외 다수의 만화전시에서 큐레이터로 활동했으며 〈계간만화〉 등 여러 지면의 편집위원을 역임했다. 이외에도 국제학술행사 기획, 대학 출강, 『만화의 창작』, 『만화의 미래』, 『샌디에이고 코믹콘을 말하다』 등의 만화 관련서 집필과 번역으로 만화 지평을 넓히기 위해서 노력 중이다. 온라인상에서는 '매우 썰렁함'이라는 의미의 필명 capcold로 활동하고 있다.

● 캡콜드닷넷 http://capcold.net/blog

글감수집 노하우
칼럼니스트로 먹고살기

1쇄 발행 | 2014년 7월 1일
2쇄 발행 | 2019년 5월 25일

지은이 | 텍스트 라디오
책임편집 | 김은성
발행인 | 김명철
발행처 | 바른번역
디자인 | 서승연
출판등록 | 2009년 9월 11일 제313-2009-200호
주소 | 서울 마포구 어울마당로26 제일빌딩 5층
문의전화 | 070-4711-2241
전자우편 | glbabstory@naver.com

ISBN | 978-89-97342-98-3 03810

내용의 전부 또는 일부를 이용하려면 반드시 출판사의 동의를 받아야 합니다.
잘못된 책은 바꾸어 드립니다.

정가 15,000원